Sammlung Metzler
Band 155

Mathias Mayer / Jens Tismar

Kunstmärchen

4. Auflage

Verlag J.B. Metzler
Stuttgart · Weimar

Bibliografische Information Der Deutschen Bibliothek
Die Deutsche Bibliothek verzeichnet diese Publikation in der Deutschen Nationalbibliografie; detaillierte bibliografische Daten sind im Internet über <http://dnb.ddb.de> abrufbar.

SM 155

ISBN 978-3-476-14155-2
ISBN 978-3-476-04122-7 (eBook)
DOI 10.1007/978-3-476-04122-7

Ursprünglich erschienen bei J. B. Metzlersche Verlagsbuchhandlung
und Carl Ernst Poeschel Verlag GmbH in Stuttgart 2003
www.metzlerverlag.de
info@metzlerverlag.de

Inhalt

Vorwort IX

I. Definitionsprobleme 1

II. Italienische Kunstmärchen im 16. und 17. Jahrhundert 13
Straparola 13 Basile 17

III. Französische Kunstmärchen im 17. und 18. Jahrhundert ... 22
Perrault 22 Die Mode der Feen- und der morgenländischen Märchen 26

IV. Deutsche Kunstmärchen im 18. und 19. Jahrhundert 32
Das »Wunderbare« in der Poetik des 18. Jahrhunderts 32 Wieland 35 Jung-Stilling 41 Musäus 42 Grenzfälle des Kunstmärchens (I): Die Märchenoper (am Beispiel Mozarts) 45 Goethe 48

V. Europäische Kunstmärchen im 19. Jahrhundert 55
1. Romantik 55
Romantische Kunstmärchen 55 Tieck 58 Novalis 65 Wackenroder, Runge, Kerner 71 Fouqué 73 Chamisso 76 Brentano 79 Kinder- und Hausmärchen der Brüder Grimm 85 E. T. A. Hoffmann 88 Eichendorff 95
2. Zwischen Romantik und Realismus 98
Hauff 100 Bechstein 102 Mörike 104
3. Realismus 107
Andersen 107 Dickens und das Viktorianische Kunstmärchen 111 Thackeray 113 Carroll 115 MacDonald 117 Deutsche Kunstmärchen im Realismus 119 Storm 121 Keller 123 Leander 125

VI. Europäische Kunstmärchen im 19. und 20. Jahrhundert 128
Wilde 128 Hofmannsthal 130 Das »Ende« des Kunstmärchens in der klassischen Moderne? 133 Hesse 136 Alfred Döblin 138 R. Walser 139 Grenzfälle des Kunstmärchens (II): Die phantastische Literatur (am Beispiel Franz Kafkas) 140 Schwitters 143

VII. Deutsche Kunstmärchen im 20. Jahrhundert 144
Vom Expressionismus bis zum Ende der Weimarer Republik 144 Völkische und nationalsozialistische Märchenliteratur 148 Deutsche Märchen seit dem Ende des Zweiten Weltkriegs 152

Personenregister 157

Abkürzungen

Werke allgemeineren Charakters, die für mehr als nur einen Abschnitt der Gattungsgeschichte relevant und am Ende des I. Kapitels zusammengestellt sind (S. 7-12), werden im Text nur unter Angabe des Verfassers (mit Seitenzahl) zitiert.

Im übrigen gelten folgende Abkürzungen:

Aurora	Jahrbuch der Eichendorff-Gesellschaft
CLS	Comparative Literature Studies
DKV	Deutscher Klassiker Verlag
DU	Der Deutschunterrricht
DVjs	Deutsche Vierteljahrsschrift für Literaturwissenschaft und Geistesgeschichte
EG	Etudes Germaniques
EM	Enzyklopädie des Märchens (s. S. 8)
Fabula	Zeitschrift für Erzählforschung
Fs	Festschrift
GLL	German Life and Letters
Goethe	Jahrbuch der Goethe-Gesellschaft
GQu	German Quarterly
GR	Germanic Review
GRM	Germanisch-Romanische Monatsschrift
HdwDM	Handwörterbuch des deutschen Märchens (s. S. 7)
Jb.	Jahrbuch
JbFDtHochst.	Jahrbuch des Freien Deutschen Hochstifts
JEGP	Journal of English and German Philology
KHM	Kinder- und Hausmärchen
KM	Kunstmärchen
LKJL	Lexikon der Kinder- und Jugendliteratur (s. S. 8)
LJb	Literaturwissenschaftliches Jahrbuch der Görres-Gesellschaft
LWU	Literatur in Wissenschaft und Unterricht
MittHoffGes.	Mitteilungen der Hoffmann-Gesellschaft
MLN	Modern Language Notes
MLR	Modern Language Review
Monatshefte	Monatshefte für den deutschen Unterricht

NDL	Neue deutsche Literatur
Neoph.	Neophilologus
NRs.	Neue Rundschau
PMLA	Publications of the Modern Language Association of America
OL	Orbis Litterarum
RG	Recherches Germaniques
Schiller Jb.	Jahrbuch der Deutschen Schiller Gesellschaft
Tb.	Taschenbuch
WB	Weimarer Beiträge
WW	Wirkendes Wort
ZfdPh	Zeitschrift für deutsche Philologie
ZfVk	Zeitschrift für Volkskunde

Vorwort

Jens Tismars Arbeiten zum Kunstmärchen haben in der Forschung der letzten Jahre ihren Platz verteidigt. Es konnte daher nicht die Aufgabe dieser nunmehr – im Einverständnis mit dem Autor – von fremder Hand bearbeiteten dritten Auflage sein, den Charakter des (1983 in zweiter Auflage erschienenen) Bändchens grundlegend zu verändern, auch wenn die von Tismar seinerzeit bekundete Verpflichtung gegenüber den sozialgeschichtlichen Interpretationsschwerpunkten von Volker Klotz' Standardwerk „Das europäische Kunstmärchen" (1985) nicht übersehen werden kann. Hier insgesamt die Akzente anders zu setzen, wäre auf eine völlige Neukonzeption hinausgelaufen: Statt dessen hat sich der Bearbeiter entschlossen, an einzelnen Punkten die Abschnitte zu kürzen oder zu erweitern oder neue Kapitel einzufügen (wie »Das ›Wunderbare‹ in der Poetik des 18. Jahrhunderts«, »Grenzfälle des Kunstmärchens (I): Die Märchenoper (am Beispiel Mozarts)«, »Zwischen Romantik und Realismus«, »Das ›Ende‹ des Kunstmärchens in der klassischen Moderne?«), im ganzen aber die Anlage des Textes zu belassen. Das einleitende Kapitel wurde erweitert und trägt nunmehr den vorsichtigeren Titel »Definitionsprobleme«. Die Bibliographie und Forschungsreferate wurden ohne Anspruch auf Vollständigkeit aktualisiert.

Regensburg, im April 1996 *Mathias Mayer*

Vorwort zur 4. Auflage

Auch für die 4. Auflage wurde das Gerüst des Bandes nicht verändert. Vereinzelte Fehler wurden korrigiert, und im Rahmen des technisch Möglichen wurden Literaturangaben, bei einzelnen Kapiteln, ergänzt.

Augsburg, im März 2003 *Mathias Mayer*

Es war einmal ein ewiges Märchen, alt grau, taub, blind, und das Märchen sehnte sich oft. Dort tief in der letzten Welt-Ecke wohnt es noch, und Gott besucht es zuweilen, um zu sehen, ob es noch flattert und sich sehnt.

Jean Paul, Flegeljahre (Nr. 64. Mondmilch)

I. Definitionsprobleme

Nach älterer Auffassung ist unter *Kunstmärchen* eine Gattung von Märchenerzählungen zu verstehen, die im Unterschied zu *Volksmärchen* nicht in mündlicher Überlieferung anonym tradiert, sondern als individuelle Erfindung eines bestimmten, namentlich bekannten Autors meist schriftlich festgehalten und verbreitet werden (Hasselblatt S. 134 f.). Während ein Volksmärchen als Allgemeinbesitz angesehen wird, der nicht ein für allemal und in jeder Formulierung fixiert ist, sondern mit der Zeit z.B. zerredet werden darf, gilt ein Kunstmärchen als Eigentum seines Verfassers, dessen Rechte zu achten sind, z.B. indem man sich hütet, ein Plagiat zu begehen (Katann S. 389). Die Bezeichnung ›Kunstmärchen‹ enthält – wenn sie es auch suggeriert – keine literarische Wertung, sondern hebt allein das Moment des Gemachten heraus im Unterschied zu jenem vermeintlichen »Sichvonselbstmachen«, das Jacob Grimm in einem Brief an Achim von Arnim als Kriterium der sogenannten »Naturpoesie« in Anspruch genommen hat und damit das Bild vom Märchen insgesamt maßgeblich indoktrinierte (zur Diskussion über »Naturpoesie« und »Kunstpoesie« Jolles S. 221 ff. und Schumacher S. 50 ff.). Im alltagssprachlichen Wortgebrauch werden als Kunstmärchen zuerst Märchen von Dichtern verstanden, was durch Anthologie-Titel wie »Deutsche Dichtermärchen von Goethe bis Kafka« oder »Märchen deutscher Dichter« nachdrücklich eingeprägt wird. Die Bezeichnung ›Kunstmärchen‹ hat gegenüber dieser einschränkenden Verlegenheitsformel nicht nur den Vorzug, seit längerem in Literaturgeschichte und -theorie gebräuchlich zu sein, sie vermerkt auch im Doppelsinn von »Kunst« (»synthetisch« und »artifiziell«) die notorisch zwiespältige Aufnahme und Bewertung der Erzählgattung durch ihre Leser: was den einen – im Vergleich zum naturwüchsig gedachten Volksmärchen – als ein künstliches Produkt erscheint, gilt den anderen – im Vergleich zur behaupteten Simplizität des Volksmärchens – als Werk künstlerischer Erfindungskraft (vgl. Klotz).

Nach neuerer Auffassung erscheint die Differenzierung in *Volksmärchen* und *Kunstmärchen* als Hindernis für die sachgerechte Definition des Märchens (Moser, Theorie- und Methodenprobleme S. 63). In der Linie von Wesselskis »Versuch einer Theorie des Märchens« weist der Altphilologe Fehling am Beispiel von »Amor und Psyche« nach, daß mit einem ununterbrochenen Strom der mündlichen Überlieferung keineswegs zu rechnen ist. Und weiter, daß die literarische Erdichtung der jeweiligen Popularisierung im mündlichen Erzählen vorausgehe. Seine pointierte These lautet: »Volksmärchen sind Feenmärchen, im Geschmack des neunzehnten Jahrhunderts abgewandelt. Das Abbrechen der Rokokoverzierungen, das Umstimmen auf den ›echten Märchenton‹ war nicht Rekonstruktion, für die man es hält, sondern Modernisierung« (Fehling S. 56).

Wenn hier trotzdem am Begriff ›Kunstmärchen‹ festgehalten wird, dann nicht mit der Absicht, diese neueren Ansätze der Märchenforschung beiseite zu lassen; denn auch im engeren deutschen Raum wird, nicht zuletzt durch die Arbeiten von Rölleke (siehe den Abschnitt über KHM), deutlich, daß die Brüder Grimm die Entstehung ihrer Volksmärchensammlung mystifiziert haben. Die Unterscheidung in *Volksmärchen* und *Kunstmärchen* erscheint nach wie vor als sinnvoll, da sie – zumindest vom 18. Jh. bis in die Mitte des 19. Jh.s – die Vorstellung der märchenschreibenden Autoren bestimmt, von Wielands Berührungsangst vor den anscheinend sozial niederen Ammenmärchen bis hin zu Storms Selbsteinschätzung, sein »Hinzelmeier« sei kein richtiges Märchen, weil der Autor nicht mit vollem Glauben erzähle, sondern halb reflektierend danebenstehe. Das Bewußtsein eines Abstands konstituiert das Kunstmärchen, anders gesagt, eine »Dissoziierung in der Struktur des Erzählten« (Paukstadt S. 441), wobei der Abstand einerseits zu mündlich erzählten Märchen gehalten wird, andrerseits zu Märchen, die in literarischer Form bereits vorliegen. In den neueren Arbeiten zur Theorie und Geschichte des Kunstmärchens ist daher die Orientierung am Volksmärchen weiter in den Hintergrund gerückt. Das Kunstmärchen erscheint als eine Gattung, in der »eine abgegrenzte märchenproduzierende Phantasie sich erst in der Auseinandersetzung mit dem rationalistischen Weltbild entwickeln kann« (Apel S. 25). Damit tritt die Kategorie des Wunderbaren ins Zentrum der Aufmerksamkeit, indem sie gleichsam den Inselcharakter der Gattung bewußt macht und diese als ihrer selbst bewußte Eigenart deutlich werden läßt. Das Kunstmärchen avanciert zu einer selbstreflexiven und hochgradig »intertextuell« aufgeladenen Gattung (vgl. den Artikel »Interaktion« von Pitro Kowalski in *EM* VII, Sp. 202-206, besonders Abschnitt 3), die im Bewußtsein des unwahrscheinlichen Wunderbaren nicht nur Anspruch auf Unterhaltung, sondern auch auf Belehrung, sogar auf Erkenntnis mittransportiert. Das Ziel dieser Erkenntnisleistung variiert beträchtlich, wie sich etwa innerhalb kurzer Zeit an den Beiträgen von Wieland einerseits und Goethe andererseits zeigen läßt. Die sich mit der Zeit wandelnden Ansichten dessen, was ein Märchen sei, in die Form eines Märchens gefaßt, lassen sich zu einer internen Geschichte der Gattung vom 18. Jh. bis zur Gegenwart zusammenstellen (Tismar 3ff.). Der Bezug auf die eigene Geschichtlichkeit der Gattung und das Bewußtsein der Ausnahme (des Wunderbaren gegenüber der Realität) gehören mit zu den Merkmalen der Gattung. Beide Aspekte liegen bereits in ihrem Gründungsdokument beschlossen, in Basiles »Pentamerone«, der als Märchen vom Märchen dessen Eigenständigkeit und Literarizität deutlich macht. Es ist daher mit gutem Grund der Begriff des »Metamärchens« in die Diskussion gebracht worden (B.W. Rosen).

Damit ist die Frage nach der (Un-)Selbständigkeit der Gattung »Kunstmärchen« weniger eindeutig zu beantworten als früher: Mit dem schwindenden Glauben an die vermeintliche Natürlichkeit des Volksmärchens, die in seiner Mündlichkeit garantiert sein sollte, verliert der künstlich-schriftliche Charakter des Kunstmärchens seine Sonderstellung. Noch Klotz (S. 9) bezeichnet das Volksmärchen als das »Orientierungsmuster« des Kunstmärchens, weshalb diese Gattung zunächst nicht eigenständig sei (dagegen Paukstadt, S. 323f.); konsequenterweise muß dann das Schema des Volksmärchens aufgearbeitet werden, als dessen »Novellierung« das Kunstmärchen erscheint (Klotz S. 28). Das als Maßstab zugrundegelegte Märchenschema sei die aktive Wiederherstellung einer zeitweilig gestörten Ordnung, geleitet von einer naiven Ästhetik, die – das sei hinzugefügt – von einer naiven Moral doch wohl nicht zu trennen ist (weitere und andere Darstellungen des Märchenschemas bei Jolles, Lüthi, Hasselblatt, Ludwig, Paukstadt).

Hans-Heino Ewers dagegen klagt in seinem theoretisch ambitionierten »Nachwort« zu seiner Märchenanthologie »Zauberei im Herbste« neben der Berücksichtigung des europäischen Kontextes die Selbständigkeit des Kunstmärchens als einer modernen Erzählgattung ein, die sich des Volksmärchens allenfalls noch als eines Stoffreservoirs bediene. Die Orientierung am Volksmärchen ist dann Anzeichen einer bestimmten, nicht einer allgemeingültigen Definition des Kunstmärchens, laufe vielmehr auf »eine Verringerung der manifesten Modernität des Kunstmärchens hinaus« (Ewers S. 658). Als gattungsgeschichtliche Konstanten des Kunstmärchens läßt Ewers

»die amimetische, gleichnishafte Beispielerzählung« zu, bei der der Erzählteil nur instrumentellen Charakter hat, während die Veranschaulichung eines abstrakten Gehalts zentral ist (Ewers S. 662). Die Alternative dazu stellt (mit fließenden Übergängen) das fiktionale Kunstmärchen dar durch die »Suggestion des Realen« (Ewers zitiert hier Adorno), die den Leser dadurch fesselt, »daß der Geschichte ein Maximum an Wirklichkeitsechtheit verliehen wird« (ebd. S. 668). Insofern die Zuverlässigkeit des Volksmärchens als einer vom Kunstmärchen klar unterscheidbaren Form ins Schleudern gekommen ist (Moser S. 63), ist auch die Umkehrung der früheren Abhängigkeit prinzipiell nicht mehr auszuschließen: In seiner Rezension der Ewers-Anthologie (»Zauberei im Herbste«, Stuttgart 1987) vertritt Manfred Grätz den Standpunkt von der Originalität des Kunstmärchens vor dem Volksmärchen. Bausinger (S. 285) hält es für töricht, das Kunstmärchen allein nach seiner Nähe zum Volksmärchen zu bewerten, wenn das Volksmärchen auch zweifellos »dienliche Kategorien zur Beurteilung des Kunstmärchens an[bietet]«. Der methodische Weg des Vergleichs, den schon Bleich vorgeschlagen hat (»dürfen wir die Geschichte des deutschen Kunstmärchens recht eigentlich als die Geschichte der Umbildung und Neugestaltung des Volksmärchens ansehen« S. 155), ist in der neueren Forschung mit einigem Erfolg beschritten worden, man vgl. die Dissertationen von Bieringer-Eyssen (siehe den Abschnitt über das romantische Kunstmärchen), Mudrak (siehe den Abschnitt über deutsche Kunstmärchen im Realismus) und Hasselblatt. Dies methodische Interesse birgt zwei Gefahren: 1. daß eindimensional aus dem Vergleich mit Volksmärchen die literarische Wertung der Kunstmärchen gewonnen oder bestätigt wird (programmatisch bei Hasselblatt); 2. daß vor-romantische Kunstmärchen, die sich weniger am öffentlichen Bewußtsein von Volksmärchen messen, z.B. die frz. Feenmärchen oder die Märchen Wielands, vernachlässigt werden, als seien sie Märchenerzählungen von kategorial anderer Art. Das Extrem auf der anderen Seite findet man in der Annahme Thalmanns, es würde sich erübrigen, »dem lange geübten Vergleich zwischen Volks- und Kunstmärchen nachzugehen, insofern wir von der Voraussetzung ausgehen, daß das Märchen für die Romantiker eine ästhetische Gattung ist, die ihre eigene Wahrheit hat« (S. 111). Die »eigene Wahrheit« dieser Kunstgebilde der Romantiker – das ist Thalmann entgegenzuhalten – erweist sich gerade in der individuellen Auffassung und Verarbeitung dessen, was für sie und ihre Leser Märchen bedeutet. Trotz der Vielzahl von Kunstmärchenstudien gibt es bislang keine hinreichend umfassende und befriedigende Definition der Erzählgattung Kunstmärchen.

Die Absetzung des (Kunst-)Märchens von der ortsgebundenen Sage, von der nicht im ästhetischen, sondern religiösen Sinn glaubwürdigen Legende und der wirklichkeitsorientierten Novelle ist dagegen zumindest als Arbeitsbegriff leichter, auch wenn hier die Grenzen fließend sind, wie Beispiele von Musäus, Chamisso oder Eichendorff zeigen. – Zweifellos besteht die Aufgabe einer Ausdifferenzierung des Kunstmärchens nicht nur gegenüber anderen Erzähltexten, sondern es stellt sich auch die Frage, ob die am Muster des »eigentlichen Märchens« (Lüthi S. 2) gewonnene Einschränkung, unter Kunstmärchen nur Prosamärchen zu verstehen, den Besonderheiten dieses Genres genügt. Da *Versmärchen* eine entschieden gesonderte ästhetische Verfassung aufweisen, ist es üblich, sie aus dem Gegenstandsbereich des Kunstmärchens auszuklammern, obwohl sich im Einzelfall wichtige Ausstrahlungen ergeben haben (Wielands »Oberon«). Die dem Kunstmärchen als einem barocken Gebilde inhärente *theatralische* Dimension hat aber in nicht wenigen Fällen zu einem Dialog zwischen Erzähltext und Bühne geführt, der hier wenigstens beispielhaft an der Märchenoper der »Zauberflöte« vorgeführt werden soll (s. u. S. 45).

Zu den ungelösten Problemen der Definition des Kunstmärchens und seiner Geschichtsschreibung gehört auch das Verhältnis zur phantastischen Literatur, das sich bereits mit Tiecks Beiträgen (»Der blonde Eckbert«) aufdrängt und auch bei Hoffmann (Wührl und Tarot behandeln auch ein »Nachtstück« wie den »Sandmann«) oder Eichendorff (»Marmorbild«) zu diskutieren ist. Relevant ist dieser Grenzverlauf, wenn es um das Ende der Gattung Kunstmärchen geht: Apel und Ewers lassen es bei Hofmannsthal auslaufen, Klotz findet bei Kafka die letzte innovative Form, Wührl und Tismar verfolgen es bis in die Gegenwart (vgl. auch Grätz in *EM* VIII, Sp. 618f.).

Die Selbständigkeit der Gattung Kunstmärchen bedarf aber noch von einer anderen Seite der Reflexion: In zahlreichen prominenten Texten (Erzählung und Drama) finden sich Einlagen, die einerseits als Kunstmärchen anzusprechen sind, andererseits nicht unabhängig von ihrem – oft nicht märchenhaften – Kontext zu deuten sind. Genau besehen gilt dies schon für Goethes »Märchen« aus den »Unterhaltungen deutscher Ausgewanderten«, sicher aber für Novalis, für Eichendorffs Ida-Märchen in »Ahnung und Gegenwart«, für Immermanns Mondscheinmärchen aus den »Epigonen«, für das Märchen der Großmutter in Büchners »Woyzeck« oder »Die Geheimnisse der Prinzessin von Kagran« aus Ingeborg Bachmanns »Malina«. Gerade aufgrund seiner von vornherein zugestandenen Unwahrscheinlichkeit kann dem Märchen innerhalb einer weniger märchenhaften Umgebung der Charakter herausgehobener Intensität und Authentizität zuwachsen, der eine eigene Wahrhaftigkeit erlaubt, die nur als »wunderbare« Ausnahme formulierbar scheint. Die Märcheneinlage ist ihrerseits Antwort auf die zyklische Anlage der großen Märchentexte von »1001 Nacht« und Basile (von Tieck und Brentano aufgegriffen) und kann als Textintarsie gerade zum Träger einer höchst künstlichen Inszenierung von Natürlichkeit werden, die für die Gattung insgesamt konstitutiv ist. Die Märcheneinlage liegt dem eigentlichen Kunstmärchen voraus (Kirke- und Polyphem-Episode bei Homer, Apuleius' »Amor und Psyche«) und erlaubt zugleich dessen selbstbewußte Steigerung zum Märchen im Märchen (in Hoffmanns »Brambilla« oder Mörikes »Hutzelmännlein«).

Zusammenfassend läßt sich über die neuere Literatur zum Kunstmärchen sagen, daß im Rahmen der Diskussion um Schriftlichkeit und Mündlichkeit (in Verbindung mit der These der »Intertextualität«) eine Neubewertung der Eigenständigkeit dieser Gattung ansteht. Vor allem im Fahrwasser Wesselskis (und Fehlings) hat das Volksmärchen den Anspruch des Originals weitgehend verloren, das Kunstmärchen sich als eigenständig, modern und selbstbewußt (Metamärchen) herausgestellt.

Eine weitere Forschungstendenz steht im Zeichen des Feminismus: Nachdem hier bereits die Erforschung des »Volks«-Märchens und seiner geschlechtsspezifischen Strukturen neue Einsichten eröffnet hat (etwa die Rolle von Hexe und Stiefmutter, die mythologische Relevanz von Figuren wie Frau Holle), bietet sich auch für den engeren Bereich der Kunstmärchenanalyse ein breites Aufgabenfeld: Es ist nicht nur die prominente Rolle der Amme (bis zurück zu Platons Diffamierung der Ammenmärchen und der für den Feminismus zentralen Chora-Passage des »Timaios«, von Schleiermacher als »Amme des Werdens« übersetzt), die Terminologie als »conte de fées« oder »fairy-tale«, sondern auch die Reihe der schreibenden Frauen selbst, die im 18. Jh. das Kunstmärchen maßgeblich geprägt hat. Hier hat sich vor allem die englische und französische Forschung hervorgetan, doch tritt auch eine Gestalt wie Benedikte Naubert (1756-1819), die neben Romanen auch »Neue Volksmährchen der Deutschen« (5 Bände, Leipzig 1789-1793) vorgelegt hat, nunmehr deutlicher ans Licht (vgl. Blackwell, Jarvis).

Daneben hat sich auch die Kulturgeschichte der Kindheit als relevante Perspektive auf das Kunstmärchen erwiesen, sei es im Hinblick auf rezeptionsgeschichtliche, pädagogikgeschichtliche oder soziologische Zusammenhänge.

Richard Benz: Märchen-Dichtung der Romantiker. Mit einer Vorgeschichte. Gotha 1908, ^{2}1926. [Eine problematische, aber als früheste doch beachtenswerte Leistung; rez. von *Oskar Walzel* in: AfdA 33 (1909), S. 68-85].

Erich Bleich: Volksmärchen und KM. Zur Geschichte des deutschen KMs. In: Eckart 4 (1909/10), S. 153-165. *Ders.:* Zur Entwicklung des deutschen KMs. In: Eckart 4 (1909/10), S. 289–303. *Ders.:* Zur neueren deutschen Kunstmärchendichtung. In: Eckart 4 (1909/10), S. 426-440.

Andre Jolles: Einfache Formen. 1930; Tübingen ^{6}1982. zit. *Jolles*

Johannes Bolte und *Georg Polívka:* Anmerkungen zu den KHM der Brüder Grimm. Bd. IV, 1930; Hildesheim ^{2}1963 [zur Geschichte des Märchens von Straparola bis Grimm; notiert Stoff- und Motiventsprechungen zwischen Volksmärchen und literarischen oder Kunstmärchen]. zit. *Bolte-Polívka*

Handwörterbuch des deutschen Märchens. Hrsg. von *Lutz Mackensen.* Bd. I, 1930/33; Bd. II, 1934/40 [unvollendet geblieben; enthält einige Artikel zu Märchenautoren und ihrer Rezeption in Deutschland, die durch entsprechende der *EM (s.u.)* wegen des reichen historischen Materials nicht völlig ersetzt werden]. zit. *HdwDM*

Max Diez: Metapher und Märchengestalt. In: PMLA 48 (1933), S. 74–99, 488–507, 877–894, 1203–1222 [wichtige Darstellung der Gestaltung dt. KM von Musäus bis Hauff]. zit. *Diez*

Oskar Katann: Das KM. In: Der Gral 29 (1934/35), S. 389–394 [unergiebig].

Mimi Ida Jehle: Das deutsche KM von der Romantik bis zum Naturalismus. Urbana/Illinois 1935 [vorwiegend Inhaltsangaben, erfaßt auch entlegene Märchen]. zit. *Jehle*

Ursula Hasselblatt: Das Wesen des Volksmärchens und das moderne KM. Diss. (Masch.) Freiburg 1956 [wichtige Strukturuntersuchung des Volksmärchens; der zweite Teil der Arbeit wertet KM von Hofmannsthal bis Kyber allzu eng nach dem Kriterium ihrer Nähe zum Volksmärchen]. zit. *Hasselblatt*

Helmut Lobeck: KM. In: Reallexikon der deutschen Literaturgeschichte. Zweite Auflage, Bd. I, Berlin 1958, S. 909–912 [undifferenziert und in Details nicht immer verläßlich].

Hermann Bausinger: »Historisierende« Tendenzen im deutschen Märchen seit der Romantik. Requisitverschiebung und Requisiterstarrung. In: WW 10 (1960), S. 279–286.

Marianne Thalmann: Das Märchen und die Moderne. Zum Begriff der Surrealität im Märchen der Romantik. Stuttgart 1961; ^{2}1966 [dem anregenden Versuch, die Modernität romantischer KM als Ausdruck einer Krise zu fassen, fehlt insgesamt die sozialgeschichtliche Fundierung; rez. von *Gonthier-Louis Fink* in: Germanistik 1962, S. 417 f.]. zit. *Thalmann*

Max Lüthi: Märchen. Stuttgart 1962; ^{7}1979 (Slg. Metzler. 16.) [zur Geschichte des Märchens S. 40–61]. zit. *Lüthi*

Hans Steffen: Märchendichtung in Aufklärung und Romantik. In: Formkräfte der deutschen Dichtung vom Barock bis zur Gegenwart. Göttingen 1963, S. 100–123 [bes. unter dem Aspekt des »Wunderbaren«]. zit. *Steffen*

Gonthier-Louis Fink: Naissance et apogée du conte merveilleux en Allemagne 1740–1800. Paris 1966 [erfaßt unter einem weitgefächerten Begriff des

Wunderbaren Feen- und Lügengeschichten sowie Horrormotive in Prosa und Versform; eine grundlegende, differenzierte Untersuchung des Prozesses, wie die Erzählungen vom Wunderbaren literarisiert werden; rez. von *Max Lüthi* in: Germanistik 1969, S. 111 f.; von *Geneviève Bianquis* in: EG 24 (1969), S. 395-396]. zit. *Fink*

Volker Klotz: Weltordnung im Märchen. In: NRs. 81 (1970), S. 73-91.

Kurt Caesar Nathan: The »Kunstmaerchen«. Theory and practice of a genre, Variation and significance from the Goethe period to the present. Diss. Rutgers Univ., N. J., 1973. [DA (1973.5) 2645-A].

Lexikon der Kinder- und Jugendliteratur in drei Bänden und einem Ergänzungs- und Registerband. Hrsg. von *Klaus Doderer.* Weinheim und Basel. Bd. I: 1975, Bd. II: 1977, Bd. III: 1979, Bd. IV: 1982. zit. *LKJL*

Jack Zipes: Breaking the Magic Spell: Politics and the Fairy Tale. In: New German Critique 6 (Herbst 1975), S. 116-135.

Karl Eimermacher: Gattungssystem und Textstruktur. (Zu einigen Formen und Möglichkeiten der Deformation in der Literatur am Beispiel von Puškins »Zaren Sultan« und seinen Volksmärchenvarianten). In: Sprache im technischen Zeitalter 60 (1976), S. 278-293 [betrachtet das Verhältnis des literarischen Märchens zum Volksmärchen als Gattungsdeformation].

Enzyklopädie des Märchens. Handwörterbuch zur historischen und vergleichenden Erzählforschung. Hrsg. von *Kurt Ranke.* Berlin/New York 1976 ff. [auch für die Arbeit am KM eine unverzichtbare Arbeitsgrundlage] zit. *EM*

Jacques Barchilon: The Aesthetics of the Fairy Tale. In: La Cohérence Intérieure. Etudes sur la littérature française du XVIIe siècle présentées en hommage à Judd D. Hubert. Textes réunis par Jacqueline Van Baelen et David L. Rubin. Paris 1977 (Coll. Œuvres et Critiques. 1.), S. 187-201 [an Beispielen von Perrault, Andersen, Carroll und Oscar Wilde].

Detlev Fehling: Amor und Psyche. Die Schöpfung des Apuleius und ihre Einwirkung auf das Märchen, eine Kritik der romantischen Märchentheorie. Mainz 1977 (Akademie der Wissenschaften und der Literatur) [stellt die Hypothese auf, der von der Märchenforschung angenommene Unterschied zwischen literarischer und mündlicher Überlieferung sei empirisch nicht vorhanden, S. 44; rez. von *Heinz Rölleke* in: Germanistik 19 (1978), S. 553; von *Dietz-Rüdiger Moser* in: Fabula 20 (1979), S. 305-308; von *Rainer Wehse* in: ZfVk 78 (1982), S. 295-297. zit. *Fehling*

Hans Schumacher: Narziß an der Quelle. Das romantische Kunstmärchen. Wiesbaden 1977 (Schwerpunkt Germanistik) [nähere Beschreibung im Abschnitt über romantische Kunstmärchen; deren Analyse ist eine knapp gefaßte Vorgeschichte seit Perrault vorgeschaltet; rez. von *Maria Tatar* in: Seminar. A Journal of Germanic Studies (Toronto) 15 (1979), S. 70f. und von *Dietz-Rüdiger Moser* in: ZfVk 76 (1980) I, S. 145 147; Moser rez. dort auch die erste Auflage dieses Kunstmärchen-Bändchens.]. zit. *Schumacher*

Friedmar Apel: Die Zaubergärten der Phantasie. Zur Theorie und Geschichte des Kunstmärchens. Heidelberg 1978 (Reihe Siegen. Beiträge zur Literatur- und Sprachwissenschaft. 13.) [Diss. TU Berlin 1977; Kurzfassung in: Jahrbuch für Internationale Germanistik 1980, Reihe B, Bd. 5, S. 223-230; A. will die besonderen Ausdrucksformen der märchenproduzierenden Phan-

tasie in ihrem historischen Wandel von Perrault bis Hofmannsthal beschreiben; rez. von *James M. McGlathery* in: JEGP 79 (1980), Nr. 1, S. 88-90].
zit. *Apel*

Paul-Wolfgang Wührl: Im magischen Spiegel. Variationen über das Wunderbare in den Märchen deutscher Dichter von Wieland bis Döblin. In: P.-W. W. (Hrsg.): Im magischen Spiegel. Märchen deutscher Dichter aus zwei Jahrhunderten. Bd. 1: Frankfurt/M. 1978 (Insel-Tb. 347.) S. 9-58; Bd. 2: Frankfurt/M. 1981 (Insel-Tb. 558.), S. 9-84.

Heinz Ludwig: Zur Handlungsstruktur von Comics und Märchen. In: Fabula 19 (1978), S. 262-286.

Eberhard W. Funcke: Zur Deutbarkeit von Volks- und Kunstmärchen in heutiger Sicht. In: Akten des 6. Internationalen Germanisten-Kongresses. Basel 1980 (Jahrbuch für Internationale Germanistik Reihe A, Band 8,3), Teil 3, S. 245-251 [nicht sehr ergiebig].

Dietz-Rüdiger Moser: Theorie- und Methodenprobleme der Märchenforschung. Zugleich der Versuch einer Definition des »Märchens«. In: Jahrbuch für Volkskunde. Neue Folge. 3 (1980), S. 47-64. zit. *Moser*

Bernhard Paukstadt: Paradigmen der Erzähltheorie. Ein methodengeschichtlicher Forschungsbericht mit einer Einführung in Schemakonstitution und Moral des Märchenerzählens. Freiburg 1980 (Diss. München 1979) [verfolgt die These, das Märchen werde zur Kunstform über die Märchenschemata; jedes Kunstmärchen enthalte mindestens zwei Strukturschichten, das Märchenschema und eine davon abweichende erzählerische Logik].
zit. *Paukstadt*

Jens Tismar: Das deutsche Kunstmärchen des zwanzigsten Jahrhunderts. Stuttgart 1981 (Germanistische Abhandlungen. 51.) [analysiert Kunstmärchen des 20 Jh.s seit dem Ersten Weltkrieg, zunächst ihre Vorgeschichte, von Wieland bis Andersen; gibt im Anmerkungsteil Märchensammlungen mit den einzelnen Beiträgen an, die im Register nach Autor oder Titel gesucht werden können; rez. von *Hans ten Doornkaat* in: Fabula 24 (1983), S. 173f.]. zit. *Tismar*

Michael M. Metzger/Katharina Mommsen (Hrsg.): Fairy Tales as Ways of Knowing. Essays on Märchen in Psychology, Society and Literature. Bern, Frankfurt/M., Las Vegas 1981 (Germanic Studies in America, Nr. 41).
zit. *Metzger*

Paul-Wolfgang Wührl: Das deutsche Kunstmärchen. Geschichte, Botschaft und Erzählstrukturen. Heidelberg 1984 (UTB 1341) [stellt das Wunderbare ins Zentrum der Poetik des Kunstmärchens; Kapitel über das Wunderbare als Belustigung der Einbildungskraft, als symbolisches Traumbild, als allegorisch-philosophische Botschaft, als Antriebsfaktor im Wirklichkeitsmärchen und als feindliches Prinzip des Nachtstücks] zit. *Wührl*

Volker Klotz: Das europäische Kunstmärchen. Fünfundzwanzig Kapitel seiner Geschichte von der Renaissance bis zur Moderne. Stuttgart 1985. [grundlegende Darstellung, die bes. dem literarisierten, erzähltheoretischen Charakter der Gattung und ihrer sozialen Eingebundenheit Rechnung trägt; rez. von *Hermann Bausinger* in: Fabula 27 (1986), S.118-122]. zit. *Klotz*

Barry W. Rosen: Metamärchen. Reevaluating and Defining the Romantic Kunstmärchen. In: Folklore Forum 18 (1985), S. 15-31 [Antwort von *Eric*

L. Montenyohl: A Response to B.W. Rosen's ›Metamärchen‹. In: Folklore Forum 18 (1986), S. 218-220].

Elisabeth Müller: Das Bild der Frau im Märchen. Analysen und erzieherische Betrachtungen. München 1986 [rez. von *Angelika Schmetzke* in: Fabula 27 (1986), S. 358f.]

Gerhard Ruckert: Volksmärchen und Kunstmärchen. In: *Ottilie Dinges/ M. Born/J. Janning* (Hrsg.): Märchen in Erziehung und Unterricht. Kassel 1986, S. 158-162.

Hans-Heino Ewers: Nachwort. Das Kunstmärchen – eine moderne Erzählgattung. In: *Ewers* (Hrsg.), Zauberei im Herbste. Deutsche Kunstmärchen von Wieland bis Hofmannsthal. Stuttgart 1987 (Reclams UB. 8440), S. 645-678.

Manfred Grätz: Das Märchen in der deutschen Aufklärung. Vom Feenmärchen zum Volksmärchen. Stuttgart 1988 [zum Teil polemische Abrechnung mit der nicht vollständig wahrgenommenen Forschung; radikale Negation einer mündlichen Tradition von Märchen; rez. von *Walter Pape* in: Fabula 31 (1990), S. 144-147; *Ulrike Marquardt* in: ZfVk 86 (1990), S. 281f.]. zit. *Grätz*

Bettina Kümmerling-Meibauer: Die Kunstmärchen von Hofmannsthal, Musil und Döblin. Köln, Weimar, Wien 1991 [rez. von *Manfred Grätz* in: Fabula 34 (1993), S. 334-336]. zit. *Kümmerling-Meibauer*

Hans Schumacher (Hrsg.): Phantasie und Phantastik. Neuere Studien zum Kunstmärchen und zur phantastischen Erzählung. Frankfurt/M. u.a. 1993.

Rolf Tarot (Hrsg.): Kunstmärchen. Erzählmöglichkeiten von Wieland bis Döblin. Bern, Berlin u.a. 1993 (Narratio. Arbeiten zur Geschichte und Theorie der Erzählkunst, Bd. 7). zit. *Tarot*

Viktor Žmegač: Märchen. In: *Dieter Borchmeyer/V.Z.* (Hrsg.): Moderne Literatur in Grundbegriffen. Tübingen 1994, S. 263-267.

Manfred Grätz: Kunstmärchen. In: *EM* VIII, Sp. 612-622.

Winfried Menninghaus: Lob des Unsinns. Über Kant, Tieck und Blaubart. Frankfurt/M. 1995. zit. *Menninghaus*

Feministische Märchenforschung:

Stichwort ›Ammenmärchen‹ (*Elfriede Moser-Rath*) in *EM* I, Sp. 463f. *Heide Göttner-Abendroth*: Die Göttin und ihr Heros. Die matriarchalen Religionen in Mythos, Märchen und Dichtung. München 1980. *Jeanine Blackwell*: Fractured Fairy Tales: German Women Authors and the Grimm Tradition. In: GR 62/4 (1987), S. 162-174. Stichwort ›Frau‹ (*Elfriede Moser-Rath*) in *EM* V, Sp. 100-137. Stichwort ›Frauenmärchen‹ (*Linda Dégh*) in *EM* V, Sp. 211-220. *Theresia Klugsberger*: Verfahren im Text. Meerjungfrauen in literarischen Versionen und mythischen Konstruktionen von H.C. Andersen, H.C. Artmann, K. Bayer, Wieland und Wilde. Stuttgart 1989. *Patricia Ann Hannon*: Away from the Story: A Textual Comparison of Men and Women Writers of the Fairy Tale in Seventeenth Century France. DA (1990.6), 2036A. *Shawn Cecilia Jarvis*: Literary Legerdemain and the ›Marchen‹-Tradition of Nineteenth Century German Women Writers. DA (1990.6), 2031.

Carl- Heinz Mallet: Am Anfang war nicht Adam. Das Bild der Frau in Mythen, Märchen und Sagen. München 1990 (Ullstein Tb. 1992).
Ruth B. Bottigheimer: Fairy Tales and Children's Literature: A Feminist Perspective. In: *Glenn E. Sadler* (ed.): Teaching Children's Literature. Issues, Pedagogy, Resources. New York 1992, S. 101-108.
Bronwyn Davies: Frösche und Schlangen und feministische Märchen. Hamburg 1992.
Shawn C. Jarvis: The Vanished Woman of Great Influence: Benedikte Naubert's Legacy and German Women's Fairy Tales. In: *Katherine R. Goodman/Edith Waldstein* (eds.): In the Shadow of Olympus: German Women Writers Around 1800. Albany 1992, S. 189-209.
Aiga Klotz: Kinder- und Jugendliteratur in Deutschland 1840-1950. Gesamtverzeichnis der Veröffentlichungen in deutscher Sprache. Stuttgart 1990ff. (bisher 3 Bände).
Yvonne-Patricia Alefeld: Göttliche Kinder. Die Kindheitsideologie in der Romantik. Paderborn, München, Wien, Zürich 1996 [besonders zu Novalis und E.T.A. Hoffmann].

Weitere Hinweise zum Verhältnis Volksmärchen – Kunstmärchen:

Reinhold Steig: Achim von Arnim und Jacob und Wilhelm Grimm. Stuttgart, Berlin 1904 (Achim von Arnim und die ihm nahe standen. Hrsg. von Reinhold Steig und Hermann Grimm. Bd. 3.) [bes. der Brief von Jacob Grimm an Arnim vom 20.5.1811].
Bruno Wille: Märchenkunst und Kunstmärchen. In: Das litterarische Echo 7 (1904/05), H. 5 (1.12.1904), Sp. 309317. Stichwort ›Ästhetisches Empfinden‹ *(Kahlo)* in *HdwDM* I, S. 131-133. Stichwort ›Arabische Motive‹ B II. *(Bernhard Heller)* in *HdwDM* I, S. 104-108. Stichwort ›Einfache Formen‹ *(Waher A. Berendsohn) in HdwDM* I, S. 484-498.
Max Lüthi: Europäische Volksliteratur. Themen, Motive, Zielkräfte. In: Albert Schaefer (Hrsg.): Weltliteratur und Volksliteratur. München 1972 (Beck'sche Schwarze Reihe. 93), S. 55-79; 199-202.
Peter Dienstbier: Märchen. In: Frankfurter Hefte 29 (1974), S. 576-586, bes. S. 581 ff.
Max Lüthi: Das Volksmärchen als Dichtung. Ästhetik und Anthropologie. Düsseldorf, Köln 1975 (Studien zur Volkserzählung. 1). Stichwort ›Allegorie‹ *(Hermann Bausinger)* in *EM I, Sp.* 320-323. Stichwort ›Bearbeitung‹ *(Dietz-Rüdiger Moser)* in *EM* II, Sp. 1-6. Stichwort ›Buchmärchen‹ (*Hermann Bausinger*) in *EM* II, Sp. 974-977. Stichwort ›Distanz‹ (*Max Lüthi*) in *EM* III, Sp. 706-717. Stichwort ›Einfache Form[en]‹ (*Hermann Bausinger*) in *EM* III, Sp. 1211-1226. Stichwort ›Entmythisierung‹ (*Hans-Ulrich Gumbrecht/Alois Senti*) in *EM* IV, Sp. 21-42. Stichwort ›Fiktionalität‹ (*Natascha Würzbach*) in *EM* IV, Sp. 1105-1111. Stichwort ›Illustration‹ (*Hans-Jörg Uther*) in *EM* VII, Sp. 45-82. Stichwort ›Interaktion‹ (*Piotr Kowalski*) in *EM* VII, Sp. 202-206. Stichwort ›Ironie‹ (*Ingrid Tomkowiak*) in *EM* VII, Sp. 285-294. Stichwort ›Kontamination‹ (*Christine Shojaei Kawan*) in *EM* VIII, Sp. 210-217.

Sammlungen:

Paul-Wolfgang Wührl (Hrsg.): Märchen deutscher Dichter. Frankfurt/M. 1964 [mit einem Nachwort des Hrsg. S. 767-798].

Arthur Häny (Hrsg.): Deutsche Dichtermärchen von Goethe bis Kafka. Zürich 1965 [mit einem Nachwort des Hrsg. S. 759-778].

Erich Müller-Kamp (Hrsg.): Die steinerne Blume. Märchen russischer Dichter und Erzähler. Zürich 1968.

Fritz Meichner (Hrsg.): Märchen der Dichter. Weimar o. J. [mit einem Nachwort von *Gerhard Seidel S.* 521-530].

Gerhard Schneider (Hrsg.): Die schwarze Spinne. Märchendichtung von Goethe bis Anzengruber. Rostock 1976, Lizenzausg. München 1976 [mit einem Nachwort des Hrsg. S. 469-496].

Paul-Wolfgang Wührl (Hrsg.): Im magischen Spiegel. Bd. 1: Frankfurt/M. 1978 (Insel Tb. 347.), Bd. 2: Frankfurt/M. 1981 (Insel-Tb. 558.) [Einleitungen des Hrsg. s. o.; enthält, nach verschiedenen Facetten des Wunderbaren geordnet, ausschließlich Kunstmärchen von Wieland bis Döblin].

Elisabeth Borchers (Hrsg.): Deutsche Märchen. Frankfurt/M. 1979 [mit der Einleitung »Märchendank« von *Wolfgang Koeppen;* enthält neben Kunstmärchen von Johann Wolfgang Goethe bis Fritz Rudolf Fries auch Märchen der Brüder Grimm].

Helmut Brackert (Hrsg.): Das große deutsche Märchenbuch. Königstein/Ts. 1979 [Vorwort des Hrsg. S. VII-XIX; die umfangreiche Sammlung enthält neben Kunstmärchen von Martinus Montanus bis Wolf Wondratschek auch Volksmärchen]. Deutsche Märchen. Mit Bildern von Friedrich Hechelmann. München 1979 [Bd. I enthält eine Auswahl aus Grimms und Bechsteins Märchen, Bd. 2 enthält Kunstmärchen von Tieck, Hauff und E. T. A. Hoffmann].

Gerhard Schneider (Hrsg.): Undine. Kunstmärchen von Wieland bis Storm. Rostock 1981; Hanau [3]1985 [Nachwort des Hrsg. S. 462-484; stärker als die Sammlung Die schwarze Spinne des gleichen Hrsg. auf Märchen konzentriert, die vom freien Spiel der Einbildungskraft Zeugnis ablegen; neben bekannten Texten auch zwei weniger bekannte: von Gisela von Arnim und von Moritz Hartmann].

Edda und Helmut Fensch (Hrsg.): Im Garten der Phantasie. Kunstmärchen von Theodor Storm bis Max Frisch. Berlin [4]1990.

Therese Erler (Hrsg.): Die Zauberei im Herbste. Kunstmärchen der deutschen Romantik. Berlin/Weimar 1986.

Wolfgang Mieder (Hrsg.): Grimmige Märchen. Prosatexte von Ilse Aichinger bis Martin Walser. Frankfurt/M. 1986 [rez. von *Walter Pape* in: Fabula 29 (1988), S. 216-218].

Hans-Heino Ewers (Hrsg.): Zauberei im Herbste. Deutsche Kunstmärchen von Wieland bis Hofmannsthal. Stuttgart 1987 (Reclams UB. 8440; mit ausführlicher Bibliographie und einem engagierten Nachwort). [rez. von *Manfred Grätz* in: Fabula 30 (1989), S. 316-318]. zit. *Ewers*

Hans-Jörg Uther (Hrsg.): Märchen vor Grimm. München 1990 (Die Märchen der Weltliteratur). [rez. von *Ruth Geiser* in: ZfVk 88 (1992), S. 165-167; von *Walter Pape* in: Fabula 33 (1992), S. 177f.]

II. Italienische Kunstmärchen im 16. und 17. Jahrhundert

Straparola

Wenn die skizzierte Geschichte des Kunstmärchens nun am Ende der Renaissance einsetzt, soll nicht übersehen werden, daß es bereits in der Antike eine Märchenliteratur gegeben hat. Ein folgenreiches Beispiel: »Amor und Psyche« von Apuleius (Fehling). Trotzdem wird im allgemeinen als erster Märchenautor der europäischen Literatur ein Italiener namhaft gemacht: *Straparola.* Nur ist dieser Name wahrscheinlich ein Pseudonym oder ein Spitzname; er bedeutet »Wortschwall« oder »Einer, der übermäßig viel redet«. Über Person und Leben dessen, der als Verfasser der Novellen- und Märchensammlung »Piacevoli notti« (Die ergötzlichen Nächte) (Bd. I: 1550, Bd. II: 1553) firmiert, ist fast nichts bekannt. *Giavan Francesco Straparola* aus Caravaggio soll in Padua studiert und die meiste Zeit seines Lebens in Venedig verbracht haben. Um 1480 dürfte er geboren, nach 1557 gestorben sein (zu Person und Werk vgl. Rua; Floerke 1908). In Venedig ist die Rahmenhandlung der »Ergötzlichen Nächte« lokalisiert. Die Stadt war Umschlagplatz im Warenverkehr mit dem Orient, ein Treffpunkt von Reisenden aus verschiedenen Regionen und Kulturen, ein Forum also auch für abenteuerliche Geschichten und Erzählungen von wunderbaren Begebenheiten. Dorthin gelangten einzelne Geschichten der »Tausendundeinen Nacht«, die als Konvolut in Europa zu dieser Zeit noch nicht bekannt war. Sie vermischten sich im Austausch mit den einheimischen, mündlich kursierenden Erzählstoffen. Straparolas Bedeutung für die Entwicklung der erzählenden Dichtung liegt darin, daß er als erster Märchen, die im Umlauf waren, in größerer Zahl aufschrieb (grundsätzliche Kritik an dieser Ansicht von Fehling S. 46 ff.; er verweist auf Ähnlichkeiten mit Apuleius).

Indem die Märchen notiert wurden, erschienen sie nobilitiert. Was bislang als eine Unterhaltung galt, die dem sogenannten niederen Volk eigen war, avancierte nun, als Literatur präsentiert, im gesellschaftlichen Ansehen. Die Rahmenhandlung selber führt vor, daß Märchen gesellschaftsfähig sind, indem sie in einer angeblich hocharistokratischen Gesellschaft (mit historischen Namen) vorgetragen worden sein sollen. Dieser Rahmen ist dem »Decamerone« Boccaccios deutlich nur in einer äußerlichen Weise nachgebildet. Es gibt keinen ernstlich motivierenden Anlaß, der den geselligen Kreis für das Geschichtenerzählen schafft, beim Erzählen gegenwärtig bleibt und die Frist absteckt, so wie ihn die Pest für den »Decamerone« darstellt. In den »Ergötzlichen Nächten« bildet dies äußere Ereignis, das Anstoß und Spanne für das geregelte Erzählen gibt, der Karneval von Venedig. Die Herrin der Ergötzungen, eine aristokratische Witwe, legt für die Unterhaltungen in 13 Karnevalsnächten eine stete Abfolge fest: Tanz, Gesang, Märchenerzählen, Rätselraten. Jede Geschichte beginnt mit einer kurzen Zusammenfassung, einer Sentenz oder einem Sprichwort. In den Nächten werden je fünf, in der achten Nacht sechs und in der 13. Nacht 13 Geschichten erzählt. Von diesen 74 Erzählungen sind 21 Märchen (Bolte-Polívka IV 179), die anderen Schwänke und Novellen. Aber nicht nur durch die Rahmenhandlung werden volkstümliche Erzählstoffe als gesellschaftsfähig vorgestellt. In seinem Vorwort macht ein sich maskierender Herausgeber, Orfeo dalla Carta (soviel wie »Orpheus vom Papier«), den Damen, die allein als Leser angesprochen werden (der Text der Vorrede auch bei Klotz S. 31/370), Komplimente und gibt ihnen den Wink, daß sie in den Geschichten unterhalten und über mannigfaltige weibliche Listen belehrt würden. Bereits hier findet sich die Fiktion, es handele sich um unmittelbare, unbearbeitete Aufzeichnungen von mündlichen Erzählungen – weiblicher Herkunft. Die unverblümte Reklame traf offensichtlich auf ein sehr verbreitetes Interesse an solchem Unterhaltungsstoff. Innerhalb von rund 60 Jahren wurden die »Ergötzlichen Nächte« allein in Venedig 32 mal aufgelegt und übertrafen damit den enormen Publikumserfolg des »Decamerone«. Nur rief der Erfolg die kirchliche Zensur auf den Plan: in manchen der novellistischen Schwankerzählungen wird geistlichen Würdenträgern deftig und übel mitgespielt. Erzählungen, die der kirchlichen Autorität anstößig waren, wurden in vielen Ausgaben eliminiert, durch andere ersetzt oder bearbeitet. Nicht das Obszöne wurde beschnitten, sondern die Gelegenheit, über Kirchenmänner zu lachen.

Vom Volksmärchen sind diese aufgeschriebenen Märchen darin unterschieden, daß Straparola eine barocke Drastik detailliert ausmalt und anspruchsvolle, rhetorische Verspartien einschaltet, daß er die Märchenhandlung nach novellistischer Konvention historisch und topographisch – wenn auch nur scheinhaft – verankert und Hinweise auf tatsächlich vorhandene soziale Klassengegensätze gibt. Straparolas Märchen sind Zwitter: noch keine Kunstmärchen und keine Volksmärchen mehr – Zwitter aber auch in ihrer Mischung aus Elementen der Renaissance-Literatur und zunehmend barocken Zügen. Ihr eigentümlicher Status läßt sich am besten mit der Kennzeichnung ›literarische Märchen‹ (Bausinger S. 158) fassen. Märchen rangiert für Straparola in seiner Sammlung und für seine Leser gleichberechtigt auf dem ästhetischen Niveau von Schwank und Novelle. Eine Besonderheit der Sammlung bilden zwei Märchen im Dialekt: V. 3 ist in der bergamaskischen, V. 4 in der padovanischen Mundart wiedergegeben. Straparola erzählt Stoffe, die später wieder in der Märchen-Literatur weitertradiert werden: Basiles »Pervonto« (Straparola III.1, Basile I.3) oder »Das grüne Vögelchen« (Straparola IV.3; vgl. Sarnelli Nr. 3 und Gozzi), sowie der »Gestiefelte Kater« (Straparola XI.1, Basile II.4) sind bereits vorgebildet.

Für die Geschichte der europäischen Prosadichtung sind die »Ergötzlichen Nächte« auch darum wichtig, weil die »dichtenden Damen« Frankreichs im 17./18. Jh. Stoffe für ihre Feenmärchen zu einem Teil aus Straparolas Kollektion bezogen haben. Die »Piacevoli notti« sind frühzeitig ins Französische übersetzt worden (1560 und 1573). Fischart führt in der Vorrede zur »Geschichtklitterung« (1575) Straparola als eine seiner Quellen an. Eine deutsche Ausgabe von 1699 wird bei den Grimms erwähnt (Bolte-Polívka IV S. 179f.). Die wohl von Grillparzers Onkel, dem Wiener Regierungsrat, Literaten und Musiker Joseph Sonnleithner übersetzte Auswahl »Die Nächte des Strapparola von Caravaggio«, 2 Teile, Wien (bei Ignaz Alberti), 1791 (näheres bei Hosch), war eine der Quellen von Brentanos »Urchronika« (Brentano besaß Straparola in dieser deutschen, sowie in einer italienischen und einer französischen Ausgabe). Die erste deutsche, annähernd vollständige Übertragung nur der Märchen aus den »Ergötzlichen Nächten« stammt von *Friedrich Wilhelm Valentin Schmidt* (1817). Daß er nach einer kastrierten Ausgabe (Venedig 1608) übersetzte, war ihm nicht bewußt, die Kraßheit in manchen Märchen durchaus. Eins von ihnen, das von der Puppe (V. 2), getreu ins Deutsche zu übertragen, mochte er nicht riskieren (Schmidt S. XI). Alle Märchen und von den anderen Erzählungen alle, die Straparola selber gefunden oder merklich bearbeitet hat, bringt die Übertragung durch *Hanns Floerke* (1908), also nicht jene Geschichten, die Straparola aus dem lateinisch geschriebenen Novellenband Morlinis lediglich übersetzt hatte. Floerke hat den Rahmen gestrafft und von den Eingangsliedern wie von den Rätseln einige Proben gegeben; in der späteren Ausgabe (1920) ist der Rahmen nur skizziert, die Huldigungslieder und Rätsel sind fortgelassen.

Kaum jünger als Straparolas Werk ist die 1557 in Venedig erschienene »Peregrinaggio di tre giovani figluoli del re di Serendippo«. Der Autor, Cristofero Armeno, ist vermutlich fingiert. Das Buch verarbeitet u.a. persische, arabische, türkische und indische Quellen und wude bereits 1583 ins Deutsche übersetzt (vgl. Stichwort ›Cristofero Armeno‹ (*Ranke/Schenda*) in *EM* II, Sp. 1400-1404; Klotz S. 372f.).

Literatur zum Märchen der Antike und des Mittelalters

August Hausrath und *August Marx* (Hrsg.): Griechische Märchen. Märchen, Fabeln, Schwänke und Novellen aus dem klassischen Altertum. Jena 1913. *Karl Kindt:* Märchen und Mythen Ovids. Berlin-Spandau 1949 [Nacherzählungen auf Grund eigener Übersetzungen]. *Erich Ackermann* (Hrsg.): Märchen der Antike. Frankfurt/M. 1989 (Fischer Tb. 2835.). Gesta Romanorum. Geschichten von den Römern. Ein Erzählbuch des Mittelalters. Erstmals in vollständiger Übersetzung hrsg. von *Winfried Trillitzsch.* Frankfurt/M. 1973. Gesta Romanorum. Hrsg. und eingeleitet von *Hermann Hesse.* Frankfurt/M. 1978 (Insel-Tb. 316).

Stichwort ›Ägyptische Motive‹ *(Pieper)* in *HdwDM* I, S. 24-46. Stichwort ›Gesta Romanorum‹ *(Michel:)* in *HdwDM* II, S. 599-606 [mit einem Register, das Beziehungen zu Volksmärchen verzeichnet]. Stichwort ›Amor und Psyche‹ *(Ernst Tegethoff)* in *HdwDM* I, S. 63-66. Stichwort ›Antike Motive im deutschen Märchen‹ *(Ludwig Mackensen)* in *HdwDM* I, S. 81-90. Stichwort ›Ägypten‹ (*E. Brunner-Traut* u.a.) in *EM* I, Sp. 175-227. Stichwort ›Altersbestimmung des Märchens‹ *(Dietz-Rüdiger Moser)* in *EM* I, Sp. 407-419. Stichwort ›Altes Testament‹ *(Hans-Jürgen Hermisson)* in *EM* I, Sp. 419-441. Stichwort ›Amor und Psyche‹ *(Georgios A. Megas)* in *EM* I, Sp. 464-472. Stichwort ›Apuleius‹ *(Helmut van Thiet)* in *EM* I, Sp. 680-685. *Wolfdietrich Siegmund* (Hrsg.): Antiker Mythos in unseren Märchen. Kassel 1984 [rez. von *Elfriede Moser-Rath* in: Fabula 27 (1986), S. 370-372]. Stichwort ›Gesta Romanorum‹ *(Udo Wawrzyniak)* in *EM* V, Sp. 1201-1212. Stichwort ›Homer‹ *(Minna Skafte Jensen)* in *EM* VI, Sp. 1205-1218. *Minna Skafte Jensen*: The Fairy Tale Pattern of the Odyssey. In: *Michael Chesnutt* (ed.): Telling Reality: Folklore Studies in Memory of Bengt Holbeck. Turku 1993, S. 169-193. *Maren Clausen-Stolzenburg*: Märchen und mittelalterliche Literaturtradition. Heidelberg 1995.

Literatur zu Straparola

Friedrich Wilhelm Valentin Schmidt (Übers.): Die Märchen des Straparola. Berlin 1817 [mit Anmerkungen des Übers.]. *Alfred Semerau* (Übers.): Die ergötzlichen Nächte des Giovan Francesco Straparola, Berlin und Leipzig 1904. *Hanns Floerke* (Übers.): Die ergötzlichen Nächte des Giovan Francesco Straparola von Caravaggio. München 1908 [Einleitung des Übers. S. 1-14], Teilausgaben 1920 und 1947. *Giovan F. Straparola:* Die ergötzlichen Nächte. München 1980 (Heyne Exquisit. 0197 [16]). Das Märchen vom gestiefelten Kater in den Bearbeitungen von Straparola, Basile, Perrault und Tieck, 1843, Faksimile. Frankfurt/M. 1981.

F. W. J. Brakelmann: Giovan Francesco Straparola da Caravaggio. Diss. Göttingen 1867 [untersucht verschiedene Drucke der »Piacevoli notti«]. *Giuseppe Rua:* Le »piacevoli notti« di messer Gian Francesco Straparola. Rom 1898. *Bolte-Polívka* IV, *S.* 178-184. *Inge Liebe* (s.u. Die Mode der Feenmärchen). *Ursula Klöne:* Die Aufnahme des Märchens in der italienischen Kunstprosa von Straparola bis Basile. Diss. Marburg 1961 [mit weiterer Literatur]. *Giorgio Barberi Squarotti:* Probleme der Erzähltechnik im 16. Jahrhundert: Lo Straparola. (1965). In: *Wolfgang Eitel* (Hrsg.): Die romanische Novelle. Darmstadt 1977 (Ars interpretandi. 7.), S. 143-174 [enthält auch »einige historisch-soziologische Betrachtungen über die Struktur von Straparolas Märchen«, bes. S. 153 ff.]. *Hermann Bausinger:* Formen der »Volkspoesie«. Berlin 1968. Stichwort ›Straparola‹ *(Helmut Müller)* in *LKJL* III, S. 477. Stichwort ›Boccaccio‹ *(Alberte Spinette)* in *EM* II, Sp. 549-561. Stichwort ›Barock‹ (*Hans Gerd Rötzer*) in *EM* I, Sp. 1257-1269. *Victoria Smith Pozzi*: Straparola's Le piacevoli notti: Narrative Technique and Ideology, DA (1981.4) 1657A. *Klotz*, S. 31-40. *Reinhard Hosch*: Eine unbekannte Quelle und biographische Hintergründe zur Geschichte des schönen Bettlers in Brentanos ›Urchronika‹. In: JbFDtHochst. (1986), S. 216-233. *Karl-Heinrich Barsch*: The ›Eternal-Womanly‹ in Novella Narration. Female Roles in the Frames of Boccaccio's Decameron, Straparola's Piacevoli notti, the Queen of Navarre's Heptameron, and Goethe's Unterhaltungen deutscher Ausgewanderter. In: *Fidel Lopez Criado* (ed.): Studies in Modern and Classical Languages I. Madrid 1988, S. 155-162. *Doris Senn*: Le piacevoli notti (1550/53) von Giovan Francesco Straparola, ihre italienischen Editionen und die spanische Übersetzung Honesto y agradable entretenimiento de damas y galanes (1569/81) von Francisco Truchado. In: Fabula 34 (1993), S. 45-65. *Brigitte Furche*: Sinnstiftende Verfahren in italienischen Volksmärchen. Vom ›Re Porco‹ und anderen italienischen Volksmärchen. Eine textlinguistische Interpretation. Frankfurt/M. u.a. 1994.

Basile

Als der erste Autor von Kunstmärchen in der europäischen Literatur gilt *Giambattista Basile* (ca. 1575-1632) aus Neapel. Basile, in seiner Jugend ein »Glücksritter« (Croce), als Soldat, Sekretär und Gelegenheitsdichter verschiedenen Herren zu Diensten, wurde ein geehrter Hofmann und einer der damals bekanntesten Dichter Neapels, Mitglied u.a. der bedeutenden literarischen Gesellschaft Accademia degli Oziosi, die sich italienischer und spanischer Poesie widmete. Hier akklamierte man den Dichtungen Basiles, die der europäischen Mode des Manierismus entsprachen. Aus seinem Nachlaß wurde eine anders gestimmte Literatur veröffentlicht: seine »Muse Neapolitane« und Märchen (1634-36), beides im heimischen Dialekt verfaßt. Allerdings ist die neapolitanische Sprache Literatursprache (darauf weist Fehling S. 51 hin).

Basile hatte in der Funktion eines ›Governatore feudale‹ (Verwalter feudaler Besitzungen) die Gründe für das Elend in den kleineren Städten und Dörfern Süditaliens sehen gelernt. Er nahm dabei von Erzählungen Notiz, in denen eine gepreßte Bevölkerung ihre schlimmen Erfahrungen aufbewahrte und ihre Wünsche gewitzt zur Sprache brachte. Den fein verschlüsselten Dichtungen seiner eigenen gesellschaftlichen Klasse entgegengesetzt, war hier eine Art Poesie vernehmbar, die in ungebundener Rede handfest zur Sache kommt. Vom exotischen Reiz der schlichten Erzählungen angezogen, schrieb er sie in seiner Weise und für seine gesellschaftliche Gruppe auf und schuf damit die erste umfassende Märchensammlung Europas (Schenda nennt als offene Forschungsfrage, welche schriftlichen Quellen Basile benutzte, was er aus Sammlungen von Redensarten und aus den Ritterepen übernommen hat). Die Bezeichnung »Pentamerone«, unter dem sie mittlerweile berühmt ist, findet sich als Titel erstmals bei der vierten Auflage (1674) und stammt vom Herausgeber Pompeo Sarnelli (s.u.), findet sich allerdings beiläufig schon im Widmungsschreiben des Erstdrucks. Mit diesem Titel wird das Werk in einer größeren Nähe und einem stärkeren Abhängigkeitsgrad vorgestellt, als es dem »Decamerone« gegenüber tatsächlich der Fall ist. Wohl hat Basile dieses Muster vor Augen, als er die Erzählungen in einen Unterhaltungsrahmen spannt, doch mißt er diesem eine wesentlichere Bedeutung zu. Die Rahmenhandlung wird mit Binnenerzählungen subtiler und von innen heraus in Verbindung gebracht, indem die 49 Binnengeschichten am Ende wieder in die Rahmenhandlung einmünden. In einer barocken Kreisbewegung wird hier das Märchenerzählen selbst Thema. Diesen Umstand bezeichnet der ursprüngliche Titel, unter dem Basiles Sammlung bekannt wurde, besser: »Lo Cunto de li Cunti«. Das Märchen der/von den Märchen; noch zu Lebzeiten Basiles hat Quevedo, der eine Zeit in Neapel war, diesen Titel zitiert. Denn die Rahmengeschichte ist die Hauptgeschichte, ein komplettes und eigenständiges Märchen. Die fünfzig Geschichten sind durchweg Märchen, wenn in manchen auch novellen- und schwankhafte Elemente stark hervortreten. Das ist das Neue an Basiles Sammlung im Vergleich zu denen seiner Vorgänger *Boccaccio* und *Straparola.* Mit diesem hat er einige wenige Märchenstoffe gemein (HdwDM I, S. 178), doch scheint er die »Ergötzlichen Nächte« nicht einmal gekannt zu haben (diese oft wiederholte Behauptung sei nicht ernst zu nehmen, meint Fehling S. 55 unter Hinweis auf die große Verbreitung dieses Buchs; Schenda nennt einige Analogien zu Straparola, ein direkter Einfluß sei nicht nachgewiesen).

Daß Basiles Geschichten als erste Kunstmärchen aufgefaßt werden können, bewirkt die eigenartige Erzählweise, die einen versierten Leser voraussetzt. Schon der Anfang des Erzählens verbindet die Prinzessin, die nicht lacht, in einem Bildungsschnörkel mit den zwei ernsten Herren Zoroaster (Zarathustra) und Heraklit und gibt damit zu erkennen, daß wohl von naiven Begebnissen, aber nicht naiv geredet wird. Speziell durch die Metaphorik meldet sich ein artistisches Gestaltungsprinzip zu Wort. Basiles manieristisch ausgeklügelte Wortbilder sind insgesamt jedoch nicht hermetisch auf die Kennerschaft der literarisch Eingeweihten abgestellt; sie sind mit Redensarten aus der Volkssprache und mit Sprichworten so verquickt, daß deren oft drastische Anschaulichkeit mit der Mechanik barocker Metaphern scheinbar wie von selbst zusammenstimmt. Die Kombination erreicht der Autor, indem er die Gegenstände für seine hochliterarischen Wortspiele und Allegorien vielfach aus dem gleichen Fundus schöpft wie das Sprichwort (vgl. Klotz). Diese Stiltendenzen, im 18. Jahrhundert als Schwulst (»monstruosità«) kritisiert, stören den Märchencharakter nicht, aber sie erweitern die Grenzen des Volksmärchens. Stärker als im Volksmärchen schießt Alltagsrealistik in den abgezirkelten Bereich der Märchengeschehnisse. Bei Basile zeichnet sich die Geburt der Gattung Kunstmärchen ab, indem er mit dem vorgefundenen Material bewußt spielt und es nach seinen eigenen Erzählmanieren souverän präsentiert. Nur läßt er bei aller Kunstfertigkeit das Naive des Märchens unberührt. Diese Haltung unterscheidet ihn von späteren Autoren, die in einem radikaleren Maß sich der Märchen literarisch bemächtigten, wie z.B. *Brentano.* Basile steht am Anfang dieser Entwicklung, zugleich in einer vermittelnden Position. Fehling (S. 56) weiß bis 1788 von 10 Auflagen der neapolitanischen Originalausgabe, ferner von einer bolognesischen (1713) und einer italienischen (1754), schließlich (1788) einer französischen Übersetzung. Basile wurde in Frankreich spät übersetzt, aber frühzeitig gelesen, – der Titel »Les Contes des Contes« taucht bereits 1698 bei Mlle de la Force auf, Perrault und später Gozzi haben Basiles Buch benutzt. Wielands »Pervonte« geht auf eine französische Basile-Übersetzung zurück. Am Ende des 18. Jahrhunderts ist Basiles Name »in der Geschichte des Märchens bereits klassisch geworden« (*Kaiser* in *HdwDM* I, S. 180).

Eine getreue Übertragung ins Deutsche versuchte erstmals *Felix Liebrecht* mit seiner philologisch kommentierten Ausgabe (1846). Das Vorwort von *Jacob Grimm* lobt nicht allein die dichterischen Qualitäten der Übersetzung, es stellt auch die Verbindung zu der inzwischen etablierten vergleichenden Märchenforschung her. Die Brüder Grimm hatten, von Brentano aufmerksam gemacht, einen wichtigen Anteil bei der Erschließung des »Pentamerone« für das deutsche Leserpublikum. In den Anmerkungen zu den KHM brachten sie Übersetzungen einzelner Märchen, sie würdigten die Sammelarbeit und Darstellungskunst Basiles und registrierten für ihre eigenen Forschungen mit Entdeckerfreude, daß zwei Drittel von den 50 Märchen des »Pentamerone« in Hauptmotiven Entsprechungen zu den KHM aufwiesen (Bolte-Polívka IV, S. 185). *Brentano,* der selber den »Pentamerone« deutschen Kindern nahebringen wollte, begnügte sich nicht mit Verdolmetschen. Er verwandelte und erweiterte die Geschichten, indem er sie nach seiner Laune wiedererzählte, durch eigene Erfindungen. Das Projekt blieb Fragment und wurde erst nach seinem Tod publiziert (siehe den Abschnitt über Brentano).

Die Autorität der Liebrechtschen Übersetzung schwand erst mit der Übertragung des »Pentamerone« ins Hochitalienische durch Benedetto Croce (1925). Sie wird in der Forschung als kongeniale Nachdichtung gerühmt. Auf ihr basiert die neue deutsche Übersetzung von *Adolf Potthoff (1954*).

Giambattista Basile: Der Pentamerone oder: Das Märchen aller Märchen. Aus dem Neapolitanischen übertragen von *Felix Liebrecht.* Nebst einer Vorrede von Jacob Grimm. Breslau 1846. (Reprint: Hildesheim 1973). *Giambattista Basile:* Das Märchen aller Märchen. »Der Pentamerone«. Deutsch von *Felix Liebrecht.* Hrsg. und mit einem Nachwort versehen von *Walter Boehlich.* 5 Bde. Frankfurt/M. 1982 (Insel-Tb. 354.). *G. Basile*: Das Pentamerone. Übertragung von Felix Liebrecht, Nachwort von Werner Bahner. Mit 20 Federzeichnungen von Josef Hegenbarth. Leipzig 1979, Frankfurt/M. 1986 (Röderburg-Tb. 150).

Bolte-Polívka IV, S. 184-260. *N.M. Penzer*: The Pentamerone of Giambattista Basile, 2 vols, London 1932. *Benedetto Croce:* Nachwort. In: Giambattista Basile: Das Pentameron. Hattingen 1954, S. 497-512 [übers. nach Cs. Einleitung zu seiner Übertragung 1925; grundlegende Darstellung]. Stichwort ›Basile in Deutschland‹ *(K. Kaiser)* in *HdwDM* I, S. 177-184. Stichwort ›Corvetto‹ *(Karl Voretzsch)* in *HdwDM* I, *S.* 366-368. *Margarete Wagner:* Clemens Brentano und Giovanni Battista Basile. In: Essays on German Language and Literature in Honor of Theodore B. Hewitt. Buffalo 1952, S. 57-70. Stichwort ›Barock‹ (*Hans Gerd Rötzer*) in *EM* I, Sp. 1257-1269. Stichwort ›Basile‹ *(Helmut Müller)* in *LKJL* I, S.112f. Stichwort ›Basile‹ *(Rudolf Schenda)* in *EM* I, Sp. 1296-1308 [mit Typenverzeichnis nach *Penzer]. Stefano Calabrese*: La favola del linguaggio: Il ›come se‹ del Pentamerone. In: Lingua e stile 16 (1981), S. 13-34. – Siehe auch unten unter »Brentano«. – *Klotz,* S. 41-53. *Angela Testaferri*: Baroque Women in Medieval Roles: The Narrative Voices in Basile's Pentamerone. In: Rivista di Studi Italiani 8 (1990), S. 39-45. *B. Broggini*: Lo cunto de li cunti von Giambattista Basile. Ein Ständepoet in Streit mit der Plebs, Fortuna und der höfischen Korruption. Frankfurt/M., Bern, New York, Paris 1990. *Ulrike Heilmann*: Strukturwandel im Märchen? Analyse ausgewählter Basilescher und Grimmscher Märchen. Diss. Frankfurt/M. 1991. *Veronika Kroker*: Basile und die Kinder: Zur Rezeptionsgeschichte des Pentamerone und seiner Bearbeitungen für Kinder. In: Confronto Letterario 8 (1991), S. 3-33. *James M. McGlathery*: Fairy Tale Romance: The Grimms, Basile, and Perrault. Illinois 1991 [rez. von *Heinz Rölleke* in: ZfVk 88 (1992), S. 314f.]. *Nancy*

Lucia Canepa: From Court to Forest. Giambattista Basile's ›Lo cunto de li cunti‹ and the Baroque Fairy Tale. DA (1992.3) 827A.

Nach und neben Basile ist auch *Pompeo Sarnelli* zu beachten: Den Text bietet: Pompeo Sarnelli, Die fünf Märchen vom Gastmahl in Neapel. Posilecheata, 1684. Übersetzt und hrsg. von Johannes Pögl, Frankfurt/M. 1988. – Sarnelli wird behandelt bei *Klotz*, S. 54-64.

III. Französische Kunstmärchen im 17. und 18. Jahrhundert

Perrault

Als repräsentativer Märchendichter des ausgehenden 17. Jh.s und zugleich als der hervorragende in der französischen Literatur gilt *Charles Perrault* (1628-1703). In der die Gemüter der gelehrten Welt erregenden »Querelle« vertrat Perrault den Standpunkt der Modernen und eines historisch relativen Schönheitsideals. Er wandte sich damit gegen Boileau und die Verfechter der Alten, die die Orientierung an der Antike zum definitiven Vorbild erklärten. In den vier Bänden seiner monumentalen dialogischen Streitschrift »Parallèle des anciens et des modernes« (1688-1697) argumentiert Perrault gemäß der »Fortschrittsidee« und lehnt aus der Antike schematisch abgeleitete Forderungen an die Literatur ab. Den moralischen Nutzen findet er sogar in heimischen schlichten Ammenmärchen, vermag aber eine Überlegenheit antiker Sagen und Fabeln trotz deren zugegeben höheren Kunstfertigkeit nicht zu entdecken. Die neuere Forschung ist gerade der Verkettung zwischen den Märchen und der »Parallèle« nachgegangen (Preisendanz, Morgan).

Die einfachen Feenmärchen boten der kulturell übersättigten Hofgesellschaft unter Ludwig XIV. etwas Neues zur Unterhaltung. Bald war es, wie Madame *Sévigné* berichtet (Bolte-Polívka IV, S. 262), Mode, sie in den aristokratischen Zirkeln einander zu erzählen. Perrault griff einige populäre Stoffe auf: die Novelle von der getreuen Griseldis (Decamerone X. 10), das Märchen von den drei lächerlichen Wünschen und das von der Eselshaut, und brachte sie, dem Stil seines literarischen Idols La Fontaine nacheifernd, in elegante Verse. Die erste Sammlung seiner Prosamärchen, »Histoires ou Contes du Temps passé, avec des Moralitéz« (1697), enthält sieben Märchen, deren Motivkomplexe über Europa verbreitet sind, und eins, das Perrault im Wesentlichen nach eigener Vorstellung erzählt, ein Kunstmärchen also im vertrauteren Sinn. Unter den sieben, die nach Volksmärchen gebildet sind, trifft man auf so bekannte Stoffe wie vom Rotkäppchen, Aschenputtel, Dornröschen, Blaubart und von dem gestiefelten Kater. *Straparolas* und *Basiles* Sammlungen enthalten Geschichten mit offenkundigen motivischen Entsprechungen (Bolte-Polívka IV, S. 265 ff.).

Verfasser der Prosamärchen sei, so wird bei der ersten Ausgabe suggeriert, Perraults damals neunzehnjähriger Sohn; sein Name steht unter der obligaten Widmung (an »Mademoiselle«, das ist Prinzessin Elisabeth Charlotte von Orleans, Tochter der Liselotte von der Pfalz). Es wird nicht mehr bezweifelt, daß Perrault seinen Sohn als eine Deckadresse vorschob, falls die Märchen im Klima der »Querelle« kein verständiges Echo fänden. Die Dedikation manifestiert eine sozial- und kulturgeschichtliche Wendung: ganz im Rahmen der strikt hierarchischen Gesellschaftsordnung soll die Aufmerksamkeit derer, die oben sind, auf jene gelenkt werden, deren Existenz den Erlauchten nicht naheliegt. Im Komplimentieren zu solcher Herablassung steckt listig der Appell, daß die Moral, die in den literarisch anspruchslosen Geschichten des sogenannten niederen Volkes enthalten sei, auch höhern Orts von Nutzen wäre. Diese dem Stilisationsprinzip sowohl der ›naïveté‹ wie dem des ›esprit du monde‹ folgende Doppelcodierung der Perraultschen Märchen zeigt ihre Eigenständigkeit gegenüber der gleichzeitigen Feenmode: Perraults Texte »präsentieren sich als Rekonstruktion und zugleich als funktionale Umbesetzung eines Erzählparadigmas ›du temps passé‹« (Preisendanz S. 407).

Zwei Figuren hat das frz. Volksmärchen charakteristisch ausgestaltet: Feen und Oger (Menschenfresser). Beide lassen sich auch in Märchen und Mythen anderer Völker finden, aber nirgendwo sonst war die Fee Märchenfigur par excellence wie im Frankreich des 17. und 18. Jh.s. Verkörperungen der Vernunft (oder des durch Vernunft aufzuhebenden Irrationalen) halten sie die Fäden des Geschehens planvoll in der Hand. Gegenüber den Feen in den KHM zeichnen sich die Perraultschen durch Beachtung der Etikette wie auch der feinsten Nebenumstände aus. Dirigistischer als in deutschen Volksmärchen geben sie mit ihrem Stab den Takt des Geschehens an. Detailliert ausgearbeitet erscheint die Feenrolle in »La Belle au Bois dormant« (Die schlafende Schöne im Walde). Der Vergleich mit einer motiventsprechenden Geschichte Basiles, »Sonne, Mond und Talia« (V. 5), und »Dornröschen« in den KHM stößt nicht allein auf historisch bedingte Mentalitätsunterschiede, sondern vor allem auf verschiedene Grade von Literarizität (Mettler). Gerade weil Perrault den schlichten Ton der Ammenmärchen wiedererzählend treffen wollte und am überlieferten Geschehen wenig geändert hat, fallen die Elemente höfischer Gesellschaftskultur besonders auf. Beide Sphären, höfische Lebensart und naive Weltvorstellung im Volke, scheinen in seiner Erzählmanier mit Ironie schicklich und literarisch vermittelt. Darin liegt wesentlich die Kunst dieser Märchen. Das hohe Maß an Witz und die humorvoll-dezente Präsenz des Erzählers, die Momente der Zeitverbundenheit – etwa im galanten, geistreichen Dialog – machen das Märchen zu einer Vorschule der Vernunft.

Auch die andere, für französische Märchen typische Figur, der Oger, ist durch Perraults Erzählkunst differenziert. Die urwüchsige Schreckensgestalt, die eifrig Kinderfleisch ißt, ist zugleich ein Haustyrann, der vom gewitzten Kleinen (Le Petit Poucet) übertölpelt wird. An solchen Momenten könnte deutlich werden, worin Perrault die pädagogische Wirkung von Märchen gesehen hat. Es ist nicht einfach naive Moral gemeint, die das Gute belohnt, das Böse bestraft sehen will, sondern Erziehung auch zu einer Art Gewitztheit, die sich gegenüber scheinbar von Natur her installierten Mächten zu behaupten vermag. Dieses bürgerliche Tüchtigkeitsdenken spielt bei den contes des fées der schreibenden Damen kaum eine Rolle (Klotz S. 72).

Widerstand gegen schier Naturgegebenes ist in »Riquet à la Houppe« (Riquet mit dem Schopf) in einer sublimen Weise vorgeführt. Es geht darum, ob man sich mit – wie es scheint – naturgemäß unversöhnlichen Gegensätzen resignativ abfinden muß. Der Prinz, geistreich in hohem Maß, ist grundhäßlich; sein Gegenstück, die allerschönste Prinzessin, begriffsstutzig und jeder geselligen Rede unfähig. Das Besondere der Handlung liegt nun darin, daß nicht durch handfeste Zauberei die Gegensätze aufgehoben werden. Wohl ist eine Fee zur Stelle und verleiht die Gabe, daß Riquet mit seiner Klugheit die Kraft haben werde, den Menschen, den er liebt, klug zu machen, wie auf der anderen Seite die Prinzessin die Gabe bekommt, ihren Liebsten schön zu machen. Der tatsächliche Zauber aber geschieht spirituell in den Psychen durch vernünftiges Miteinander-Reden. Der Witz in dieser nach der Räson konstruierten Geschichte, insbesondere ihre vernunftgemäße Moral, grenzen sie aus dem Umkreis der Ammenmärchen aus und bezeichnen die rationalistische Denkungsart ihres Verfassers (die Verbindung zu einer Volksmärchen-Vorlage versucht Sydow nachzuweisen).

Über den Horizont von Kindern hinaus zielen auch die jedem Märchen angehängten »Moralités« in Versform. Sprichwortartige Resümees schließen schon die einzelnen Märchen Basiles ab. Perrault macht mit den galant-ironischen Moralversen seine schuldige Reverenz vor der feinen Gesellschaft, deren Interesse für die einfachen Geschichten aus dem Volke er schließlich stets in die kultivierte Salon-Konversation wieder entläßt.

Berühmt wurden diese Prosamärchen unter dem Titel »Contes de ma mère l'Oye« (Geschichten meiner Mutter Gans), das meint in volkstümlicher Redensart ›Ammenmärchen‹ und spielt auf eine Sagenfigur an: Bertha mit dem Gänsefuß, mal als hexenhafte Spinnerin Bertha aus germanischer Mythologie identifiziert (eine Figur, welche die Fleißigen belohnt und die Faulen bestraft), mal als Mutter Karls des Großen. Perraults erfolgreiche Märchen verstärkten die Märchenmode, sie wurden von einer Feenmärchenflut verschüttet, nach etwa 50 Jahren neu entdeckt und in viele Sprachen übersetzt. Da Perraults Märchen bei aller Ironie den im Volk erzählten nah geblieben waren, konnten sie ohne Umstände der Tradition mündlichen Erzählens wieder einverleibt werden. Die Brüder Grimm sind bei ihrer Sammeltätigkeit auf Märchen gestoßen, von denen sie erst später bemerkten, daß sie auf Perrault zurückgingen (Hagen).

Zur Geschichte des Märchens (und einzelner Märchenmotive) vor Perrault vgl. die einschlägigen Motiv-Artikel in der *EM*, ferner: *Hermann Hubert Wetzel:* Märchen in den französischen Novellensammlungen der Renaissance. Berlin 1974.

Charles Perrault: Contes de Fées. Die Märchen. Übersetzt von Ulrich Friedrich Müller. (dtv zweisprachig. 9033.). *Ders.:* Märchen aus alter Zeit. Illustriert von Gustave Doré. Nach den Originalausgaben von 1694 (Contes en Vers) und 1697 (Histoires ou contes du temps passé. Avec des Moralitéz) neu übertragen von *Dorothee Walterhöfer.* Plochingen und Stuttgart 1966 [mit einem Nachwort von *Ruth Mettler S.* 141-148]. *Charles Perrault/ Madame d'Aulnoy:* Französische Märchen. Hanau 1979 (Märchen der Welt). *Charles Perrault*: Sämtliche Märchen. Illustrationen G. Doré. Übersetzt von D. Distelmaier-Haas (Reclams UB. 8355).

Charles Marelle: Die französischen Mährchen von Perrault, von G. Doré illustrirt, mit der deutschen Bearbeitung Moritz Hartmanns und einigen Stücken aus der Grimm'schen Sammlung verglichen. In: Archiv 41 (1867), S. 405-420. *Richard Benz:* Märchen-Dichtung der Romantiker. Gotha 1908, S. 15-18. C. W. *von Sydow:* Ein Märchen von Perrault und dessen Urform. In: Schweizerisches Archiv für Volkskunde 20 (1916), S. 441-452. *Bolte-Polívka* IV, *S.* 261-268. Stichwort ›Blaubart‹ *(Karl Voretzsch)* in *HdwDM* I, S. 266-270. Stichwort ›Dornröschen‹ (*W. Golther*) in *HdwDM* I, S. 408 411. *Rolf Hagen:* Perraults Märchen und die Brüder Grimm. In: ZfdPh 74 (1955), S. 392-410. *Leza Uffer:* Wort- und Bilderreichtum im französischen, Wort- und Bilderarmut im deutschen Märchen. In: Deutschfranzösisches Gespräch im Lichte der Märchen. Münster 1964 (Schriften der Gesellschaft zur Pflege des Märchengutes der europäischen Völker. 2.), S. 21-35. *Marc Soriano:* Les Contes de Perrault. Culture savante et traditions populaires. Paris 1968 [umfassende Darstellung mit reicher Bibliogr.]. *Helga Krüger*: Die Märchen von Charles Perrault und ihre Leser. Diss. Kiel 1970. *R. Camoth*: Du »Pentamerone« aux »Contes de ma mère l'Oye«. In: Marche Romane 26 (1973), S. 23-31. *Barbara Bucknall:* »La Belle au bois dormant« par Perrault. In: The Humanities Association Review 26 (1975), S. 96-105. *Teresa di Scanno:* Les Contes de fées à l'époque classique (1680-1715). Napoli 1975 [hauptsächlich über *Perrault,* weiter über *d'Aulnoy, Bernard, Lhéritier, de Murat, de Preschac;* enthält eine Bibliographie der Übersetzungen Perraultscher Märchen ins Italienische und der italienischen Adaptionen seit 1946]. *Timothy C. Murray:* A Marvelous Guide to Anamorphosis: »Cendrillon ou La Petite Pantoufle de Verre«. In: MLN (Baltimore) 91 (1976), S. 1276-1295. *Apel* S. 37-47 [erklärt den Zug zum Schlichteren mit der wirtschaftlichen Schwäche infolge der Kriegspolitik]. Stichwort ›Perrault‹ in *LKJL* III, 12-14. *James M. McGlathery*: Magic and Desire from Perrault to Musäus. Some Examples. In: Eighteenth-Century Life 7 (Oktober 1981), S. 54-70. *Irene Whalley*: The Cinderella Story, 1724-1919. In: *Nancy Chambers* (ed.): The Signal Approach to Children's Books. Metuchen N.J. 1981, S. 140-155. *Norbert Becker*: Die Märchen von Ch. Perrault im Unterricht. In: Die Neueren Sprachen 83 (April 1984), S. 146-171. *Claire-Lise Malarte*: La Fortune des contes de Perrault au vingtième siècle. In: Papers on French Seventeenth Century Literature 11 (1984), S. 633-641. *Klotz* S. 65-79. Stichwort ›Fairy‹ (*Noel Williams*) in *EM* IV, Sp. 793-800. Stichwort ›Fee, Feenland‹ (*Friedrich Wolfzettel*) in *EM* IV, Sp. 945-964. *Jeanne Morgan*: Perrault's Morals for Moderns. New York, Bern, Frankfurt/M. 1985. *Wolfgang Preisendanz*: Dialog zwischen ›naïveté‹ und ›esprit du monde‹. Zu den Histoires ou Contes du temps passé von Ch. Perrault. In: *Fritz Nies/Karlheinz Stierle* (Hrsg.): Französische Klassik. Theorie, Literatur, Malerei. München 1985, S. 395-416. *Philip Lewis*: Bluebeard's Magic Key. In: *Michel Bareau* u.a. (eds.): Les Contes de Perrault. La Contestation et ses limites furetière. North American Society for Seventeenth-Century French Literature. Actes de Banff 1986, Paris, Seattle, Tübingen 1987, S. 41-51. *Louis Marin*: Manger, parler, aimer dans les ›Contes‹ de Perrault. In: *M. Bareau* (s.o.), S. 29-39. Stichwort ›Frankreich‹ (*M.-L. Tenèze*) in *EM* V, Sp. 62-89, bes. Sp. 62-69. *Fanny Nepote-Desmarres*: Parole et sacrifice: L'Enfant dans les Contes de Perrault. In: *Andrée Mansau* (ed.): Enfance et littérature au XVIIe siècle. Paris 1991, S. 47-58. *Eric Mechoulan*: Il n'y a pas de fées, il n'y a que des interprétations: Lecture du ›Petit chaperon rouge‹. In: Papers on French Seventeenth Century Literature 19 (1992), S. 489-500. *Jean Perrot*: The Baroque Child. In: *Sylvia P. Iskander* (Hrsg.): The Image of the Child. Battle Creek 1991, S. 241-250. *Rosemarie M. Huseman*: Trois cents ans d'intérêt et d'interprétation: Les ›Contes‹ de Perrault dans une optique critique. DA (1992.11) 3953A. *Michèle Simonsen*: Perrault. Contes. Paris 1992 [rez. von *Christine Shojaei Kawan* in: Fabula 36 (1995), S. 371-373]. *Menninghaus*, S. 71-91.

Die Mode der Feen- und der morgenländischen Märchen

Etwa gleichzeitig mit Perraults »Contes« wurden vier Doppelbändchen Märchen (genaue Titel bei Fehling S. 56) veröffentlicht, die mit den im Volk erzählten weniger gemein haben. Verfaßt waren sie von Madame *d'Aulnoy* (1650-1705), die bereits 1690 mit »L'Ile de la

Félicité« (in der »L'Histoire d'Hypolite«) das wohl erste Feenmärchen publiziert hatte. Der Titel des dritten Bändchens, »Contes Nouveaux ou les Fées à la Mode« (1698), bezieht sich nicht bereits auf Perraults just gedruckte Märchen, vielmehr auf jene Neuheit, in den Salons zu »mitonner«, d.h. durch Märchenerzählen sich die Zeit zu vertreiben (Nachweis bei *Morgan*, Perrault's Models, S. 45). Was bislang als Bagatelle der Konversation und ästhetisch nicht respektabel galt, wird nun in aller Öffentlichkeit als durchaus nach der Mode ausgegeben. Wohl treten in Perraults Märchen Feen in Erscheinung, doch erst bei Madame d'Aulnoy und ihrer meist weiblichen Gefolgschaft werden sie zu beherrschenden Figuren, nach denen die spezielle Erzählgattung benannt ist.

Diese Feenmärchen sind mit Entschiedenheit Kunstgebilde, vom schlichten Ton der »Mutter Gans« durch Steigerung der Wunder, luxuriöse Requisiten und Exklusivität des Personals entfernt, vornehmlich aber durch Verflechtung und Motivierung der Handlung. Charlotte-Rose de la Forces extravagante Umformung traditioneller Motive erschien unter dem Titel »Contes des Contes« noch 1697, und Madame d'Auneuil gilt bereits als Autorin von Anti-Märchen, in denen die Macht der Feen in Frage gestellt wird (1700: »La Tyrannie des fées détruite«). Die Technik des Romans wird ins Unterhaltungs-Spiel gebracht, was auch für die Quantität der Erzählungen Folgen hat. Höfische Lebensart und aristokratisches Bewußtsein prägen die Geschichten. Anders als bei Perrault betrifft die Moral lediglich die Creme der Gesellschaft: Prinzen und vor allem Prinzessinnen sind die auserwählten Helden, die durch auferlegte Prüfungen verfeinert werden sollen. Als Quellen des breiten Stroms dieser Unterhaltungsliteratur spielen Ammenmärchen eine Rolle, einige Märchen *Straparolas* haben den Stoff geliefert (Liebe), wie auch die »Bibliothèque bleue« Volkstümliches beigesteuert haben dürfte. (Die »Bibliothèque bleue«, nach den blauen Umschlägen so genannt, bot in billigen Bändchen populäre Lektüre: Ritterromane, Volksbücher und ähnliches.) Kultivierte Abenteuer waren in den Schäferromanen vorgebildet, und prächtige Schauspiele boten musterhaft die Feste bei Hof (Hillmann, Nachwort S. 243).

Literatursoziologisch lassen sich zwischen den dargestellten Feen und den dichtenden Damen Entsprechungen beobachten. So mächtig wie die Feen sahen sich viele Damen der hohen Gesellschaftsklasse gern selber: sei es als Erzieherinnen von Prinzen und Prinzessinnen, sei es als mildtätige Wesen, die incognito segensreich wirkten. In dem deterministischen Prinzip, das durch die Feengaben anschaulich vorgestellt wird, drückt sich ein Weltbild aus, das der freien Selbstbestimmung keine Chance einräumt, sondern allein vorsieht, das Gute werde von oben gnädig gewährt, in der Ordnung, wie sie der Sonnenkönig repräsentierte. Zumal die Nachahmerinnen der Aulnoy haben die Feerie höfisch organisiert. Das Eingreifen der Fee, im Volksmärchen die wundersame Ausnahme, wird nun regelrecht und zentraler Gegenstand der Darstellung. Pracht der Feenpaläste und Beförderungsmittel, Rivalität unter diesen privilegierten Wesen werden mit allen Finessen vorgeführt. Solche Schwemme von erlesenen Materialien, von zierlichen Wundern und farbigen Spektakeln wirkte auf die Dauer monoton.

Eine Auffrischung kam der Gattung aus dem Orient. Zwischen 1704 und 1717 erschien in 12 Bänden die einer literarischen Neugestaltung nahekommende Übersetzung der »Tausendundeinen Nacht« von *Galland,* die auch im Ausland eine außerordentliche Resonanz fand. Verstärkt wurde sie durch die Übertragung persischer Erzählungen durch *Pétis de la Croix* (»Les Milles et un Jour«, 1710/12) und *Lesage.* Verlockend Neues wurde nicht allein durch die exotischen Handlungsräume mit ihren kolossal üppigen Palästen und den wimmelnden Bazars geboten, sondern vor allem durch die Dominanz des Sexuellen. Erhitzte Leidenschaftlichkeit stach überraschend reizvoll gegen jene galante, »schäferliche« Form in den heimischen Salonmärchen ab, der Liebe mit allem Anstand zu pflegen. Die französischen Unterhaltungsautoren hatten sich auf diese Konkurrenz einzustellen. Sie schrieben nun selber Märchen in orientalischer Manier wie *Gueullette* oder verbanden die Feen- mit den morgenländischen Märchen zu einer Mischform wie *Caylus, Crébillon d.J.* und *Hamilton.* Ihre Kunstmärchen und Märchenromane zeigen etwa in der Mitte des 18. Jh.s, wie in Frankreich die Mode der Feenmärchen abdankt. Diese Autoren benutzen deren Muster parodierend als Vehikel für ihre psychologischen, philosophischen, politischen Zwecke und halten es so noch einmal lebendig. Von diesem »conte pseudo-oriental« aus führt der Weg (etwa über *Beckfords* »Vathek«, 1787) in die im engeren Sinne »phantastische Literatur«.

Eine Gegenmöglichkeit bot die Verbürgerlichung des conte des fées, wie sie sich vor allem in der mehrfach präsentierten Geschichte von »La belle et la bête« (1740 von Madame de Villeneuve) und in den Bearbeitungen der Madame Le Prince de Beaumont (»Le Prince Cheri«, in: Hillmann) zu beobachten sind. – J.-J. Rousseau nutzt in seiner »Reine Fantasque« das Märchen geschickt zur politischen Satire. Die große Sammlung »Cabinet des fées« (1785-1789) aus einundvierzig Bänden kann als Denkmal gelten, das zum Abschluß der Feenmärchenmode in Frankreich deren repräsentable Zeugnisse – von Perrault bis Wieland (»Don Sylvio«) – aufbewahrt.

Ré Soupault (Hrsg.): Französische Märchen. Düsseldorf, Köln 1963 (Die Märchen der Weltliteratur. 2, 6/7.). Ebenso Frankfurt/M. und Hamburg 1970 (Fischer Bücherei. 1153.) [eine Sammlung von KM und VM; Nachwort des Hrsg., dessen Wert durch die Vorbehalte gegenüber KM geschmälert ist]. *Heinz Hillmann* (Hrsg.): Die schlafende Schöne. Französische und deutsche Feenmärchen des 18. Jh. s. Wiesbaden o. J. [mit einem Nachwort des Hrsg. S. 242-278]. *Klaus Hammer* (Hrsg.): Französische Feenmärchen des 18. Jh.s. Berlin [2]1974 [mit einem Nachwort des Hrsg. S. 515-535]. *Marie C. d'Aulnoy*: Französische Feenmärchen. Hanau 1982 (Märchen der Welt). – Das Kabinett der Feen. Französische Märchen des 17. und 18. Jahrhunderts. Hrsg. von Friedmar Apel und Norbert Miller, München 1984 (Winkler). *Elisabeth Lemierre* (ed.): Le Cabinet des fées. Tome 1: Contes de Madame d'Aulnoy. Tome 2: Plus belle que fée et autres contes. Tome 3: La bibliothèque des génies et des fées. Arles 1988. *Jack Zipes* (Hrsg.): Französische Märchen. Frankfurt/M. 1991. *Marie-Catherine d'Aulnoy/Jeanne-Marie Leprince de Beaumont*: Die Schöne und das Tier. Französische Feenmärchen des 17. und 18. Jahrhunderts. Nach den Übersetzungen der Bertuch'schen Ausgabe überarbeitet bzw. neu übersetzt von N. Miller, F. Apel und Christine Hoeppener. Illustrationen von Vittorio Accornero, München 1995 (Winkler).

Bolte-Polívka IV, S. 269-277. Stichwort ›Baronin Aulnoy in Deutschland‹ *(K. Kaiser)* in *HdwDM* I, S. 144-148. Stichwort ›Belle et la Bête‹ *(Ernst Tegethoff)* in *HdwDM* I, S. 237 f. *Mary Elizabeth Storer:* La Mode des Contes de Fées. (1685-1700). Un Episode littéraire de la Fin du XVIIe Siècle. Paris 1928 (Reprint: Genf 1972) [vorzügliche Darstellung der ersten Phase frz. Feenmärchen bis zum Erscheinen von »1001 Nacht«]. *Inge Liebe:* Giovanni Francesco Straparolas »Piacevoli notti« und seine französischen Prosabearbeitungen. Diss. (Masch.) Berlin 1948. *Jacques Barchilon:* Uses of the Fairy Tale in the Eighteenth Century. In: Studies on Voltaire and the Eighteenth Century. (Genève) 24 (1963), S. 111-138 [eine Überblicksdarstellung]. *Fink. Jacques Barchilon:* »Le Cabinet des fées« et l'imagination romanesque. In: Études littéraires I (1968), S. 215-231. *Jeanne Roche-Mazon:* Autour des Contes de fées. Recueil d'études, accompagnées de pièces complémentaires. Paris 1968 (Études de littérature étrangère et comparée. 55.). *Heinz Hillmann:* Wunderbares in der Dichtung der Aufklärung. Untersuchungen zum französischen und deutschen Feenmärchen. In: DVjs 43 (1969), S. 76-113 [fundierte und ergiebige Arbeit]. Wiederabgedruckt in: Peter Pütz (Hrsg.): Erforschung der deutschen Aufklärung. Königstein/Ts. 1980 (Neue wissenschaftliche Bibliothek. 94.), S. 246-270. *Nancy B. Palmer/Melvin D. Palmer:* The French »Conte de Fée« in England. In: Studies in Short Fiction 11 (1974), S. 35-44 [über die Rezeption vor allem von d'Aulnoy und d'Auneuil und die Auswirkungen u.a. auf Walpole]. *Jacques Barchilon:* »La Belle et la bête« ou Le Passage d'un mythe au conte de fées. In: *J. B.:* Le conte merveilleux français de 1690 à 1790. Cent ans de féerie et de poésie ignorées de l'histoire littéraire. Paris 1975 (Bibliothèque de la revue de littérature comparée. 114.). *Teresa di Scanno* (siehe den Abschnitt über Perrault). Stichwort ›Aulnoy‹ *(Marc Soriano)* in *EM* I, Sp. 1020-1024 [mit einer Aufstellung der wichtigsten Märchen in der Typisierung nach Aarne/ Thompson und Delarue/Tenèze]. Stichwort ›Auneuil‹ *(Marc Soriano)* in *EM* I, Sp. 1024-1026. Heinz Wegehaupt: Vorstufen und Vorläufer der deutschen Kinder- und Jugendliteratur bis in die Mitte des 18. Jahrhunderts. Berlin (DDR) 1977 (Studien zur Geschichte der deutschen Kinder- und Jugendliteratur. 1.). *Apel* S. 47-76. Stichwort ›Bibliothèque bleue‹ *(Marie-Louise Teneze)* in *EM* II, Sp. 283-287. Stichwort ›Cabinet des fées‹ *(Friedrich Wolfzettel)* in *EM* II, Sp. 1123-1130. *Thomas Richard Vessely:* The French Literary Fairy Tale, 1690-1760. A generic study. Diss. Indiana Univ. 1979 [DA 40 (1979/80)2094 A-2095 A]. *Jeannine Guichardet:* Balzac et le conte de fée. (Quelques éléments de réflexion). In: Revue des sciences humaines (Lille) Nr. 175 (3. Quartal 1979), S. 111-121. Stichwort ›Conte de(s) fées‹ *(Günter Dammann)* in *EM* III, Sp. 131-149 [eine informative und differenzierte Darstellung, welche die verschiedenen Phasen der Geschichte des frz. Feenmärchens, der Rezeption in Deutschland, schließlich das Erlöschen der Gattung erfaßt, jeweils mit einer Liste von Textausgaben]. *Bernard Magné:* Le chocolat et l'ambroisie: le Statut de la mythologie dans les Contes de fées. In: Cahiers de Littérature du XVIIe siècle. (Univ. de Toulouse-Le-Mirait) Nr. 2 (1980), S. 95-146. Stichwort ›d'Aulnoy‹ *(Susanne Hahn)* in *LKJL* IV, S. 20 f. *Raymonde Robert*: Le conte de fées littéraire en France de la fin du XVIIe à la fin du XVIIIe siècle. Nancy 1982 [grundlegende Darstellung, mit Biographien der Autor(inn)en und einer Bibliographie der Primär- und Sekundärliteratur]. Stichwort ›Force, Charlotte Rose de la‹ (*Günter Dammann*) in *EM* IV, Sp. 1413-1416. *Hinrich Hudde*: Diderot als Märchenparodist: L'Oiseau blanc, conte bleu. In: *Titus Heydenreich* (Hrsg.): Denis Diderot. Zeit, Werk, Wirkung. Erlangen 1984, S. 81-93. *Hinrich Hudde*: Conte à dormir debout. Eine Redensart als Bezeichnung für parodistische Märchen des 18. Jahrhunderts. In: Romanische Forschungen 9 (1985), S. 15-35. *Gönna U. Tönnies-Czauderna*: Die Behandlung französischer Märchen (17. – 20. Jahrhundert) und verschiedener Medien ihrer Tradierung im französischen Literaturunterricht der Sekundarstufe II. In: Die Neueren Sprachen 84 (1985), S. 73-83. *Claire-Lise Malarte*: La Nouvelle Tyrannie des fées, ou la réécriture des contes de fées classiques. In: The French Review 63 (1990), S. 827-837. *Marcelle M. Welch*: Rebellion et resignation dans les contes de fées de Mme d'Aulnoy et Mme de Murat. In: Cahiers du Dix-Septième 3 (1989), S. 131-142. *Lewis C. Seifert*: Female Empowerment and Its Limits: The conteuses' Active Heroines. In: Cahiers du Dix-Septième 4 (1990), S. 17-34. *Alain Niderst*: Quelques topoi des contes de fées de la fin du XVIIe siècle. In: *Marie-France Hilgar* (ed.): Actes de Las Vegas. (Théorie dramatique. Th. de Viau. Les Contes de fées). North American Society for Seventeenth-Century French Literature. Paris, Seattle, Tübingen 1991, S. 147-157. *Perry Gethner*: The Emergence of Fairies in French Comedy. In: *M.-F. Hilgar* (s.o.), S. 167-178. *Marcelle M. Welch*: L'Eros féminin dans les contes de fées de Mlle de la Force. In: *M.F. Hilgar* (s.o.), S. 217-223. *Catherine C. Marin*: Pouvoir et subversion féminine. Les contes de fées à l'époque classique en France. DA Nov. 1991, v. 52 (5), S. 1744A. *Raymonde Robert*: L'infantilisation du conte merveilleux au XVIIe siècle. In: *Andrée Mansau* (s.o. unter Perrault), S. 33-46. *Eric Mechoulan*: The Embodiment of Culture. Fairy Tales of the Body in the 17th and 18th Centuries. In: Romanic Review 83 (1992), S. 427-436. *Yvette Went-Daoust*: Ecrire le conte de fées: L'Oeuvre de Marie Redonnet. In: Neoph. 77 (1993), S. 387-394. *Rosmarie Zeller* (s. unter »Wieland«).

Näheres zur Rezeption frz. Feenmärchen in Deutschland findet man bei Fink, Hillmann und Dammann (Stichwort ›Conte de(s) fées‹ in EM III).

IV. Deutsche Kunstmärchen im 18. und 19. Jahrhundert

Das »Wunderbare« in der Poetik des 18. Jahrhunderts

Die frühe Forschung zum Kunstmärchen beschränkte ihren Blick weitgehend auf die deutschen Beiträge seit Goethe, Tieck und Novalis und konnte damit das 18. Jahrhundert allenfalls als Vorgeschichte des ›eigentlichen‹ Kunstmärchens berücksichtigen. Daß das Kunstmärchen aber keine genuin deutsche, sondern eine europäische Gattung ist, in der die französische Tradition des conte des fées lange Zeit maßgeblich war, wurde vergleichsweise spät reflektiert. Die These von der grundsätzlichen Märchenfeindlichkeit der Aufklärung ist damit obsolet – sie erweist sich als eine der zahlreichen Folgeerscheinungen, die sich aus der Identifikation des Märchens mit dem »Grimm-Ton« ergaben. Die Aufklärung leistete ihren eigenen, höchst bedeutenden Beitrag zur Gattung des Märchens. Manfred Grätz hat gezeigt, daß die französischen Feenmärchen zwar in der ersten Hälfte des 18. Jahrhunderts so gut wie nicht ins Deutsche übersetzt (wohl zum Teil im Original gelesen) wurden, daß aber die orientalischen Sammlungen wie 1001 Nacht samt ihren Fortsetzungen (1001 Tag, 1001 Viertelstunden) schon sehr früh auch auf deutsch wahrgenommen wurden (Grätz S. 33ff.). Um die Jahrhundertmitte setzt die Übersetzung des französischen Feenmärchens ein, wobei mehrbändige Anthologien die größte Rolle spielen, so der »Abendzeitvertreib in verschiedenen Erzehlungen«, den Justus Heinrich Saal in Breslau in 11 Bänden (und 14 Fortsetzungsbänden) herausgibt. Berühmter wurde Friedrich Immanuel Bierlings neunbändiges »Cabinett der Feen«, das zwischen 1761 und 1766 72 Märchen bekannt machte. Nachdem auch das Bedürfnis an Kinder- und Jugendliteratur sowie die pädagogische Aneignung des Märchens (Grätz S. 172ff.) die Produktion ankurbelten, fand der französisch-orientalische Einfluß in Friedrich Justin Bertuchs »Blauer Bibliothek aller Nationen« (12 Bände, 1790-1800) seinen Höhepunkt. »Ein wesensmäßiger Unterschied zwischen deutscher und französischer Märchenauffassung oder -rezeption ist somit bis in das zweite Drittel des 18. Jahrhunderts nicht erkennbar« (Grätz S. 86). In seiner Abhandlung »Ueber die Literatur der Feen-Mährchen« unterschied Bertuch zwischen zwei Perioden der »Feerey«, nämlich der älteren, »wo man würklich an Feen glaubte, oder doch nicht eigentlich wußte, wie man mit dieser Sache dran war« (bis zur Mitte des 17. Jahrhunderts), und der neueren, »wo man Feerey blos als Stoff zu angenehmen, moralischen, ja sogar zu religiösen Dichtungen gebrauchte« (zitiert bei Apel S. 93; vgl. Jürgen Theuer).

Bevor es in Deutschland aber zu einer selbständigen Produktion von neuen Kunstmärchen kam, spielte bereits in der theoretischen Diskussion das Märchen zumindest implizit eine nicht unwichtige Rolle. (Noch vor Wielands »Biribinker«-Märchen gelten Breitingers gegen *Johann Christoph Gottsched* (1700-1766) zielende Satire »Die Mütze. Eine französische Erzählung aus dem Lande der Freien« (1746; H. Bausinger im Artikel »Aufklärung«, EM I) und Rabeners »Märgen vom ersten Aprile« (1755; Grätz S. 48) als Erstbelege). Der säkularisierte Begriff des Wunderbaren hatte bereits in der Barockmystik, dann bei Opitz, Johann Peter Titz und G. Ph. Harsdörffer eine wichtige Rolle in der Entwicklung poetischer Selbständigkeitsbestrebungen gespielt. Im Zeichen des Rationalismus Leibniz-Wolffischer Prägung konnte das Wunderbare immerhin noch als das Ergötzliche und Rare, als Suprarationales toleriert werden (Stahl S. 77f.). Gottscheds »Critische Dichtkunst« von 1730 verlangte vom Dichter Verstand und Vernunft sowie Wahrheit. Im Bewußtsein der eigenen Geschichtlichkeit – »Je aufgeklärter die Zeiten werden, desto schwerer ward es auch, das Wunderbare zu erfinden« (Critische Dichtkunst, 4. Auflage 1751, Neudruck Darmstadt 1962, S. 170) – wird die »Wahrscheinlichkeit« zu einer Kategorie, die sich gleichermaßen am gebildeten Publikum wie an der Moral orientiert und »als solche zu einer Größe, welche die dichterische Verwendbarkeit des Wunderbaren einschränkt« (Stahl S. 86). Im Abschnitt »Von der Wahrscheinlichkeit in der Poesie« unternimmt Gottsched eine kritische Revue der Schilderungen von Unwahrscheinlichem in der Dichtung. Die Differenzierung zwischen unbedingter und hypothetischer Wahrscheinlichkeit bietet immerhin die Handhabe, Gattungseigentümlichkeiten zu tolerieren, wie hier etwa der Fabel, in der die Tiere sprechen oder die Bäume einen König wählen. Indessen konnte Gottsched die Wirksamkeit des Wunderbaren – er diskutierte sie u.a. an den Epen von Ovid und Milton – weder übersehen noch verleugnen. Er ordnete daher den »Witz« der Einbildungskraft über und zog dem Wunderbaren die Grenze der Natürlichkeit, die vor dem Lächerlichen innehält (Stahl S. 101ff.). Das Wunderbare »muß auch glaublich herauskommen, und zu dem Ende, weder unmöglich noch widersinnisch aussehen« (Critische Dichtkunst, S. 198). Gottscheds Urteil über die Feenmärchen muß demnach eindeutig ausfallen: »Die Contes de Fées dienen ja nur zum Spotte und Zeitvertreibe müßiger Dirnen, und witzarmer Stutzer; führen aber auch nicht die geringste Wahrscheinlichkeit bey sich« (Critische Dichtkunst, S. 183). Als unglaubwürdig gilt auch das »Mährchen von D. Fausten« (ebd. S. 185f.).

Die Auseinandersetzung, in die die beiden Schweizer *Johann Jakob Bodmer* (1698-1783) und *Johann Jakob Breitinger* (1701-1776) mit Gottsched über das Wunderbare eingetreten sind, führte zu Argumentationen, die weit in die Poetik des 18. Jahrhunderts ausstrahlten. Goethe hat der Diskussion um das Wunderbare eine einflußreiche Passage im 7. Buch von »Dichtung und Wahrheit« gewidmet, die als implizite Kritik an der Märchenproduktion des 18. Jahrhunderts gelesen werden kann, wenn er zu bedenken gibt, »daß ein Wunderbares auch leer sein könne und ohne Bezug auf den Menschen«. Zwar stellte die Poetik der Schweizer die dichterische Schöpfung außerhalb radikaler Erlernbarkeit und ordnete den Anteil des Herzens dem des Verstandes über, aber sie definierte die Poesie noch immer als »schier ein[en] Traum, den man in der Gegenwart der Vernunft hat« (zitiert bei Stahl S. 127). Gegenüber Gottsched verschiebt sich jedoch zum einen der Naturbegriff, der nicht auf Übereinstimmung mit dem Wirklichen festgelegt wird, sondern auch – unter Orientierung an Addison, an Shakespeare und Milton – das Wunderbare toleriert (Stahl S. 130). Zum andern folgen die Schweizer nicht mehr Gottscheds elitärem Publikumsbegriff, sondern demokratisieren ihn und attestieren dem Wunderbaren daher eine weitgehende wirkungspoetische Relevanz. Zwar halten auch sie am Kriterium der Wahrscheinlichkeit fest, bereiten aber mit der Differenzierung von historischer und poetischer Wahrheit, von der Wahrheit, aber nicht Wirklichkeit des Möglichen einer Autonomisierung der Dichtung den Boden: »Nicht so sehr die Natur, sondern stärker die Natürlichkeit, die natürliche Wirkung des Nachgeahmten, das wenigstens eine Naturmöglichkeit haben muß, bestimmt fortan alle dichterische Tätigkeit« (Stahl S. 175). Breitingers These: »Folglich muß der Poet das Wahre als wahrscheinlich, und das Wahrscheinliche als wunderbar vorstellen« (Johann Jacob Breitinger, Critische Dichtkunst. Faksimile der Ausgabe von 1740, Stuttgart 1966, Bd. I, S. 139) eröffnet nicht zuletzt auch dem Märchen einen fruchtbaren Boden, wenn der »unbetrügliche Schein des Falschen« als »durchsichtige Maßke« angelegt ist (ebd. S. 130).

Die Aufwertung des Wunderbaren findet ihren sichtbaren Reflex in den Romanen Wielands, in denen aber die Wahrscheinlichkeit der Fiktion weniger in Abhängigkeit von der Wahrheit als von der psychologischen Glaubwürdigkeit gezeigt wird. Daran arbeitet die frühromantische Ästhetik weiter, wie Paul Gerhard Klussmann an Tiecks Abhandlung »Shakespeares Behandlung des Wunderbaren«

gezeigt hat (s.u. unter Tieck: Klussmann S. 352-356). Noch in Jean Pauls »Vorschule der Ästhetik« spielt diese Diskussion eine wichtige Rolle. Sie ist ebenso Vorbereitung wie Begleitung der Kunstmärchen-Produktion.

Steffen. Heinz Hillmann: Wunderbares in der Dichtung der Aufklärung. Untersuchungen zum französischen und deutschen Feenmärchen. In: DVjs 43 (1969), S. 76-113. *Heinrich Bosse*: The Marvellous and Romantic Semiotics. In: Studies in Romanticism 14 (1975), S. 211-234. *Lothar Pikulik* (s. unter »E.T.A.Hoffmann«). *Karl-Heinz Stahl*: Das Wunderbare als Problem und Gegenstand der deutschen Poetik des 17. und 18. Jahrhunderts. Frankfurt/M. 1975. *Apel*, S. 77-83. Stichwort ›Aufklärung‹ (*Bausinger*) in *EM* I, Sp. 972-983. *Norbert Miller*: Ansichten vom Wunderbaren. Über deutsche und europäische Romantik. In: Kleist-Jahrbuch 1980, S. 107-148. *Angelika Wetterer*: Publikumsbezug und Wahrheitsanspruch. Der Widerspruch zwischen rhetorischem Ansatz und philosophischem Anspruch bei Gottsched und den Schweizern. Tübingen 1981, bes. S. 184ff. *Jürgen Theuer*: Die ›Blaue Bibliothek aller Nationen‹. Ein Beitrag zur europäischen Märchentradition. Diss. Wuppertal 1984. *Manfred Grätz. Hans Otto Horch/ Georg-Michael Schulz*: Das Wunderbare und die Poetik der Aufklärung. Gottsched und die Schweizer. Darmstadt 1988.

Wieland

Daß in der Anfangsphase der allgemeineren Aufnahme französischer Märchen ins Deutsche zugleich ein Werk erschien, das Vertrautheit mit dieser Gattung unbedingt voraussetzt, ist eben ein Indiz dafür, daß Feenmärchen auch von deutschen Lesern seit geraumer Zeit geschätzt wurden. Dies Werk ist der Roman »Don Sylvio« (1764) von *Christoph Martin Wieland* (1733-1813). Es handelt, wie sein Titel weiter annonciert, vom »Sieg der Natur über die Schwärmerei«. Schwärmerei als fehlender Wirklichkeitssinn wird exemplifiziert an der unvernünftigen Weltansicht des Helden, insofern er literarische Fiktionen schlicht für wahr hält. Der Roman ahmt darin offen das Muster »Don Quijote« nach. Was für Don Quijote die Ritterbücher, sind für Don Sylvio Feenmärchen: Nachrichten von der großen Welt und Ansporn für eigenes Handeln. Wie er von seiner Torheit geheilt und ein vernünftiges Mitglied der Gesellschaft wird, davon erzählt ironisch der Roman. Auf dessen Höhepunkt soll Don Sylvio von seinem Märchenwahn kuriert werden, indem ihm ein Märchen erzählt wird, das von Unglaublichkeiten strotzt: die »Geschichte des Prinzen Biribinker«. Hatte Don Sylvio seinen Enthusiasmus für die

Feerei aus blaugebundenen Heften wie der Bibliothèque bleue und vornehmlich aus harmlosen Erfindungen der Madame d'Aulnoy gewonnen, so wird ihm nun mit dem »Biribinker« eine raffiniertere, frivol-ironische Probe von Märchenerzählen, in *Hamiltons* und *Crébillons* Manier, vorgesetzt.

Wielands Roman reflektiert damit wesentliche Stationen aus der speziellen Entwicklungsgeschichte der Feenmärchen. Das Märchen »Biribinker«, dessen Übertreibungen den Helden zur Vernunft bringen sollen, offeriert das ganze Spezifikum der Feenmärchen: kostbare Materialien in Mengen und Süßigkeiten des verfeinerten Lebens. Was bei den dichtenden Damen vornehme Welt repräsentierte, erscheint nun in peinlicher Beziehung und in grotesken Momenten. Makellose Körperschönheit wird mit fratzenhafter Scheußlichkeit zu einer bizarren Szene arrangiert und dem allgemeinen Gelächter preisgegeben. Eine überspannte Natur ist entworfen, die den Naturgesetzen der Welt spottet. Diese Wendung ins Groteske und Frivole attackiert blutleeres Moralisieren und die Einschnürung der Sinne in manchen Feenmärchen der dichtenden Damen. Am Ende wird auch der für diese Märchengattung typische Determinismus als das Spiel der Mächtigen ideologisch freigelegt. Der Zweck aber, den der Roman mit diesem das Feenmärchen übertreibenden Märchen verfolgt, nämlich Don Sylvio von seiner Schwärmerei zu heilen, ist unmittelbar noch nicht erreicht. Mag die Natur in »Biribinker« im Einzelnen auf den Kopf gestellt sein, Don Sylvio erwägt zunächst doch die Möglichkeit solcher Phänomene. Erst als Natur selber, in Gestalt einer schönen Frau, für ihn greifbare Erfahrung wird, erkennt der Held seine Verblendung. Aus einem Phantasten wird durch geselligen Verkehr und Bildungsreise ein liebenswürdiger Mann von Welt. Wollte man aus diesem satirischen Roman herauslesen, sein Autor hätte speziell über Feenmärchen im Namen der Vernunft den Stab gebrochen, so wäre dies ein Irrtum. Denn die Gattung der Feenmärchen ist zwar als der literarische Auslöser von Schwärmerei, aber nicht als die einzige abgehobene Wirklichkeit vorgestellt, in der sich einige Romanfiguren traumsicher bewegen. Satirisch aufgespießt wird in der Hauptsache Phantasterei, die falsche Anschauung von der Welt, bedingt durch gesellschaftliche Isolation, Untätigkeit und falsche Erziehung, speziell durch Fehlleiten der Einbildungskraft. Ein anderes Indiz dafür, daß Wieland mit seinem Roman nicht die Feenmärchen, sondern ihren Mißbrauch kritisierte, kann man in der Kennerschaft sehen, mit der er überkommene Feenmärchenmotive in virtuoser Anspielungstechnik aufgreift (K. O. Mayer S. 399 ff.) und doch etwas Eigenes hervorbringt: eine Geschichte, die das Wunderbare vor dem pedantischen Einspruch rationalistischer Philosophen ebenso rettet wie vor dem Unverstand der Phantasten; durch Parodie ein Kunststück, das mit seiner sinnlichen Heiterkeit, getreu der Regel »prodesse et delectare«, auch zu etwas nütze sein soll. Ins Französische übersetzt, wurde »Don Sylvio« als Bd. 36 in die Sammlung »Le Cabinet des fées« 1789 eingereiht.

Wielands Beitrag zur Gattung des Kunstmärchens ist indes komplexer, als es die Festlegung auf die Prosaerzählung seit dem romantischen Märchen erwarten läßt. Aufgrund der spezifischen poetologischen Voraussetzungen des späten 18. Jahrhunderts, das von der Hochschätzung des Epos beherrscht war, konnte das Märchen am ehesten in versifizierter Form vor seiner Selbstaufhebung in die Karikatur bewahrt werden. Nach dem gewissermaßen erschöpfenden »Biribinker« ist es denn auch die Verserzählung, in der Wieland Maßstäbe für die Zukunft der Gattung gesetzt hat. Dabei greift Wieland souverän die Tradition des literarischen Märchens in ihrer ganzen Breite auf. In der (absichtlich) unvollendet gebliebenen Verserzählung »Idris und Zenide« (1767) bearbeitet er virtuos Hamiltons »Quatre Facardins« (dazu Apel S. 64f.), im »Wintermärchen« (1776) einen Stoff aus »1001 Nacht«. Aber erst in dem thematisch der Artusepik verpflichteten »Sommermärchen« (1777) öffnet sich Wieland, wie Sengle (Wieland, 1949, S. 353) formuliert, »dem Wunderbaren im Sinne eines idealen Seins. [...] Das Wort Geheimnis erscheint in seinem Wortschatz«. Die Mitte zwischen Rokokospiel und romantischem Märchenernst hält die 1779 begonnene, erst 1796 beendete Verserzählung »Pervonte oder Die Wünsche«. Sie geht auf eine französische Prosaübersetzung von Basiles »Pervonto« zurück und wurde von Goethe hochgeschätzt. Wieland nähert sich hier bereits einer opernhaften Volkstümlichkeit, die in der Nähe zum spätbarocken Wiener Volkstheater steht. Dabei gewinnt Wieland das Märchenhafte eher aus der antiken Mythologie, aus Ariost und Tasso, aus Spensers »Fairy Queen« und Shakespeares »Sommernachtstraum« als aus einer mündlichen Tradition. Wenn er in seinem alle anderen Märchenadaptionen überragenden »Oberon« »noch einmal« den Hippogryphen »zum Ritt ins alte romantische Land« sattelt (woran sogar noch hundert Jahre später Storm anknüpfen wird), setzt er diese romanische Linie fort, füllt sie aber mit dem Gehalt menschlicher Erfahrung und Leidenschaft, die sich weder in Pikanterie noch blutleerem Idealismus erschöpft. Die Phantasiekunst wird »aus einem bloßen Spiel betörender Illusionen zum Träger einer sittlich-ästhetischen und fast religiösen Humanität« (Sengle S. 367). Wieland hat sich mit diesem Werk in die klassische Literatur eingeschrieben, indem etwa das Menschenbild der »Zauberflöte« sich wesentlich dem Anstoß des »Oberon« verdankt. Die

Affinität des Märchens zur Oper ist für das Kunstmärchen um 1800 konstitutiv.

Nicht auf derselben Höhe des Anspruchs liegt das Sammelwerk »Dschinnistan. Oder auserlesene Feen- und Geistermärchen«, das 1786-89 erschien. Vorausgegangen war ein erneutes Interesse am Märchen – Musäus hatte seit 1782 seine »Volksmärchen« veröffentlicht, Johann Heinrich Voß eine Übersetzung von Gallands »Mille et une Nuits« (1781-85), in Frankreich erschien das Cabinet des fées seit 1785. Die Sammlung »Dschinnistan« war auf eine stattliche Reihe geplant, mußte aber nach dem dritten Band wegen des mangelnden Buchhandel-Erfolgs abgebrochen werden. Sie enthält frei bearbeitete Übersetzungen französischer Feenmärchen. Der Herausgeber Wieland, der die Hauptlast trug, gewann zu Mitarbeitern *August Jakob Liebeskind* und *Friedrich Hildebrand Einsiedel.* Liebeskind ist der Autor des Märchens »Lulu oder Die Zauberflöte«, auf das Schikaneder zurückgegriffen hat.

In der anonymen Vorrede zum ersten Band legt Wieland seine Ansichten über Märchen dar. Aus der Voraussetzung, daß den Menschen eine Neigung einerseits zum Wunderbaren, andrerseits zum Wahren innewohne, folgert er, daß solche Märchen am meisten befriedigen, die beide Tendenzen vermittelten. Dem Wahren in humaner Absicht zugewandt, könnten Autoren das Märchen wie einen Liquor verwenden, der bittere Arzenei genießbar macht. Solche Mixtur des Wunderbaren und des Wahren (Natürlichen) sei nur durch die Kunst des Erzählens zu leisten. Sie allein legitimiere die Beschäftigung mit Märchen. Ammenmärchen, im Ammenton erzählt, seien nicht wert, gedruckt zu werden. Dieses Programm ist in den Märchen der Sammlung »Dschinnistan« keineswegs direkt realisiert. Gerade auch die beiden Texte, die Wieland nach verschiedenen Vorlagen geschrieben hat, so daß er sie als eigene Arbeiten in seine Werkausgabe aufnehmen konnte: »Die Salamandrin und die Bildsäule« und »Der Stein des Weisen« (dazu die Quellennachweise im Bd. 18 der Akademie-Ausgabe, S. A 27ff. und A 51ff.), ent-dekken das Wunderbare als Schein. Aber damit die Täuschung durchschaut werden kann, sind Märchenmittel vonnöten. Das Märchen wird nicht um des Wunderbaren willen erzählt, sondern um das Wunderbare auf natürlich-rationale Weise zu erklären. Das Märchen ist nur Instrument, denn (noch) nicht das Wunderbare ist wahr, sondern das Wunder wird auf seine – rationale – Wahrheit zurückgeführt. Im »Stein« wird das falsche Bewußtsein eines Königs ausgestellt, der Reichtum durch Magie erwerben will, an Betrüger gerät, die ihn schröpfen, bis er endlich durch eine Verwandlung erkennt, wie sinnvolle Arbeit auf dem Lande ein natürliches Glück einbringt.

In dieser Wahrnehmung liegt, was der Titel verspricht. Auf solche Weisheit zielt auch »Timander und Melissa«, nach einer Erzählung der *Lintot:* die Geschäfte des Hofs werden in eine lehrreiche Verbindung mit den Tugenden des idyllischen Landlebens gebracht. Der glücklose König regeneriert sich bei natürlicher Arbeit auf dem Lande. An seiner Statt herrscht der Landwirt nach den Maximen seines ehemaligen Hausstandes (Hillmann, Nachwort S. 272 ff.). Daß Staat und Idylle einander hilfreich durchdringen, bleibt schließlich doch ein Märchen, von einer Fee arrangiert. Aber ihr Erziehungswerk, das Volk und Individuum erfaßt, erreicht sein gutes Ende durchaus auf Erden und projiziert nicht – wie die Vorlage Wielands – Verklärung in einer entrückten Sphäre. So wirkt Wielands Fee wie die Verkörperung bürgerlicher Hoffnung auf eine vernünftige, ja weise Ordnung in der Welt.

Wielands Märchen sind bewußt Kunstmärchen (Paukstadt). Sie rechnen mit einem gebildeten Leser, der literarischen Anspielungsreichtum schätzt und witzige, elegante Wendungen auszukosten vermag. Sie behaupten ihren ästhetischen Status in der strikt indirekten Verkettung mit den für Wieland unpoetischen Ammenmärchen durch Vermittlung französischer Feenmärchen. Diese das Volksmärchen travestierende Form selber parodierend und skeptisch verarbeitend entwickelt Wieland in »Dschinnistan« eine Form des Märchenerzählens, in der das Wunderbare als Schein ästhetisch legitimiert ist und zugleich als Objekt von Desillusionierung der Erkenntnis des Natürlichen und Wahren dient. Daß Wieland schließlich im hohen Alter noch einer neuen Auffassung des Märchens fähig war, in der sich nun deutlich der Einfluß der Romantik niederschlägt, zeigt seine kaum gewürdigte, in einen fiktiven Kontext eingebettete Definition im »Hexameron von Rosenhain«. Sie ist wichtig genug, um hier zur Gänze wiedergegeben zu werden:

»Das Märchen ist eine Begebenheit aus dem Reich der Phantasie, der Traumwelt, dem Feenland, mit Menschen und Ereignissen aus der wirklichen Welt verwebt, und mitten durch Hindernisse und Irrwege aller Art von feindselig entgegen wirkenden oder freundlich befördernden Mächten zu einem unverhofften Ausgang geleitet. Je mehr ein Märchen von der Art und dem Gang eines lebhaften, gaukelnden, sich in sich selbst verschlingenden, rätselhaften, aber immer die leise Ahnung eines geheimen Sinnes erweckenden Traumes in sich hat, je seltsamer in ihm Wirkungen und Ursachen, Zwecke und Mittel gegeneinander zu rennen scheinen, desto vollkommener, ist in meinen Augen wenigstens, das Märchen. Vorausgesetzt, daß, bei allem dem so viel Wahrheit darin sei, als nötig ist, wenn die Einbildung getäuscht, das Herz ins Spiel gezogen, und der Verstand sanft eingeschläfert werden soll«. (C.M. Wieland, Sämtliche Werke. Hrsg. von der Hamburger Stiftung zur Förderung von Wissenschaft und Kultur u.a. Reprint der Ausgabe Leipzig 1805. Hamburg 1984, Teil XII, Bd. 38, S. 169f.).

Christoph Martin Wieland: Gesammelte Schriften. Hrsg. von der Deutschen Kommission der Preußischen Akademie der Wissenschaften. 1. Abt.: Werke. Bd. 18: Dschinnistan oder auserlesene Feen- und Geistermärchen. Hrsg. von Siegfried Mauermann. Berlin 1938 (AA I. 18). Reprint Hildesheim 1987. *Ders.* Geschichte des Prinzen Biribinker. Dreieich (Geb. Weiss) 1963. Timander und Melissa. In: Heinz Hillmann (Hrsg.): Die schlafende Schöne. Wiesbaden o.J., S. 209-239. Timander und Melissa. Der Stein der Weisen. In: *Ewers*, S. 7-32, S. 69-106. Dschinnistan. Oder auserlesene Feen- und Geistermärchen. Nachwort von Willy R. Berger, 12 Vignetten von Johann Schellenberg, Zürich 1992.

K. Otto Mayer: Die Feenmärchen bei Wieland. In: VjsLitg. 5 (1892), S. 374-408, 497-533 [materialreich, aber veraltet]. Stichwort ›Aufklärung und Märchen‹ *(Nossag)* in *HdwDM* I, S. 138-142. Stichwort ›Fee‹ in *HdwDM* II, S. 74-82. *Charlotte Marie Craig:* Themes and Style in Christoph Martin Wieland's Fairy Tales: a Comparison with his Sources. Diss. Rutgers 1964. *Fink* [zur Mode der frz. und dt. Feenmärchen S. 11-72; zur Nachahmung des Hamilton in Deutschland, vor allem bei Rabener S. 132-139; zum »Don Sylvio« S. 140-154, zu Wielands Versmärchen S. 203-250, zu »Dschinnistan« S. 325-330; zu »Palmblätter« von Herder/Liebeskind S. 321-323; zur Tradition von Volksbüchern und anderer Popularliteratur S. 381-410]. *Frederick Maurice Ivey*: The Development of Pre-Romantic Elements in Wieland's Works as Illustrated in his Fairy Tales. Diss. Tulane University 1966 [Masch.]. *Wolfgang Jahn:* Zu Wielands »Don Sylvio«. In: WW 18 (1968), S. 320-328, wieder in: *Hansjörg Schelle* (Hg.), Christoph Martin Wieland. Wege der Forschung. Darmstadt 1981, S. 307-321 [enthält eine klare Darstellung der Funktion des »Biribinker«-Märchens im Roman]. *Hillmann* (siehe den Abschnitt über Mode der Feen-...Märchen). *Klaus Oettinger:* Phantasie und Erfahrung. Studien zur Erzählpoetik Christoph Martin Wielands. München 1970 [bes. S. 101-105; untersucht die philosophischen Voraussetzungen der Märchen-Diskussion im Roman]. *Cornelius Sommer:* Christoph Martin Wieland. Stuttgart 1971 (Slg. Metzler. 95.). Stichwort ›Bertuch‹ *(Margarete Dierks)* in *LKJL* I, S. 136 f. Stichwort ›Aufklärung‹ *(Hermann Bausinger)* in *EM I,* Sp. 972-983. *Helmut Nobis:* Phantasie und Moralität in Wielands »Dschinnistan« und der »Geschichte des Prinzen Biribinker«. Kronberg/Ts. 1976 [mit weiterer Literatur]. *Derek van Abbé:* Wieland and the »Stately homes« of Faëry. The Rococo Substructure of »Don Sylvio de Rosalva«. In: Publications of the English Goethe Society N. S. 47 (1976/77), S. 28-46. *Apel* S. 83-105. Stichwort ›Richard Benz‹ *(Hans Joachim Kreutzer)* in *EM II,* Sp. 114-117. *Paukstadt* S. 421-438 [zur »Geschichte des Prinzen Biribinker« mit einer Strukturskizze des Handlungsverlaufs; These: das Kunstmärchen vom Prinzen Biribinker stelle sich im Prozeß einer erzählungsimmanenten Gattungskritik her, S. 445].

Lieselotte E. Kurth: C.M. Wieland, Der Sieg der Natur über die Schwärmerei oder Die Abenteuer des Don Sylvio von Rosalva. in: *Hansjörg Schelle* (Hrsg.): C.M. Wieland, Wege der Forschung. Darmstadt 1981, S. 328-343. *Hansjörg Schelle*: Wielands Märchendichtung zwischen Aufklärung und Romantik. Einige Bemerkungen zur Forschungslage. In: *Metzger*, S. 117-134. *Theodor Brüggemann* in Zusammenarbeit mit *Hans-Heino Ewers* (Hrsg.): Handbuch zur Kinder und Jugendliteratur. Von 1750-1800. Stuttgart 1982 [wichtig: eine Bibliographie von Kinder- und Jugendbüchern 1750-1800; führt im Gattungsregister unter dem Gliederungspunkt »Märchen und morgenländische Erzählungen« 15 Titel an, u. a. genaue Angaben mit Fundort zu den 10 Bändchen von »Die Blaue Bibliothek aller Nationen« hrsg. von Bertuch und zu »Das Cabinet der Feen« von Bierling]. Stichwort ›Liebeskind‹ *(Hans Eich)* in *LKJL* IV, S. 381 f. *Wührl*, S. 45-54. *Klotz*, S. 94-106. *Volker Klotz*: Dahergelaufene und Davongekommene. Ironisierte Abenteurer in Märchen von Musäus, Wieland und Goethe. In: Euphorion 79 (1985), S. 322-334. *Susan Stickney-Bailey* (s. unter »Tieck«). *Maria Iuri Don*: Il ›Pervonte‹ da Basile a Wieland. In: Quaderni di Lingue e Letterature 12 (1987), S. 159-179. *Grätz*, S. 160-170. *Rolf Tarot* in: *Tarot*, S. 37-63 (Biribinker). *Walter Hagenbüchle und R. Tarot* in *Tarot*, S. 65-83 (Timander). *Rosmarie Zeller*: Das Kunstmärchen des 17. und 18. Jahrhunderts zwischen Wirklichkeit und Wunderbarem. In: Zeitschrift für Literaturwissenschaft und Linguisitik 23 (1992), Heft 92, S. 56-74.

Zur Beachtung: Der bei Sommer S. 47 aufgeführte Titel: *Oskar Reithoffer:* Wielands Anteil an der Feenmärchensammlung »Dschinnistan« und die französischen Quellen. Diss. Graz 1914, ist in Graz nicht nachgewiesen. Der Irrtum basiert auf einem mißverständlichen Hinweis in: Dschinnistan oder auserlesene Feen- und Geistermärchen. Hrsg. von Siegfried Mauermann. Berlin 1938 (AA I. 18), S. A5.

Jung-Stilling

Eine radikal andere Märchenauffassung als bei Wieland (oder später bei Musäus) liegt in »Jorinde und Joringel« vor – einem Text, den Johann Heinrich Jung (1740-1817), der sich seit 1769 Jung-Stilling nannte, überliefert hat. Er machte sich als Arzt und Hochschullehrer der Ökonomie, besonders aber durch pietistisch beeinflußte Schriften einen Namen. In seiner Autobiographie, deren ersten Teil: Henrich Stillings Jugend, Goethe 1777 veröffentlichte, hat er über seine pietistische Herkunft und Erziehung berichtet. Das Märchen von »Jorinde und Joringel«, das darin erzählt wird (wie später »Der neue Paris« in Goethes Autobiographie), ist betont schlicht und volkstümlich gehalten, Verse intensivieren eine düstere Stimmungsmalerei, die sich als Vorgriff auf die Romantik lesen läßt; den von der Aufklärung als Aberglauben diskreditierten Formen des Wissens wie Vorbedeutung, Schicksals- und Wunderglaube kommt eine wichtige Rolle zu, sie werden akzeptiert und nicht etwa kritisch in Frage gestellt. Auch eine Moral wird nicht formuliert, vielmehr dient die Schauergeschichte der inneren Vorbereitung für die Todesahnung von Jung-Stillings Großvater. – Was später als anscheinend spezifischer Ton der Grimm-Märchen betrachtet wurde, findet sich bereits hier vollgültig entwickelt; die Brüder Grimm nahmen denn auch nicht Anstoß, die Geschichte von »Jorinde und Joringel« als Nr. 69 (sowie »Großvater und Enkel« aus der 1778 erschienenen Fortsetzung der Autobiographie) in ihre Sammlung aufzunehmen.

Johann Heinrich Jung-Stilling: Lebensgeschichte. Vollständige Ausgabe, mit Anmerkungen hrsg. von Adolf Benrath, Darmstadt 1976. – dass., hrsg. von D. Cunz, Reclams UB. 662.

Stichwort ›Jorinde‹ (*Hans-Jörg Uther*) in *EM* VII, Sp. 632-635. Stichwort ›Jung-Stilling‹ (*Heinz Rölleke*) in *EM* VII, Sp. 823-826

Musäus

Von der schriftstellerischen Produktion des *Johann Karl August Musäus* (1735-1787) sind allein seine »Volksmärchen« in der deutschen Literatur gegenwärtig geblieben. In seinem kleinbürgerlich beschränkten Lebenskreis war Musäus den Weimarer Literaturgrößen benachbart aber – *Wieland* ausgenommen – fremd. Denn gegen die neuen Richtungen der Gefühls- und der Kraftgeniedichtung hielt er es selber, wenn auch skeptisch, noch mit Grundsätzen der aufgeklärten Epoche, wie viele seiner Rezensionen für die »Allgemeine Deutsche Bibliothek« des Friedrich Nicolai bezeugen. Das Projekt, Märchen zu schreiben, entsprach aktuellen Buchhandelsinteressen. Just in der Spätphase der Aufklärung war der Markt günstig für Unterhaltungsliteratur, die zum heimlichen Ausgleich von öffentlichen Vernunftanstrengungen und sozialen Reglementierungen ein schekkiges Angebot von Wunder-, Spuk- und Abenteuergeschichten bereithielt. Das Neue an Musäus' Vorhaben war, daß er sich nicht auf den Reiz der fremden Stoffe, z.B. der französischen Feen- und morgenländischen Märchen, kaprizierte, sondern (wie Zaunert S. XV referiert) von alten Frauen, Kindern und einem stadtbekannten Original sich Märchen vorerzählen ließ oder das Material in alten Büchern aufspürte. Was er da zusammentrug, bearbeitete und 1782-87 in fünf Bänden unter dem Titel »Volksmärchen der Deutschen« veröffentlichte, entspricht nur zu einem Teil im engeren Sinn dem Gattungsbegriff ›Märchen‹. Probst rechnet aus dem Verbund der insgesamt achtzehn Erzählungen nur fünf als Märchen: »Die Bücher der Chronika der drei Schwestern«, »Richilde«, »Rolands Knappen«, »Die Nymphe des Brunnens« und »Ulrich mit dem Bühel«. Andere Erzählungen basieren auf Ortssagen wie die vom Berggeist Rübezahl, durch den Titel allerdings als Legenden ausgegeben. Die laxe Behandlung von Gattungseigentümlichkeiten belegt, daß für Musäus ›Märchen‹ als der vage Oberbegriff wunderbarer Dichtung rangiert. Der Titel »Volksmärchen der Deutschen« wurde späteren Kritikern ein bequemer Hebel für Einwände. So wenig *märchenhaft* die Erzählungen des Musäus gemessen am Muster KHM erscheinen (Andrae), so wenig handelt es sich ethnologisch ausschließlich um Märchen der *Deutschen,* wenn ihr Autor auch im Unterschied zu anderen Produkten auf dem Markt die heimische Tradition allein berücksichtigt haben wollte. Schließlich meint die Bezeichnung »Volksmärchen« weder das gleiche wie der Terminus, mit dem die Brüder *Grimm* eine Erzählgattung definierten, noch steckt soziologisch die Adresse von Unterprivilegierten darin. Eine Auswahl der Kritik an Musäus' »Volksmärchen«, die oft aus bornierter Verkennung der historischen Situation erwächst, gibt Berger (S. 1200 ff.).

Auf schlicht volksmäßige Tonart sind Musäus' Märchen eben nicht gestimmt. Ähnlich wie *Wieland* in seiner Vorrede zu »Dschinnistan« legt Musäus sein Programm in einer Vorrede dar (»Vorbericht an den Herrn David Runkel«) und spottet über den Einfall, »alle Märchen müßten im Kinderton der Märchen meiner Mutter Gans erzählt werden«. Was er präsentiert, soll in der Hauptsache die Erwachsenen unterhalten können. Musäus will mit der »Zauberlaterne der Phantasie« dem »weinerlichen Adagio der Empfindsamkeit« gegensteuern und beruft sich für den Erfolg der Gattung auf Gozzi, auf Voß' Übersetzung von 1001 Nacht sowie auf Wielands »Oberon« und das cabinet des fées. Der eigentümliche Tonfall von Musäus' Märchen liegt im ironischen Vortrag, im witzigen Einsatz ausgesucht fremder und altfränkischer oder neugebildeter Wörter, was von einigen Zeitgenossen beifällig, von vielen späteren Kritikern verständnislos als Manier aufgefaßt wurde. Bereits der Herausgeber der zweiten Auflage, *Wieland,* als Freund und Kollege legitimiert, bereinigt, wie er in der Vorrede sagt, nicht nur orthographische und grammatikalische Schlamperei, sondern ändert auch – seiner Ansicht nach – entbehrliche Fremdwörter und unpassend »possierliche Ausdrücke«. Den zahlreichen Bearbeitern in der Folge war schon gar nicht klar, wie sie zugleich mit den anstößig fremden Worten Wesentliches der Erzählungen wegfeilten.

Musäus' Stilprinzip der witzig innovativ plazierten Wörter und Wendungen ist der Generalabsicht des humoristischen Erzählens verbunden. Und diese Erzählweise durchdringt und verbindet zwei Tendenzen des Werkes: zur Idylle und zur Satire (dazu umfassend Richli). Dem Lobpreis eines heiteren, sinnenfrohen Daseins in aller Beschränkung steht beißender Spott über Empfindsamkeitsmode, genialische Kraftmeierei oder auch sektiererisches Vernünftlertum entgegen. Dem Überspannten und Verkünstelten setzt Musäus in seinen Geschichten ein selbstbewußt bürgerliches Maß. Seine originellsten Gestalten bilden mit Figuren Jean Pauls und Raabes eine Reihe; denn sein psychologisierender Humor macht aus der Silhouette der Märchenfigur, hauptsächlich der Nebenfigur, ein untrüglich körperhaftes Wesen. Die Handlung wird, anders als im Volksmärchen, aus dem Charakter motiviert. Musäus' undoktrinär aufklärerische Position, sein psychologisierender Humor müßten dem Wunderbaren entgegenstehen. Tatsächlich läßt der Autor das Märchenwunder nicht einfach passieren. Er hält es an und inspiziert es, wenn z.B. in der »Chronik« (u.a. wohl auf Basile IV.3 basierend), das noch am ehesten dem Typus des Volksmärchens entspricht, der Graf von einem Bär im Walde bedrohlich angeredet, sich selbst beruhigt, indem er räsoniert, ein sprechender Bär könne nur ein bezauberter, also nicht gar zu bestialischer Bär sein. Das bedachte Wunder ist eine zwittrige Erscheinung. Es ist absurd und doch dem Alltagsdenken gewärtig. Es wird mit Gelassenheit und eher beiläufig präsentiert. Das Zielmoment des Volksmärchens, eine gestörte Weltordnung glücklich wieder einzurenken, liegt bei Musäus schon in der Weise des Erzählens selber: in jovial epischer Ruhe. Diese Gelassenheit aus der Alltäglichkeit heraus braucht die Versicherung des Lokals. Damit erklärt sich die scheinbar periphere Änderung gegenüber dem Volksmärchen, die der Autor in seinem »Vorbericht« eigens hervorhebt, nämlich daß er das Vage der Märchen in feste Zeiten und Örter ausgetrieben habe, als ein wesentliches Merkmal seiner individuellen Märchenverarbeitung.

Johann Karl August Musäus: Volksmärchen der Deutschen. München (Winkler) 1976 [mit einem Nachwort von *Norbert Miller]. Ders.:* Volksmärchen der Deutschen. Stuttgart 1975 (Parkland Klassikerbibl. 214.) [entspricht der Winkler-Ausgabe von 1961]. Märchen und Sagen. 283 Zeichnungen von Josef Hegenbarth. Hg. von H. Marquardt, Hanau 1985. Richilde. In: *Ewers*, S. 33-68.

Richard Andrae: Studien zu den Volksmärchen der Deutschen von J. K. A. Musäus. Diss. Marburg 1897. *Hans Probst:* Über den deutschen Märchenstil. Bamberg 1901. *Erwin Jahn*: Die ›Volksmärchen der Deutschen‹ von J.K.A. Musäus. Diss. Leipzig 1914. *Paul Zaunert* (Hrsg.): J. K. A. Musäus: Volksmärchen der Deutschen. Jena 1922 [Einleitung des Hrsg. S. IX-XXV]. *Diez* S. 77-86. *Dorothea Berger:* »Die Volksmärchen der Deutschen« von Musäus, ein Meisterwerk der deutschen Rokokodichtung. In: PMLA 69 (1954), S. 1200- 1212. *Alfred Richli:* Johann Karl August Musäus. »Die Volksmärchen der Deutschen«. Zürich 1957 [umfassende Darstellung mit reicher Bibliogr.]. *Fink S.* 427-465. Stichwort ›Musäus‹ *(Margarete Dierks)* in *LKJL* II, S. 523-525. *Paukstadt S.* 404-421. *James M. McGlathery* (s. unter »Perrault«). *Wührl*, S. 54-59. *Klotz*, S. 107-114. *Volker Klotz* (s. unter »Wieland«). *Susan Stickney-Bailey* (s. unter »Tieck«).

Grenzfälle des Kunstmärchens (I): Die Märchenoper (am Beispiel Mozarts)

So wie die von den Grimms postulierte Mündlichkeit des Erzählens durch Wesselskis »Theorie des Märchens« widerrufen wurde, so hat sich die Erforschung des Kunstmärchens weitgehend den Bahnen schriftlicher Überlieferung zugewendet. Daß aber neben der Lektüre auch eine andere, nicht durchweg literarisierte Form der Traditionsvermittlung zu berücksichtigen ist, das Theater, wurde bislang noch keineswegs ausreichend reflektiert. Die Affinität des Märchens zum Theater zeigt sich nicht nur in den vielen märchenhaften Zügen bei Shakespeare (»Sommernachtstraum«, die späten Romanzen, der Beginn von »König Lear«), sondern vor allem auf zwei Gebieten, der Oper und der commedia dell'arte.

Besonders die Möglichkeiten, den Auflagen des Mimesis-Gebotes zu entgehen, die Phantasie auf Kosten der Logik und der Glaubwürdigkeit walten zu lassen, stiften eine enge Verbindung zwischen Oper und Märchen, die sich über die Jahrhunderte erstreckt. Dabei kam als drittes Moment in dieser Richtung die commedia dell'arte hinzu, aus der bereits Basile Anregungen bezogen hat (Schenda in *EM* I, Sp. 1304). Andererseits hat Basile ihrer Wiederbelebung (bei Gozzi) wichtige Impulse gegeben. Seine Schwester, Adriana, die sich des Werkes ihres Bruders annahm und ihm die Erhebung in den Grafenstand verschaffte, war Sängerin am Hof zu Mantua, wo Monteverdi wirkte. Nicht zufällig erfreute sich im 17. Jahrhundert der Amor-und-Psyche-Stoff großer Beliebtheit bei Schauspiel- und Librettodichtern. Die Sujets des Kunstmärchens changieren mithin zwischen Bühne und Lesetext hin und her, nicht selten wird derselbe Stoff sogar für beide Medien bearbeitet, so bei Hebbel (»Der Rubin«) oder Hofmannsthal (»Die Frau ohne Schatten«).

Carlo Gozzi (1720-1806) wandte sich mit seinen insgesamt zehn Märchenstücken (fiabe) gegen den Realismus und das aufklärerische Gedankengut von Carlo Goldoni. Zur »Rettung« des italienischen Nationalgeschmackes greift Gozzi auf die commedie und das Stegreifspiel des 17. Jahrhunderts zurück, steht aber dem Märchen selbst eher kritisch gegenüber. Seine Vorlagen verdankt er u.a. Basile (IV.9: »Il corvo«, Der Rabe), Sarnelli (»Das grüne Vögelchen«), »Les mille et un Jours« (»König Hirsch«, »Turandot«, »Die Frau als Schlange«) und Gallands »1001 Nacht«, montiert sie aber in ein tragikomisches Geschehen. Gozzis kaum zu überschätzende Bedeutung für das deutsche Kunstmärchen beruht daher auf einem produktiven Mißverständnis der Romantiker, besonders Tiecks und der Brüder Schlegel. Tieck schrieb 1798 ein Libretto »Das Ungeheuer und der verzauberte Wald« nach Gozzi, E.T.A. Hoffmann erzählte in den »Serapionsbrüdern« das Geschehen des »Corvo« wieder (und gab damit Hofmannsthal wichtige Anregungen), den auch Andersen für ein Libretto bearbeitete (*EM* VII, Sp. 608, Anm. 23). Wagners Erstling »Die Feen«, dann die »Turandot«-Opern von Puccini und Busoni, Casellas »La donna serpente« oder Hans-Werner Henzes »König Hirsch« (1956), auch Prokofieffs »Liebe zu den drei Orangen« zeigen die große Faszination Gozzis auf dem modernen Musiktheater.

Während Gozzi aber gleichsam unfreiwillig eine Verbindung zwischen Märchen und Oper schafft, bereitet sich bei seinem Zeitgenossen Wieland eine Synthese vergleichbarer Art vor: Das Versepos »Oberon« avanciert zum präromantischen Opernstoff, zunächst (1789) bei Paul Wranitzky, später bei Carl Maria von Weber, bietet aber zugleich eine Anregung für diejenige Koproduktion von Text und Musik, die in Deutschland die Geschichte des Kunstmärchens wesentlich angestoßen hat – »Die Zauberflöte«. Schikaneders Libretto versammelt unterschiedlichste Zeitströmungen – Ägyptenmode, Freimaurersymbolik, Märchen (aus Wielands »Dschinnistan«), Welttheater und Volksstück – und hat sich daher bald dem Vorwurf der Heterogenität, gar des Konzeptionsbruches ausgesetzt gesehen. Der Märchenapparat ist in Mozarts Oper nicht mehr bloß Staffage, sondern wird selbst nach menschlichen Kategorien bewertet, ist damit Bestandteil der fiktiven Realität. Im Unterschied zur aufgeklärten Enttarnung des Wunderbaren bei Wieland oder Musäus wird hier – erstmals in der Geschichte des Kunstmärchens – das Wunderbare vom Objekt zum Subjekt, vom Gegenstand zum Medium der Darstellung befördert, d.h. die Erkenntnis des Guten und Bösen wird nicht mehr gegen, sondern durch das Wunderbare ermöglicht. Daß die Königin der Nacht zunächst das Gute, dann das Böse verkörpert, bleibt in einer kausalen Logik der Dramaturgie uneinsichtig.

Die Transposition ins Fabelreich des Märchens, die dem Zuschauer abverlangt wird, eröffnet eine gleitende Semantik der Phantasie. Tamino, und mit ihm das Publikum, legt mit dem Verlauf der Oper den Schritt ins Lichtreich Sarastros zurück, das sich dann, gemäß der Gegenwärtigkeit der Oper (verdeckte Handlungen oder die Vorgeschichte sind nach Carl Dahlhaus nicht in der Oper repräsentierbar), gegenüber der Königin der Nacht als legitim ausweisen kann. Das Wagnis dieser Oper besteht darin, die märchenhafte Illusion mit aller Ernsthaftigkeit als wahr, wenn auch keineswegs als wirklich, zu erweisen. Statt Schwärmerkur und einer aufgeklärten Zerstörung des Märchenbetrugs verwirklicht sich hier ein humanes Ideal mittels des Wunderbaren, das Märchen avanciert zu einer durchaus menschlichen Würde.

Was sich zwischen Wieland und Musäus auf der einen, Goethe (*Menninghaus*, S. 62, nennt Goethes Märchen »ein einschneidendes Novum«) und Novalis auf der anderen Seite innerhalb der Geschichte des Kunstmärchens tut, ist ohne die entscheidende Rolle der »Zauberflöte« wohl nicht adäquat zu beschreiben. Die zu Anfang der Kunstmärchen-Forschung vertretene These von Richard Benz (Benz S. 86f.), die »Zauberflöte« sei das erste Kunstmärchen, ist falsch; es ist aber auch nicht richtig, sie ganz über Bord zu werfen, handelt es sich doch um eine der wichtigsten Gelenkstellen der Gattung. Der Schritt zur Selbstverständlichkeit des Wunderbaren, wie ihn Goethe und Novalis vollziehen, ist aus den Märchen der Aufklärung nicht erklärbar. Goethes Horen-»Märchen« kann als Ersatz für die nicht beendete Fortsetzung der »Zauberflöte« angesehen werden, die Goethe beschäftigte. Ob Novalis Mozarts Oper kannte, ist nicht erwiesen, aber er hat den Zusammenhang deutlich formuliert, indem er das Märchen Goethes »eine erzählte Oper« nannte. Allein die expliziten Spuren der »Zauberflöte« lassen sich in den Märchen von Tieck, Hoffmann und Brentano nachweisen, greifbaren Modellcharakter nimmt sie in Hofmannsthals »Frau ohne Schatten« ein, aber auch in Thomas Manns märchennahem Roman »Königliche Hoheit«. Zuletzt ist es Döblins »Märchen vom Materialismus«, das am Ende der Gattungsgeschichte dieses Urbild noch einmal beruft.

Die Märchenoper ist nicht nur ein wichtiges Medium der Romantik, hier besonders seit Hoffmanns »Undinen«-Oper nach Fouqué, sondern auch eine Möglichkeit, in der das Märchen unangefochten im 20. Jahrhundert sich behaupten kann. Stravinskijs »Nachtigall« nach dem Märchen von Andersen begründet geradezu die freilich künstliche Natürlichkeit der Oper, indem sie sowohl eine mechanische wie eine natürliche, eine stumme wie eine singende Nachtigall mit musikalischen Mitteln einander gegenüberstellt. Gerade das moderne Musiktheater erweist sich somit als Stätte der Transgression der Wirklichkeit, bei der das Märchen eine immer wieder herangezogene Vorbildrolle spielt.

Leopold Schmidt: Zur Geschichte der Märchenoper. Diss. Rostock 1896. *Adriana Marelli*: Ludwig Tiecks frühe Märchenspiele und die Gozzische Manier. Diss. Köln 1968. *Helmut Feldmann*: Die Fiabe Carlo Gozzis. Die Entstehung einer Gattung und ihre Transposition in das System der deutschen Romantik. Köln, Wien 1971. *Siegfried Goslich*: Die deutsche romantische Oper. Tutzing 1975. *Paul G. Stanwood*: Fantasy and Fairy Tale in Twentieth Century Opera. In: Mosaic 10/2 (1976/77), S. 183-195. Stichwort ›commedia dell'arte‹ (*Wolfram Krömer*) in *EM* III, Sp. 101-109. *Carl Dahlhaus*: Vom Musikdrama zur Literaturoper. Aufsätze zur neueren Operngeschichte. München, Salzburg 1983. *Werner Klüppelholz*: Gesungene Märchen in entzauberter Welt: Oper und Musiktheater im 20. Jahrhundert. In: Universitas 38 (1983), S. 731-740. *Hans-Josef Irmen*: Hänsel und Gretel. Studien und Dokumente zu E. Humperdinks Märchenoper. Mainz 1989. *Christoph Nieder*: Von der »Zauberflöte« zum »Lohengrin«. Das deutsche Opernlibretto in der ersten Hälfte des 19. Jahrhunderts. Stuttgart 1989. Stichwort ›Gozzi‹ *(Gian Paolo Gri)* in *EM* VI, Sp. 47-51. *Mark Frederick Doerner*: The Influence of the ›Kunstmärchen‹ on German romantic Opera, 1814-1825. DA (1991.7) 2191. *Erika Zwanzig*: Vertonte Märchen, Mythen, Sagen, Legenden. Musik und Literatur des Abendlandes von den Anfängen bis zur Gegenwart mit kurzer Inhaltsangabe der vertonten Themen. Erlangen 1992 [rez. von *Gisela Just* in: Fabula 34 (1993), S. 178f.]. *Mathias Mayer*: Künstlicher Naturzustand. Zur Literaturgeschichte der Oper. In: Internationales Archiv für Sozialgeschichte der Literatur 20 (1995), S. 155-172. [Das Stichwort ›Märchenoper‹ ist auch für die *EM* vorgesehen].

Goethe

Johann Wolfgang Goethe (1749-1832) hat drei Märchen geschrieben: »Der neue Paris«, »Die neue Melusine« und »Das Märchen«. Die Titel annoncieren Exemplarik und das innovatorische, artistische Spiel mit der Tradition. Dennoch hat Goethe seine Märchen stets in den – freilich fiktiven – Kontext mündlichen Erzählens gestellt, getreu der autobiographischen Erinnerung, wonach er seiner Mutter die »Lust zum Fabulieren« verdanke. Im April 1786 ließ er Charlotte von Stein wissen: »Alle Märchen, sobald sie erzählt sind, haben den Reiz nicht mehr, als wenn man sie nur dunkel und halb weiß«. Das Märchen rückt in die Nähe dessen, was Dichtung überhaupt zu leisten vermag:

»Ohne Poesie läßt sich nichts in der Welt wirken, Poesie aber ist Märchen«, notiert sich 1822 der Kanzler von Müller aus einem Gespräch mit Goethe. – Wie durch die Titel hat Goethe auch durch die Plazierung die Märchen aus dem jeweiligen Kontext herausgehoben.

»Das Märchen«, Goethes ambitionierteste Märchendichtung, ist seit dem ersten Erscheinen Gegenstand vieler Spekulationen und Deutungen geworden. Zusammenstellungen verschiedener Interpretationen, die einen Längsschnitt deutscher Ideologie ergeben, bringen Friedrich (1925) und Mayer (1957). Goethes Intention zielt, wie der Titel angibt, nur zunächst auf Fragen der literarischen Gattung ab, die er zu der Zeit (1795) mit *Schiller* erörterte. Dem Impuls, Anschauungsmaterial für die Diskussion der Erzählgattung vorzulegen, verband sich die Notwendigkeit, eine Auftragsarbeit für Schillers »Horen«, die »Unterhaltungen deutscher Ausgewanderten«, zum Abschluß zu bringen. Entgegen der Ankündigung, man wolle in dieser Zeitschrift Enthaltsamkeit vom »Lieblingsthema des Tages« üben, kommen in den »Unterhaltungen« aktuelle Themen zur Sprache: Diskussionen über den gegenwärtigen Krieg, über gerechte Staatsverfassung, also über Politik. Von der schroffen Ablehnung der Gegenwartsbezüge durch die Leser enttäuscht, versuchte Goethe die »Unterhaltungen« einem allseits akzeptablen Ende zuzuführen. Dazu erschien ihm ein Märchen willkommen. Es handelt zuerst von Begrenzungen: in der Zeit, im Lokalen, wie in den Fähigkeiten der Figuren. Ein Fluß trennt eine liebliche Gegend im Osten von der unwirtlichen im Westen. Der Fährmann, die Schlange und der Schatten des Riesen können den Strom überwinden helfen, aber ihre Transferfunktionen sind widersinnig starr reglementiert. Auch die anderen Figuren besitzen spezielle Eigenschaften oder Geräte, die für sich genommen absurd sind und Isolation fördern. Durch die Regsamkeit von Irrlichtern, die mit Gold um sich werfen, kommt ein Verkehr zwischen den beiden getrennten Sphären zustande. Die separaten Figuren werden zu kooperativem Handeln zusammengeführt, bis endlich eine neue Aera anbricht, repräsentiert durch einen jungen König, in dem Weisheit, Schein und Gewalt harmonisch verbunden sind und der zudem von der Kraft der Liebe gebildet wird. Als Wahrzeichen dieser glücklichen Zeit ist eine breite Brücke über den Fluß entstanden, Grundlage für Handel wie für geselligen Betrieb. Goethe hat – wie Schiller in seinem Brief an Goethe vom 29.8.1795 festhält – als Thema seines »Märchens« formuliert, es sei »das gegenseitige Hülfleisten der Kräfte«. Darin kommt sowohl das Volksmärchenziel zum Vorschein, einen gestörten Weltzustand in Ordnung zu bringen, wie auch ein politisches Programm mit dem Leitgedanken »Solidarität« (vgl. Klotz).

Märchenmotive (z. B. zauberkräftige Requisiten, Verwandlungen oder Lösung der Verzauberung, Zahlenformel) sind mit Sagenmotiven (unterirdisch eingeschlossene Könige, die warten müssen bis ihre Zeit erfüllt ist) verknüpft. Doch sind diese Motive aus dem Fundus der Märchentradition nicht einfach übernommen, sondern in eigenständiger Phantasiearbeit umgewandelt und montiert (dazu Diez). Der Märchencharakter tritt wesentlich in zwei Zügen hervor: im Prinzip der Verwandlung und dem der Ortsveränderung. Wie aus einem Zustand ein andrer wird und wie das Überwinden von Distanzen Neues zur Erscheinung bringt, holt das »Märchen« in die Anschauung, also Metamorphose und Transzendieren, Schlüsselmomente von Goethes Poesie. In der Brücke, die aus der Schlange entstand, sind beide Tendenzen zu symbolischer Gestalt vereinigt. Die Metamorphose aus dem Naturwesen (Schlange) in einen kunstreichen Bau ermöglicht erst den gesellschaftlichen Progreß, schafft eine Voraussetzung dafür, daß die Welt nicht mehr entzweit ist. Diese Utopie, die ästhetische, ethische (das freiwillige Selbstopfer der Schlange) und gesellschaftliche Ziele in Einklang bringt, zeigt als Gegenbild zur Gewaltsamkeit in der Französischen Revolution (zu den historischen, politischen Bezügen Mayer) den Traum von einer grundlegenden Veränderung der Lebensverhältnisse durch Solidarität der verschiedenen sozialen Kräfte. Aber der Entwurf ist auf die Autonomie des ästhetischen Scheins gegründet: Das sogenannte Horen-Mächen ist daher auch als Antwort auf Schillers Ästhetik (»Über die ästhetische Erziehung des Menschen«) gelesen worden. Zugleich hat Goethe mit diesem »bedeutenden und deutungslosen« Werk (an Wilhelm von Humboldt, 27. Mai 1796), das dem Märchen trotz aller Leichtigkeit ein Höchstmaß von Ernst zumutet, eine neue Tradition begründet: Weniger an die französische Produktionen, an Wielands »Dschinnistan« (dagegen an den »Oberon«) oder Musäus anknüpfend, ist das »Märchen« weit eher ein Ersatz für die Fragment gebliebene Fortsetzung der »Zauberflöte«, die Goethe geplant hatte. Novalis' Charakterisierung von Goethes »Märchen« als »erzählte Oper« beschreibt den Zusammenhang treffend. Für Novalis selbst, dann wieder für Mörike und noch für Hofmannsthal (»Die Frau ohne Schatten«) und Gerhart Hauptmann setzte gerade dieser Text Maßstäbe.

»Der neue Paris« (1811), im Untertitel als »Knabenmärchen« deklariert, findet sich in »Dichtung und Wahrheit« (I. 2) und steht als ein Beispiel für erste Publikumserfolge seiner Phantasieleistung da. Das Geschehen wird mit einer Traumerzählung bereits aus der Realität gelöst; indem der Traum aber auf die Nacht vor Pfingsten datiert ist, bekommt er den Charakter der Sprachbegabung zugesprochen, erscheint als poetologische Initiation. Märchen wie dies, schreibt Goethe, habe er seinen Spielkameraden erzählt und sich Wohlwollen und Ansehen verschafft. Wie er hier Anstöße fürs Erzählen psychologisch erklärt, Fabulieren als Aufschneiden, so viel Psychologisches steckt in dem Märchen selbst. Es handelt von einem, der auserwählt wird wie der Paris der Sage, aber in der ihm zugedachten Rolle versagt, weil er wie Narziß selbstsüchtig ist. Die Figurenmontage aus Paris und Narziß hebt zentral den möglichen Doppelcharakter von Isolation heraus: erwählt und vereinzelt zu sein. Der Versuch, als Kind die Kleidung der Erwachsenen sich anzumaßen, scheitert ebenso wie die pubertäre, in einen Geschlechterkampf ausartende Verbindung mit der jungen Alerte, mit der Goethe wohl auf Kleists »Penthesilea« reagierte.

»Die neue Melusine« (1807/12 diktiert, Erstdruck 1817/19) hat Goethe ebenfalls im autobiographischen Bezugsrahmen verankert. In »Dichtung und Wahrheit« (II. 10) ist berichtet, wie er zur geselligen Unterhaltung im Sesenheimer Pfarrhaus beiträgt und sich beliebt macht, indem er Märchen erzählt wie dies, von dem er rückblickend sagt, es verhalte sich zum »Neuen Paris« ungefähr wie ein Jüngling zum Knaben, wodurch er den Zusammenhang mit dem eigenen Reifungsprozeß hervorhebt. Denn nicht allein die Absichten beim Vortrag, auch die erzählten Geschehnisse entsprechen einer älteren Lebensstufe: Es geht nicht mehr um das verfrühte Eindringen in die Pforte der Sexualität, sondern um die Prüfung zu dauerhafter Partnerschaft. Wie beim »Knabenmärchen« liegt kein unredigiertes Manifest psychischer Zustände vor. Goethe hat die »Melusine« schon 1797 entworfen, sie endgültig aber erst 1821, bzw. 1829, in die »Wanderjahre« (III.6) aufgenommen (zur Entstehungsgeschichte Fink 1959 und die kommentierten Ausgaben). Dort wird sie im Kontext der Entsagungsproblematik als wahrhaftes Märchen erzählt, von einem früher geschwätzigen Barbier, der nun die Gabe des Erzählens aus dem Verzicht auf die gewöhnliche, zufällige Alltagsrede entbunden hat.

»Die neue Melusine« steht volkstümlicher Überlieferung bedeutend näher als die beiden anderen Märchendichtungen. Der Melusinen-Stoff war als »Volksbuch« sehr populär. Eine Bearbeitung aus dem letzten Viertel des 18. Jh.s, die das Ungeschlachte versifizierend salonfähig machen wollte, stammt von *Friedrich Wilhelm Zachariae* (»Zwei schöne neue Märlein«. Darin: »Schöne Melusine«) und ist 1772 von Goethe in »Frankfurter Gelehrte Anzeigen« schneidend rezensiert worden. Gegen den faden, moralisierenden Witz fordert er in Herders Perspektive bei der Gestaltung solcher Stoffe den »Bänkelsängerblick«. Das Märchen handelt von dem Versuch eines in seiner Körperhöhe schrumpfenden Zwergenvolkes, durch importiertes Erbgut dem Verfall der eigenen Größe entgegenzuwirken; weshalb eine Prinzessin, auf Zeit in Menschengestalt, einen passenden Partner zu suchen hat. Darin steckt das alte Thema der Verbindung eines Elementargeistes mit einem Sterblichen. Der assoziierte Melusinenstoff erscheint in der Montierung mit dem Zwergenschicksal stark verfremdet. Die zwittrige Melusinenfigur hat Goethe im Brief an Schiller als »undenisches Pygmäenweibchen« charakterisiert. Aus zwei heterogenen Teilen setzt sich auch die gesamte Erzählung zusammen. Der erste Teil, in seiner Struktur eine Reisegeschichte, bringt Episoden einer leicht frivolen, unpassenden Liebesbegegnung mit Motiven französischer Feenmärchen (Fink 1959 S. 147; Fürst), der zweite schlägt mit der Zwergen-Kosmogonie den Herderschen Volkston an (Quelle bei Becker; Fink 1959 S. 146) und führt zu dem ernsthaften Problem, daß jemand von sich ein Ideal besitzt und aus beengenden Verhältnissen sich zu eigener Größe befreit. Die beiden dargestellten Verhältnisse, Fremdheit zwischen ungleichartigen Partnern und Entfremdung vom Selbst, geben dem Märchen ein sozial-psychologisches Gewicht, vor allem im objektivierten Symbolsystem der »Wanderjahre«. Das Kästchen in der Märchen- und das Kästchen in der Romanhandlung werden, aufeinander bezogen, deutlicher, zunächst im Kontext disharmonischer Liebesbeziehungen (Emrich S. 62), lassen sich auf diesen einen Sinn jedoch nicht festlegen. Gerade im Geheimnischarakter des Kästchens liegt der Reiz des Märchenhaften. Sobald das Kästchen durch den verbotenen Blick ins Innere aufgeschlüsselt wird, zerfällt es in die Doppeldeutigkeit von Palast und Schatulle. Der junge Liebhaber vermag das richtige Verhältnis nicht mehr zu finden, auf der Ebene der Erotik ebensowenig wie in der Ökonomie oder der Musik. Am Ende ist das Kästchen als leerer Tresor wertlos, das Märchen ist wieder der banalen Realität gewichen, der Kreis hat sich geschlossen – allerdings nicht ohne Erkenntnisgewinn. Die Einflechtung des Märchens in den Roman markiert den Spielraum von Fiktion: das Phantasieren nach tradierten Motiven holt eine vergangene Vorstellung der Welt in die Nachbarschaft zum gegenwärtig Gegebenen. Doch werden die alten Muster nicht naiv restauriert, sondern als Orientierungshilfen beigezogen, an denen sich die veränderte gesellschaftliche Situation durch Brechungen, Verschiebungen und Mängel subtil verdeutlichen läßt.

Johann Wolfgang Goethe: Novelle. Das Märchen. (Reclams UB. 7621.). *Ders.:* Märchen. Hrsg. von *Katharina Mommsen.* Frankfurt/M. 1979 (Insel-Tb. 450). Goethes Märchendichtungen. Hrsg. von Katharina Mommsen,

Frankfurt/M. 1984 (Insel-Tb. 825). – Sämtliche Werke nach Epochen seines Schaffens. Münchner Ausgabe (Hanser). Hrsg. von *Karl Richter*, Bände 4.1 (S. 519-550), 16 (S. 57-71) und 17 (S.583-605). Sämtliche Werke, Briefe, Tagebücher und Gespräche. 40 Bände (DKV). Hrsg. von *Hendrik Birus* u.a., Bände 9 (S. 1082-1114), 10 (S. 633-656) und 14 (S. 59-73).

Rudolf Fürst: Das undenische Pygmäenweibchen. In: Goethe-Jahrbuch 21 (1900), S. 267 f. *Theodor Friedrich* (Hrsg.): Goethes Märchen. Mit einer Einführung und einer Stoffsammlung zur Geschichte und Nachgeschichte des »Märchens«. Leipzig 1925. *Henrik Becker:* Eine Quelle zu Goethes »Neuer Melusine«. In: ZfdPh 52 (1927), S. 150 f. *Camilla Lucerna:* I. Proteus-Goethe. II. Studien zu Goethes Rätseldichtung »Das Märchen«. Zagreb 1932. Stichwort ›Goethe und das deutsche Volksmärchen‹ *(Kügler)* in *HdwDM* II, S. 644-648. *Friedrich Hiebel:* Goethe's »Märchen« in the Light of Novalis. In: PMLA 63 (1948), S. 918-934. *Wilhelm Emrich:* Das Problem der Symbolinterpretation im Hinblick auf Goethes »Wanderjahre«. In: DVjs 26 (1952), S. 331-352. *Hans Mayer:* Vergebliche Renaissance: Das »Märchen« bei Goethe und Gerhart Hauptmann. In: *H. M.:* Von Lessing bis Thomas Mann. Wandlungen der bürgerlichen Literatur in Deutschland. Pfullingen 1959, S. 356-382 [umfassende Darstellung der historischen, politischen Implikationen des »Märchens«]. *Gonthier-Louis Fink:* Goethes »Neue Melusine« und die Elementargeister. Entstehungs- und Quellengeschichte. In: Goethe 21 (1959), S. 140-151. *Katharina Mommsen:* Goethe und 1001 Nacht. Berlin 1960, Frankfurt a.M. 1981 [bes. S. 5-19, 139-147; nicht sehr ergiebig]. *Wolfgang Schadewaldt:* Goethes Knabenmärchen »Der neue Paris«. Eine Deutung. In: *W. S.:* Goethestudien. Natur und Altertum. Zürich und Stuttgart 1963, S. 263-282 [zieht eine Verbindung zum Faust-Stoff]. *Fink S.* 625-682. *Ingeborg H. Solbrig:* Symbolik und ambivalente Funktion des Goldes in Goethes »Märchen«. In: Jb. d. Wiener Goethe-Vereins 73 (1969), S. 40-59. *Christian Oesterreich:* Zur Sprache von Goethes »Märchen«. In: DVjs 44 (1970), S. 489-495. *Gonthier-Louis Fink:* »Das Märchen«. Goethes Auseinandersetzung mit seiner Zeit. In: Goethe 33 (1971), S. 96-122 [versucht eine Integration der verschiedenen Deutungsansätze; als Einstieg in die Problematik empfehlenswert]. *Ingrid Kreuzer:* Strukturprinzipien in Goethes Märchen. In: Schiller Jb. 21 (1977), S. 216-246 [zu »Märchen«, »Neue Paris«, »Neue Melusine«, bes. zu den Raumstrukturen]. *Peter Pfaff:* Das »Horen-Märchen«. Eine Replik Goethes auf Schillers »Briefe über die ästhetische Erziehung«. In: Geist und Zeichen. Fs. Arthur Henkel. Heidelberg 1977, S. 320-332. *Oskar Seidlin:* »Melusine« in der Spiegelung der »Wanderjahre«. In: Aspekte der Goethezeit. Fs. Victor Lange. Göttingen 1977, S. 146-162. Wiederabgedruckt unter dem Titel: Ironische Kontrafaktur: Goethes »Neue Melusine«. In: *O. S.:* Von erwachendem Bewußtsein und vom Sündenfall. Stuttgart 1979, S. 155-170 [die Diagnose Kontrafaktur bezieht sich vor allem auf das Motiv der Entsagung]. *Lowell A. Bangerter:* The Serpent-Ring in Goethe's »Das Märchen«. In: GLL 33 (1979/80), S. 111-115 [erörtert die Beziehung zur »emblematic tradition«]. Goethe. Hrsg. von Gonthier-Louis Fink, Yvette K. Centeno, Antoinette Fink-Langlois, Rolf Christian Zimmermann, Roger Godard. Paris 1980 (Cahiers de l'Hermétisme). [Darin zu Goethes Märchen: *Gonthier-Louis Fink:* Les mille et une lectures du »Conte« de Goethe: Bilan de la critique S. 37-71; *Gonthier-Louis Fink:* Le »Conte« de Goethe: De l'hermétisme a l'ésoterisme politique S. 73-104; *Yvette K. Centeno:* »Le Serpent Vert«: Essai d'interpretation S. 105-125; *Gonthier-Louis Fink:* »La Nouvelle Melusine«. Goethe à la recherche d'un nouveau langage ésotérique S. 145-177]. *Katharina Mommsen:* »Märchen des Utopien«. Goethes »Märchen« und Schillers »Ästhetische Briefe«. In: Literaturwissenschaft und Geistesgeschichte. Fs. Richard Brinkmann. Tübingen 1981, S. 244-257. *Gonthier Louis Fink*: Le »Nouveau Pâris« de Goethe ou l'échec provisoire de l'enfant. In: EG 38 (1983), S. 32-55. *Katherine M. Arens*: Humboldt and Goethes »Märchen«. A Generic Interpretation. In: GQu 57 (1984), S. 42-58. *Jutta Osinski*: Goethes »Märchen«. Noch eine Interpretation. In: ZfdPh 103 (1984), Sonderheft S. 38-64. *Bernd Witte*: Das Opfer der Schlange. Zur Auseinandersetzung Goethes mit Schiller in den »Unterhaltungen deutscher Ausgewanderten« und im »Märchen«. In: *Wilfried Barner* u.a. (Hrsg.): Unser Commercium. Goethes und Schillers Literaturpolitik. Stuttgart 1984, S. 461-484. *Wührl*, S. 62-69 (»Das Märchen«). *Hans Geulen*: Goethes Kunstmärchen ›Der neue Paris‹ und ›Die neue Melusine‹: Ihre poetologischen Imaginationen und Spielformen. In: DVjs 59 (1985), S. 79-92. *Klotz*, S. 115-137. *Klotz*, s. unter »Wieland«. *Peter Morgan*: The Fairy-Tale as Radical Perspective: Enlightenment as Barrier and Bridge to Civic Values in Goethes »Märchen«. In: OL 40 (1985), S. 222-243. Stichwort ›Goethe‹ (*Katharina Mommsen*) in *EM* V, Sp. 1340-1348. *Günter Niggl*: Verantwortliches Handeln als Utopie? Überlegungen zu Goethes »Märchen«. In: *Wolfgang Wittkowski* (Hrsg.): Verantwortung und Utopie, Tübingen 1988, S. 91-104. *Monika Schmitz-Emanns*: Vom Spiel mit dem Mythos. Zu Goethes Märchen »Die neue Melusine«. In: Goethe 105 (1988), S. 316-332.

V. Europäische Kunstmärchen im 19. Jahrhundert

1. Romantik

Romantische Kunstmärchen

Die Märchendichtungen der deutschen Romantiker gelten vielen Lesern in der Gegenwart als Kunstmärchen schlechthin. Die Identifizierung läßt sich dadurch erklären, daß in dieser Epoche der deutschen Literatur wie in keiner anderen Märchen gedichtet und seither in ungezählten Auflagen, in Anthologien und Lesebüchern popularisiert wurden, nicht zuletzt aber durch den ästhetischen Anspruch, den die Autoren selber mit dieser Erzählgattung verbanden. Ihnen war *Märchen* eine programmatische Ausdrucksform ihrer Poesie, in *Novalis'* Formulierung: gleichsam Kanon der Poesie. Für Friedrich Schlegel wird das Märchen nicht als spezifische Gattung relevant, sondern als Prinzip der Phantasie, das alle Formen, besonders den Roman, durchdringt. Der absichtsvoll literarische Charakter dieser Märchen scheint einzulösen, was die Bezeichnung »*Kunstmärchen*« scheinbar verspricht (vgl. Kremer, s.u. unter Tieck, S. 124f.). Eine weitere Potenzierung von Kunst ergibt sich damit, daß nicht selten Märchen und Musik ineinander aufgelöst werden, wie es beispielsweise *Wackenroder* vorführt.

Die poetische Funktion der romantischen Märchen hat auch eine gesellschaftliche Seite. Das zeigt ihre Einbettung in umfassendere gesellschaftsbezogene Kontexte wie Roman (Novalis' »Heinrich von Ofterdingen«) oder Unterhaltungsrahmen (Tiecks »Phantasus« und Hoffmanns »Serapions-Brüder«). Der offensichtliche oder symbolisch verschlüsselte Bezug auf die zeitgenössische gesellschaftliche Realität ist mit einer Reflexion über den Abstand zu ursprünglichen Verhältnissen verbunden, auf die hin ihnen u.a. Märchen und Volkslied transparent erschienen. Das zentrale Thema vieler romantischer Kunstmärchen ist der Versuch, nichtentfremdete Weltverhältnisse – Märchen ist dafür die Chiffre – mit einer durch die Reflexion hindurch wiedererlangten Unschuld zu imaginieren und die Entzweiung der Welt als wenigstens partiell aufhebbar vorzustellen, ohne zu vergessen, daß diese Vorstellung Literatur ist. Politik, Utopie, Philosophie und literarische Selbstreflexion gehen eine spezifische Synthese ein. Das ambivalente Verhältnis zur zeitgenössischen Gesellschaftswirklichkeit in vielen romantischen Kunstmärchen drückt sich, vor allem bei *Tieck* und *Hoffmann,* in einem Erzähltypus aus, der Elemente des Märchens mit denen der Novelle und des Romans kombiniert. Zur Kennzeichnung dieser Mischformen sind verschiedene Bezeichnungen vorgeschlagen worden: »Novellenmärchen« (so schon Fouqué am 31.12.1817 über Eichendorffs »Marmorbild«, Dippel), »Märchennovellen« (Minor für Tiecks Märchen, Zit. in Buchmann S. V, nach dem Vorbild Tiecks selbst, der so zwei seiner späteren Texte – etwa »Die Vogelscheuche« – bezeichnete), »Wirklichkeitsmärchen« (Benz S. 142, bes. für Hoffmanns Märchen); als Generalnenner für romantische Kunstmärchen wären sie nicht zutreffend.

Daß es trotz der großen Zahl von Untersuchungen an Darstellungen mangelt, die den Gesamtkomplex der Märchen im Zusammenhang von poetischer Gestaltung und sozialer Funktion erfassen, hängt an der Spannweite dieser Märchenliteratur, einmal im Spielraum der Erzählform, zum anderen im Unterschied der Funktionsbestimmung: das elitäre »Klingsohrmärchen« von *Novalis* läßt sich nicht unvermittelt mit ausgesprochen publikumsbezogener Literatur wie »Undine« von *Fouqué* zusammenbringen. Daher zielen die meisten Studien, auch wenn sie (wie die von Schumacher) das Gesamtgebiet erfassen, auf das Spezifische der einzelnen Autoren. Die Ausnahmen (wie Buchmann) bieten meist nicht mehr als einen Katalog von Stilzügen und isolierten Motiven. Die frühere Bemerkung an dieser Stelle, die Forschungslage sei dadurch charakterisiert, daß »Romantische Kunstmärchen« anscheinend ein Reservat für Dissertationen bedeutet, soll, schon im Blick auf Schumachers Darstellung, nicht wiederholt werden.

Kinder-Mährchen. 2 Bde. (Faksimiledruck der Erstausgabe. Berlin 1816-17) Hildesheim 1966 [enthält Märchen von *Carl W. Contessa, F. de La Motte Fouqué, E. T. A. Hoffmann].* Märchen der Romantik. Hrsg. von *Maria Dessauer.* Frankfurt/M. 1977 (Insel-Tb. 285). *Ewers. – H.-H. Ewers* (Hrsg.): Kinder-Märchen (von Contessa, Fouqué und Hoffmann). Reclams UB. 8377. *Roland Fink-Heuseler* (Hrsg.): Märchen der deutschen Romantik. 1987. Märchen der deutschen Romantik. Nachwort von *G. Muschwitz.* Sammlung Dietrich 200. 1992.

Hermann Todsen: Über die Entwicklung des romantischen KMs mit besonderer Berücksichtigung von Tieck und E. T. A. Hoffmann. (Diss. München 1905). Berlin 1906. *Richard Benz:* Märchen-Dichtung der Romantiker. Mit einer Vorgeschichte. Gotha 1908; ²1926. *Rudolf Buchmann:* Helden und Mächte des romantischen KMs. Beiträge zu einer Motiv- und Stilparallele. Leipzig 1910 (Nachdruck: Hildesheim 1976) [nützliche Materialsammlung]. Stichwort ›Arndts Märchen‹ *(Gülzow)* in *HdwDM* I, S. 115-120. Stichwort ›Achim von Arnim und die Volksmärchen‹ *(Walter A. Berendsohn)* in *HdwDM* I, S. 120-122. Stichwort ›Bettina von Arnim und das Volksmärchen‹ *(Walter A. Berendsohn)* in *HdwDM* I, S. 122-124. Stichwort ›Aurbachers Märchen‹ *(Lutz Mackensen)* in *HdwDM* I, S. 148-152. *Diez. Grete Wegmann:* Studien zur Bedeutung des Märchens in der Dichtung der deutschen Romantik. Diss. Zürich 1944. *Jürgen Bieringer-Eyssen:* Das romantische KM in seinem Verhältnis zum Volksmärchen. Diss. (Masch.) Tübingen 1953. *Gisela Dippel:* Das Novellenmärchen der Romantik im Verhältnis zum Volksmärchen. Versuch einer Analyse des Strukturunterschiedes. Diss. (Masch.) Frankfurt/M. 1953. *Karl Schulte Kemminghausen:* Ernst Moritz Arndt als Märchendichter. In: Bonner Geschichtsblätter 14 (1960), S.12-28. [Weitere Literatur zu A. in *EM* I, Sp. 810-815.] *Thalmann. Werner Schramm:* Die Gestaltung der Nacht in der Märchendichtung der Romantik. Diss. München 1962. *Steffen. Erika Voerster:* Märchen und Novellen im klassisch-romantischen Roman. Bonn 1964; ²1966. *Hugo Moser:* Sage und Märchen in der deutschen Romantik. In: *Hans Steffen* (Hrsg.): Die deutsche Romantik. Poetik, Formen und Motive. Göttingen 1967, S. 253-276 [bes. zur Auseinandersetzung um das Verhältnis von Kunst- und Volkspoesie]. *Ingrid Merkel:* Wirklichkeit im romantischen Märchen. In: Colloquia Germanica 1969, S. 162-183 [versucht eine Bestimmung des rom. KMs. im Vergleich zum Volksmärchen; These: das KM zerstöre das Märchen, es sei seine Widerlegung]. *Jack D. Zipes:* The Great Refusal: Studies of the Romantic Hero in German and American Literature. Bad Homburg 1970 [entstanden aus Diss. Columbia University 1965; vergleicht die Kompositionstechnik von E. T. A. Hoffmanns »Der goldne Topf« und Poes »Arthur Gordon Pym«, von Tiecks »Runenberg« und Hawthornes »Ethan Brand«, von Novalis' »Hyazinth und Rosenblüte« und Hawthornes »The Threefold Destiny«]. *H.-J. Heiner:* Das ›goldene Zeitalter‹ in der deutschen Romantik. Zur sozialpsychologischen Funktion eines Topos. In: ZfdPh 91 (1972), S. 206-234 [bes. über Novalis und E. T. A. Hoffmann]. *Egon Schmidt:* Die deutsche Kinder- und Jugendliteratur von der Mitte des 18. Jahrhunderts bis zum Anfang des 19. Jahrhunderts. Berlin (DDR) 1974 (Studien zur Geschichte der deutschen Kinder- und Jugendliteratur. 2.). Stichwort ›Contessa‹ *(Margarete Dierks)* in *LKJL* I, S. 273 f. Stichwort ›Achim von Arnim‹ *(Harald Riebe)* in *LKJL* I, S. 63 f. Stichwort ›Bettina von Arnim‹ *(Margarete Dierks/Harald Riebe)* in *LKJL I, S.* 64 f. Stichwort ›Gisela von Arnim‹ *(Margarete Dierks)* in *LKJL* I, S. 65 f. Stichwort ›Achim von Arnim‹ *(Heinz Rölleke)* in *EM* I, Sp. 815-820. Stichwort ›Bettina von Arnim‹ *(Heinz Rölleke)* in *EM* I, Sp. 820-822. Stichwort ›Friedmund von Arnim‹ *(Heinz Rölleke)* in *EM* I, Sp. 822-823 [der dritte Sohn von Achim und Bettina]. Stichwort ›Arndt‹ *(Margarete Dierks)* in *LKJL* I, S. 62 f. Stichwort ›Arndt‹ *(Heinz Rölleke)* in *EM* I, Sp. 810-815. *Manfred Frank:* Das Motiv des ›kalten Herzens‹ in der romantisch-symbolischen Dichtung. In: Euphorion 71 (1977), S. 383-405 [u.a. über die geistlichen Konnotationen der Metaphern des kristallisierten Auges und des versteinerten Herzens]. *Hans Schumacher:* Narziß an der Quelle. Das romantische Kunstmärchen. Geschichte und Interpretation. Wiesbaden 1977 [der Untertitel läßt eine Gesamtdarstellung erwarten, die Zusammenhänge im größeren Überblick sichtbar macht; S. liefert stattdessen nach einer knappen Einleitung und einer »Vorgeschichte des romantischen Märchens« eine Reihe von eindrucksvollen Einzelinterpretationen zu Novalis, Wackenroder, Tieck, Brentano, E. T. A. Hoffmann, Chamisso, Fouqué, Eichendorff; S.s ambitionierte Untersuchung ist geistesgeschichtlich ausgerichtet und vor allem an den Reflexionen der Kunstauffassungen in diesen Märchen interessiert]. *Frank Zipes:* The Revolutionary Rise of the Romantic Fairy Tale in Germany. In: Studies in Romanticism (Boston) 10 (1977), Nr. 4, S. 409-450, wieder in: *J.Z.*, Breaking the Magic Spell. Radical Theories of Folk and Fairy Tales. London 1979, S. 41-92. *Apel* S. 106-145. *Gonthier-Louis Fink:* Volk und Volksdichtung in der ersten Berliner Romantik. In: Richard Brinkmann (Hrsg.): Romantik in Deutschland. Ein interdisziplinäres Symposion. Stuttgart 1978 (DVjs Sonderband), S. 532-549 [im wesentlichen zu Tieck und Wackenroder]. *Lothar Pikulik:* Romantik als Ungenügen an der Normalität. Am Beispiel Tiecks, Hoffmanns, Eichendorffs. Frankfurt/M. 1979 [bes. Kapitel III.5 »Wunderbares – Wunderliches« S. 410-467]. Stichwort ›Romantik und Kinder- und Jugendliteratur‹ *(Klaus Doderer)* in *LKJL* III, S. 204-208. *Jens Tismar:* Volks- und Kunstmärchen, Volks- und Kunstlieder. In: Deutsche Literatur. Eine Sozialgeschichte. Hrsg. von Horst Albert Glaser. Bd. 5. Reinbek 1980 (rororo 6254.), S. 196-215. *Lawrence O. Frye*: Making a Märchen. The Trying Test of Romantic Art, Magic, and Imagination. In: *Metzger*, S. 135-153. *Cary M. Fontaine*: Das romantische Märchen. Eine Synthese aus Kunst und Poesie. München 1985 [auf Märchenillustration beschränkt]. *Franz Simmler*: Syntaktische Strukturen im Kunstmärchen der Romantik. In: *Albrecht Schöne/W. Weiss/H.E. Wiegand* (Hrsg.): Kontroversen, alte und neue, III: Textlinguistik contra Stilistik? Wortschatz und Wörterbuch; Grammatische oder pragmatische Organisation von Rede? Tübingen 1986, S. 66-96. *Petra Küchler-Sakellariou*: Romantische Kunstmärchen. Versuch einer Annäherung – Über die Spielarten des Wunderbaren in »Kunst«- und »Volks«-Märchen. In: *Hans Schumacher* (Hrsg.): Phantasie und Phantastik, S. 43-74. *Klaus Lindemann* (Hrsg.): Wege zum Wunderbaren. Romantische Kunstmärchen und Erzählungen, Paderborn und München 1997, bes. S. 9-88.

Tieck

Nur wenig später als Goethe sein »Märchen« schrieb *Ludwig Tieck* (1773-1853) das Märchen »Der blonde Eckbert« (entstanden 1796, gedruckt 1797), das als das erste romantische Kunstmärchen bezeichnet wird und nach Einschätzung seines Autors »der Anfang einer Reihe von Erfindungen und Nachahmungen war, die alle mehr oder minder die Farbe und den Ton des Eckbert hatten« (Tieck im Vorbericht zur 1. Lieferung der »Schriften«). Der Punkt, den »Der blonde Eckbert« in der Geschichte der deutschen Kunstmärchen und für die Ausbildung des phantastischen Erzählens bedeutet, läßt sich am besten durch die Entstehungsgeschichte der Erzählung und die literarischen Voraussetzungen beim Autor abstecken.

Als Sohn eines Handwerkers in Berlin geboren, hatte Tieck Selbstverwirklichung und sozialen Aufstieg via Literatur erstrebt. Massenhaft verschlungene Lektüre von trivialen wie höchst anspruchsvollen Werken, begleitet von einer Theaterbesessenheit, hatte sich bei ihm in routinierte Verfügung über das Repertoire literarischer Ausdrucksweisen umgesetzt, und zwar in dem Maße, wie er Literatur als Ware zu begreifen genötigt war. Vieles interessant zu schreiben und der jeweiligen Mode sich anzupassen, waren zunächst die Konsequenzen aus dem Entschluß, als Journalist und freier Schriftsteller zu existieren. Im Dienst der einflußreichen Verleger *Nicolai* in Berlin übernimmt er die Redaktion der »Straußfedern«, einer marktbewußt konzipierten Taschenbuchreihe mit puritanischen Aufklärungstendenzen. *Musäus* hatte sie zuerst redigiert. Von der auftragsgemäßen Umarbeitung französischer Unterhaltungsware in den seicht moralisierenden Familienton löst er sich unter der Hand mit selbstverfaßten Erzählungen, z.B. mit der Erzählung »Die Freunde« (dazu I. Kreuzer, S. 129-134), in der eine zugleich beglükkende wie schauerliche Märchenwelt aufgesucht wird. Dies Hinüberwechseln in den Märchenzustand ist in einer Traumsituation sorglich eingefaßt und somit, dem aufklärerischen Programm der Reihe entsprechend, rationalisiert. In ähnlicher Weise schmuggelte Tieck eigene Produktion in ein anderes Bearbeitungsprojekt hinein, die »Volksmärchen«, in denen er altbekannte Stoffe, wie vom »Blaubart« und von den »Heymons Kindern«, von der »Schönen Magelone« und den »Schildbürgern« neu erzählte. *Görres* hat für diese popularisierten Geschichten den problematischen Begriff ›Volksbücher‹ geprägt (dazu Kreutzer). Unter dem Pseudonym »Peter Leberecht« veröffentlicht Tieck im Bd. I der »Volksmärchen« (1797) zusammen mit »Blaubart« und den »Heymons Kindern« seinen »Blonden Eckbert«, von *A. W. Schlegel* wohlwollend rezensiert (zitiert bei Frank, S. 1258f.).

Die Geschichte vom »Blonden Eckbert« scheint Tiecks eigene Erfindung zu sein, was Jean Paul nicht glauben wollte (vgl. Schweikert, Tieck I, S. 97). Vom Volksmärchen unterscheidet sich die Erzählung nicht durch das schlimme Ende für die beiden Heldenfiguren Bertha und Eckbert, sondern durch die Amalgamierung von zwei Wirklichkeitsebenen. Alltagsrealität und Märchenbereich sind anfangs schroff voneinander geschieden. Den jeweils anderen Zustand zu ersehnen, bringt die Heldin in heillose Verstrickung, bis das Wunderbare durch Mehrfachbrechungen in der Alltagswelt als Bedrohung erscheint und die Realitätsperspektive auflöst. Im Wahn des Helden sind schließlich die beiden Sphären ineinander verrückt. Die Grenzüberschreitungen, von der Alltags- zur Märchenwelt und in umgekehrter Richtung, werden als psychische Vorgänge beschrieben. Psychologisch motiviert sind die Wunschträume der Heldin, die sich aus sozialer Notsituation in einen Zustand entfernt, wo dem Ich Erfüllung der Wünsche versprochen scheint: im weltabgeschiedenen Refugium der »Waldeinsamkeit«. Zur gewohnten Wirklichkeit geworden, wird eben dieser isolierte Bezirk von der Heldin als ein Mangel empfunden und die zuvor geflohene Alltagswelt als die glückverheißende Region. Als eine Darstellung psychischer Vorgänge erscheint auch die Verstörung Eckberts, der tötet, um sich von Mitwissern einer verborgenen Schuld zu befreien. Das Ende der Erzählung enthüllt ein elementares Vergehen: die Ehe der Helden war ein Inzest. Inzest als Spielart der Selbstliebe deutet auf den sozialen Charakter der geheimen Verschuldung: die selbstgewählte Isolation von der Gesellschaft. Die psychologische Perspektive, dem *Volksmärchenschema* entgegengerichtet, faßt den individuellen Blickwinkel dieses Autors mit ein und definiert den spezifischen Kunstmärchencharakter der Erzählung. In den jähen Schreckensmomenten der Unsicherheit, was objektiv wirklich oder was ein Wahn sei, hat Tieck eigene Erfahrungen verarbeitet, z. B. den biographisch festgehaltenen Schock des völligen Realitätsverlustes, nachdem er als Student Freunden einen der damals modernen Schauerromane acht Stunden lang ohne Unterbrechung vorgelesen hatte (Haenicke S. 176; erörtert die biographischen Zusammenhänge mit dem »Eckbert«). In der Zusammenführung von individueller Reizempfindlichkeit und allgemein verbreiteter Rezeptionsbereitschaft für dargestellte Schauereffekte und Schreckensmomente manifestiert sich der sozialpsychologische Repräsentationscharakter dieses Märchens. Es bietet ein Modell an, die gegebene Wirklichkeit anders zu interpretieren als unter dem ideologischen Diktat des Rationalitätsoptimismus. Die Ambivalenz von Angst und Faszination, die durch den »Blonden Eckbert« ausgestrahlt wird, betrifft historisch die Unsicherheit der bürgerlichen Klasse was sie zum eigenen Vorteil gegenüber den undurchschaubaren Mächten sich wünschen dürfte. Vor allem im Licht neuerer texttheoretischer Überlegungen avanciert ein Werk wie der »Eckbert« zum Paradigma sprachlicher Ambivalenzen und »Unlesbarkeiten« (P.G. Klussmann, M. Tatar).

Der andere neue Aspekt der Tieckschen Märchen, mit dem psychologischen eng verbunden, ist die Dämonisierung der Natur. In der Rahmenunterhaltung des »Phantasus« werden diese Gebilde »Natur-Mährchen« genannt; in ihnen mische »sich das Liebliche mit dem Schrecklichen, das Seltsame mit dem Kindischen« (Schriften.

Bd. 4, S. 129, Frank S. 113). In diesen psychologische Untergründe ausleuchtenden Natur-Märchen kann nicht nur die »Phantasie bis zum poetischen Wahnsinn« (ebd.) gereizt werden, – sie mißtrauen auch jeder Form von Versöhnung, wie sie zur gleichen Zeit die Märchen von Goethe, Novalis und Wackenroder ins Werk setzen. Die dort jeweils unterschiedlich motivierten Kunst-Erlösungsmärchen (sei es, daß das Gespräch bei Goethe, die Poesie bei Novalis oder die Musik bei Wackenroder die Er-Lösung bewerkstelligt), wird bei Tieck widerrufen. Im Volksmärchen erscheint Natur als Kulisse oder handlungsabhängiger Raum, in Tiecks Märchen als eigenständige Gegenmacht. Herausragendes Beispiel dafür bietet das Märchen »Der Runenberg« (1804), in das Anregungen der Naturphilosophie Novalis' und Henrik Steffens eingegangen sind. Wie im »Eckbert« sind zwei Sphären gegeneinandergestellt: die Welt der gesellig tätigen Menschen und die zu einsamer Verfallenheit verlockende Natur. Zwischen beiden pendelt der Held, bis er am Ende vereinzelt im Zirkel seiner Phantasien lebt und seine Familie im Elend. Der Reiz der Naturwelt, personifiziert in einem überdimensionalen, sinnbetörenden Bergweib, liegt für den Helden im Faszinosum der in ihrem Glanz lebendigen Mineralien. Naturgeschichte erscheint verkehrt: Pflanzen als abgestorbene Reste der Gesteine. Der hohe Wert, dem der Held in sinnlich greifbarer Gestalt als Gold und Edelstein nachjagt, gilt ihm mehr als die Sicherheit des Grundbesitzes und die Land- oder Gartenwirtschaft (Klotz). Auch das Volksmärchen zeigt in seiner Vorliebe für verfestigte Formen wie in der Tendenz zur »Mineralisierung und Metallisierung« (Lüthi S. 29) Reichtum in der faßlichen und transportablen Form von Gold und Juwelen. Im »Runenberg« ist der erstrebte Schatz von dämonischer Natur, dem nachzujagen am Ende als eine Verblendung und Verirrung des Ichs erscheint, als eine Versündigung an der lebendigen Natur, d. h. zugleich: an der gesellschaftlichen Bestimmung des Menschen. So betrachtet läßt sich im »Runenberg« Faszination und Angst, ausgelöst von der Dämonie des Goldes, dem Geldfetisch in Gestalt des Steinherzens (Frank, S. 1285ff.), auf die zwiespältigen Gefühle jenes Teils des Bürgertums beziehen, dem Geldwirtschaft, von undurchschaubaren Kräften bewegt, verlockend *und* gefährlich erscheint. Als Selbstdarstellung einer Schriftwelt, eines Runen-Berges, deutet das Märchen zugleich auf den lebensbedrohlichen Charakter des Dichtens (D. Kremer).

Tiecks Märchen provozieren psychologisch argumentierende Untersuchungen, vornehmlich bei amerikanischen Literaturwissenschaftlern. Rasch versucht in seiner Deutung mit *Freuds* (in der psychoanalytischen Forschung umstrittenen) Annahme eines »Todestriebes« den tieferen Sinn des »Runenbergs« zu erschließen; Vredeveld benutzt in reduktionistischer Weise die Archetypenlehre *C. G. Jungs.*

Auch die späte Märchenerzählung »Die Elfen« (1811) handelt vom problematischen Kontakt der Wunder- und der Alltagswelt. (Diese Beispiele, »Eckbert«, »Runenberg«, »Elfen«, stellt Dilthey als die besonders markanten Märchendichtungen Tiecks heraus; Klussmann S. 434 folgt seiner Bewertung.) Wenn das Märchen von den »Elfen« dem Typ der Kinder- und Ammenmärchen auch eher entspricht als »Eckbert« oder »Runenberg«, so ist das Muster der frühen Kunstmärchen doch erkennbar wiederaufgegriffen. Dies Muster zeigt den Kontakt des Helden, der aus seiner Alltagswelt hinaustritt, mit dem Bereich des Wunderbaren, den er nach einiger Zeit wieder verläßt. Durch sein Verschulden wird ihm jene zunächst beglückende Vertrautheit schließlich zum Verhängnis. In keiner anderen Märchenerzählung hat Tieck die Sphäre des Wunderbaren so farbenprächtig und reich instrumentiert ausgestaltet wie den Bezirk der Elfen, deren Anwesenheit dem umgebenden Landstrich Prosperität verschafft und deren Auszug Unfruchtbarkeit und Elend hinterläßt. Das besagt: die Fundierung des Wohlstands muß Geheimnis bleiben, soll er Bestand haben. Zugleich ist dies Elfenreich Phantasieterritorium des schönen, heiteren Lebens und nur dem Auserwählten zugänglich. Mit dieser Doppeldeutigkeit des Elfenreichs, Grund des Wohlstandes und schöne Gegenwelt, wird der dargestellte Zusammenhang von Alltagsrealität und Märchenwelt ironisch abgesichert. So offenbar ein *Märchen* ist, wo die Prosperität einer Region mit der Wirkung von Elfen begründet wird, so verborgen bleiben vielen Bürgern nach 1800 die wirklichen Ursachen für das Florieren von Wirtschaftszweigen. Nimmt man andrerseits das *Märchen* als Manifestation des Wunderbaren (Poetischen) ernst, so steckt im vorgestellten Auszug der Elfen eine Mahnung an die alltäglich geschäftige Welt: sie würde veröden, wo den poetischen Kräften kein Platz mehr gelassen wird. (Eine sozialgeschichtliche Analyse dieser ästhetischen Protesthaltung findet man bei Bürger.)

Tieck nahm diese Märchen mit anderen Novellen und Geschichten, die Märchenelemente enthalten, in den »Phantasus« (1812-1816 in drei Bänden) auf, eine Sammlung von Dramen und Erzählungen, die im Rahmen eines bürgerlichen Gesprächskreises zusammengehalten wird. Das Nebeneinander von Erzählungen und Dramen (unter ihnen der von Perrault bezogene, an Gozzi angelehnte »Blaubart« – Frank, S. 392f. (vgl. auch *Menninghaus*) – und »Der gestiefelte Kater«) demonstriert – im Vergleich zu nachfolgenden Verbundkonstruktionen wie *Hoffmanns* »Serapions- Brüder« und *Hauffs*

Märchen-Almanachen – eine größere Toleranz gegenüber Gattungsdivergenzen. In der Rahmengeschichte arbeitet Tieck die Tradition des Kunstmärchens auf, wenn gleich zu Beginn der Ersten Abteilung in einem freilich fiktiven Kontext die Verbindung zu Goethe und Novalis gesucht, die französischen Märchen und Musäus aber als weniger nachahmenswert beurteilt werden (Frank S. 105f.). Daß der »Phantasus« gerade fünfzig Binnentexte umfassen sollte, läßt an Basile denken (Frank S. 1152), andererseits gibt Tieck den Übergang zum Phantastischen wiederholt selbst zu bedenken (ebd., S. 24, S. 58, S. 1297ff.).

Ludwig Tieck: Phantasus. In: *L. T.:* Schriften. Bd. 4 und 5. Berlin 1828. *Ders.:* Werke in vier Bänden. Hrsg. von Marianne Thalmann. Bd. II: Die Märchen aus dem Phantasus. Dramen. München (Winkler) 1964 [mit einem Nachwort des Hrsg. S. 871-888]. Die Märchen aus dem Phantasus. Dramen. Nach dem Text der Schriften von 1828-1854 unter Berücksichtigung der Erstdrucke. München [2]1978. Der blonde Eckbert. Der Runenberg. Die Elfen. (Reclams UB. 7732.). *Christa Bürger (Hrsg.):* Ludwig Tieck: Der blonde Eckbert. Die Elfen. Materialien zur romantischen Gesellschaftskritik. Frankfurt/M. 1974 (Literatur und Geschichte. Unterrichtsmodelle). Phantasus. Hg. von Manfred Frank. Frankfurt/M. 1985 (L.T., Schriften in 12 Bänden, Bd. 6, DKV). – Märchen und Novellen. Ausgewählt und Nachwort von H. Hesse. Frankfurt/M. 1987 (Insel-Tb. 1061).

August Wilhelm Schlegel: Beiträge zur Kritik der neuesten Literatur. In: Athenaeum I. Reinbek 1969 (Rowohlts Klassiker der Literatur und der Wissenschaft. Dt. Literatur 29.) [über die »Volksmährchen herausgegeben von Peter Leberecht« S. 93-99]. *Diez S.* 877-887. *Marianne Thalmann:* Ludwig Tieck. Der romantische Weltmann aus Berlin. Bern 1955 [erörtert den »Phantasus«-Zyklus]. *Thalmann* S. 35-58. *Raymond Immerwahr:* »Der blonde Eckbert« as a Poetic Confession. In: GQu 34 (1961), S. 103-117. *Paul Gerhard Klussmann:* Die Zweideutigkeit des Wirklichen in Ludwig Tiecks Märchennovellen. In: ZfdPh 83 (1964), S. 426-452. Wiederabgedruckt in: *Wulf Segebrecht* (Hrsg.): Ludwig Tieck. Darmstadt 1976, S. 352-385 [grundlegende Untersuchung]. *Ernst Bloch:* Bilder des Déjà vu. In: *E. B.:* Literarische Aufsätze. Frankfurt/M. 1965. S. 232-242 [zum »Blonden Eckbert«]. *Heinz Schlaffer:* Roman und Märchen. Ein formtheoretischer Versuch über Tiecks »Blonden Eckbert«. In: *Helmut Kreuzer* (Hrsg.): Gestaltungsgeschichte und Gesellschaftsgeschichte. Stuttgart 1969. S. 224-241. Wiederabgedruckt in: *Wulf Segebrecht* (Hrsg.): Ludwig Tieck. Darmstadt 1976, S. 444-464 und in: Romantikforschung seit 1945. Hrsg. von Klaus Peter. Königstein/Ts. 1980 (Neue Wissenschaftliche Bibliothek. 93.), S. 251-264. *Diether H. Haenicke:* Ludwig Tieck und »Der blonde Eckbert«. In: Vergleichen und verändern. Fs. Helmut Motekat. München 1970, S. 170-187. *Victoria L. Rippere:* Ludwig Tieck's »Der blonde Eckbert«: A psychological reading. In: PMLA 85 (1970), S. 473-486 [bezieht sich u.a. auf

Freuds Theorie des Narzißmus]. *Otto K. Liedke:* Tiecks »Der blonde Eckbert«. Das Märchen von Verarmung und Untergang. In: GQu 44 (1971), S. 311-316 [konzentriert sich auf die Märchenelemente]. *Wolfdietrich Rasch:* Blume und Stein. Zur Deutung von Ludwig Tiecks Erzählung »Der Runenberg«. In: The Discontinuous Tradition. Studies in German Literature in Honour of Ernest Ludwig Stahl. Oxford 1971, S. 113-128. *Uwe Schweikert* (Hrsg.): Ludwig Tieck. Dichter über ihre Dichtungen. München 1971 [mit nützlichen Materialien zu den Märchen]. *Ralph W. Ewton,* Jr.: Childhood Without End: Tieck's »Der blonde Eckbert«. In: GQu 46 (1973), S. 410-427. *Thomas Fries*: Ein romantisches Märchen: »Der blonde Eckbert« von Ludwig Tieck. In: MLN 88 (1973), S. 1180-1211. *Christa Bürger:* »Der blonde Eckbert«. Tiecks romantischer Antikapitalismus. In: *Joachim Bark* (Hrsg.): Literatursoziologie. Bd. II. Beiträge zur Praxis. Stuttgart 1974, S. 139-158 [fundierte Analyse auf breiter theoretischer Grundlage]. *Gonthier-Louis Fink:* Le conte fantastique de Tieck. In: RG 4 (1974), S. 71-94. *Harry Vredeveld:* Ludwig Tieck's »Der Runenberg«: an archetypal Interpretation. In: GR 49 (1974), S. 200-214. *Raymond Immerwahr:* The Outer World in »Der blonde Eckbert«. In: Studies in 19th Century and Early 20th Century German Literature: Essays in Honor of Paul K. Whitaker. Lexington, Ky. 1974 (Germanistische Forschungsketten. 3), S. 52-70 [beschäftigt sich hauptsächlich mit dem Motiv »Waldeinsamkeit«]. *Klaus Lindemann:* Von der Naturphilosophie zur christlichen Kunst. Zur Funktion des Venusmotivs in Tiecks »Runenberg« und Eichendorffs »Marmorbild«. In: LJb 15 (1974), S. 101-121. *Ralph* W. *Ewton, Jr.:* Life and death of the body in Tieck's »Der Runenberg«. In: GR 50 (1975), S. 19-33. *Martin Swales*: Reading One's Life: An Analysis of Tieck's »Der blonde Eckbert«. In: GLL 29 (1975), S. 165-175. *Lawrence O. Frye:* Irretrievable time and the Poems in Tieck's »Der Runenberg«. In: LJb 18 (1977), S. 147-171. *Hans Joachim Kreutzer:* Der Mythos vom Volksbuch. Studien zur Wirkungsgeschichte des frühen deutschen Romans seit der Romantik. Stuttgart 1977 [über das Verhältnis der Romantiker zu solchen »Volksbüchern«; zu Tiecks Bearbeitungen dieser Stoffe S. 54-60]. *Schumacher* S. 40-69 [»Der blonde Eckbert« S. 46-53, »Runenberg« S. 53-58, »Der getreue Eckart und der Tannhäuser« S. 58-60, »Liebeszauber« S. 60-62, »Der Pokal« S. 62-65, »Die Elfen« S. 66-69]. *Apel* S. 116-119, S. 192-199 [vor allem zu »Der blonde Eckbert« und »Runenberg«]. *Gonthier-Louis Fink:* Le »Runenberg« de L. Tieck. Fantastique et Symbolisme. In: RG 8 (1978), S. 20-49 [Zusammenfassung in dt. Sprache in der »Übersicht über den Inhalt des 8. Heftes«]. *Ernst Ribbat:* Ludwig Tieck. Studien zur Konzeption und Praxis romantischer Poesie. Kronberg/Ts. 1978 [bes. zu »Die Freunde« in »Straußfedern« S. 33-36; zum einen sei die phantastische Heiterkeit des Feenmärchens übernommen, zum anderen werde ein psychologisches Interesse am Unbewußten artikuliert; weiter zu »Der blonde Eckbert«, »Der getreue Eckart und der Tannhäuser«, »Der Runenberg«, S. 140-155, diese Märchen reflektierten Wirklichkeit und Wirksamkeit des Wunderbaren und problematisierten damit auch das Verhältnis von Poesie und Gesellschaft; zu den späten Reflexionen der Märchen des Frühwerks, »Waldeinsamkeit«, »Das alte Buch und die Reise ins Blaue hinein«, S. 216- 220]. *Maria M. Tatar:* Deracination and Alienation in Ludwig Tieck's »Der Runenberg«. In: GQu 51 (1978), S. 285-304. *Gisela Vitt-Maucher:* Eckbert, der gescheiterte Romantiker? Eine Strukturanalyse von Tiecks »Der blonde Eckbert«. In: Wege der Worte. Fs. Wolfgang Fleischhauer. Köln, Wien 1978, S. 332-346 [fragt nach dem spezifisch Romantischen in der Art der Wirklichkeitsbewältigung]. *Larry D. Wells*: Sacred and Profane. A Spatial Archetype in the Early Tales of Ludwig Tieck. In: Monatshefte 70 (1978), S. 29-44. *Cora Lee Nollendorfs*: The Kiss of the Supernatural: Tieck's Treatment of a Familiar Legend. In: *Metzger*, S. 154-167. *Ingrid Kreuzer*: Märchenform und individuelle Geschichte. Zu Text- und Handlungsstrukturen in Werken Ludwig Tiecks zwischen 1790 und 1811. Göttingen 1983, S. 117-187 [rez. von *Ingrid Leitner* in: Aurora 44 (1984), S. 238f.]. *Hanne Castein*: Ludwig Tieck. Der blonde Eckbert. Der Runenberg. Erläuterungen und Dokumente. Reclams UB. 8178. *David Horton*: »Verwirrung« in »Der blonde Eckbert«. In: GLL 37 (1984), S. 322-335. *Wührl*, S. 85-88 [Die Elfen], S. 238-251 [Eckbert, Runenberg]. *Klotz*, S. 149-161. *Susan Stickney-Bailey*: Tieck's »Märchen« and the Enlightenment. The Influence of Wieland and Musäus. DA (1986.12) 3730A-3731A. *Karlheinz Hasselbach*: L. Tiecks »Der blonde Eckbert«: Ansichten zu seiner historischen Bewertung. In: Neoph. 71 (1987), S. 90-101. *Maria Tatar*: Unholy Alliances: Narrative Ambiguity in Tieck's »Der blonde Eckbert«. In: MLN 102 (1987), S. 608-626. *Helmut Arntzen*: Tiecks Märchenerzählungen oder die Ambiguität der romantischen Poesie. Ein Vortrag. In: MLN 103 (1988), S. 632-647. *William Crisman*: The Status of Adult Rationality in Tieck's Fairy Tales. In: Colloquia Germanica 21 (1988), S. 111-126. *Detlef Kremer*: Die Schrift des ›Runenbergs‹. Literarische Selbstreflexion in Tiecks Märchen. In: Jb. der Jean Paul-Gesellschaft 24 (1989), S. 117-144. *Klaus F. Gille*: Der Berg und die Seele. Überlegungen zu Tiecks »Runenberg«. In: Neoph. 77 (1993), S. 611-623. *Heitzmann* (s. unter Hebbel, S. 100). *Menninghaus.*

Novalis

Friedrich von Hardenberg (1772-1801), der sich seit 1797 als Dichter *Novalis* nannte, wird als deutscher Romantiker par excellence angesehen. Bei keinem anderen Autor dieser Epoche, der Märchen geschrieben hat, ist das romantische Programm, Poesie mit ihrer Theorie in eins zu fassen, derart komplex ausgeprägt. Man kann Novalis' Märchen nicht verstehen ohne den Begriff, den er sich vom Märchen gemacht hat. Seine komprimiert formulierten Thesen zum Märchen weisen diesem eine zentrale Rolle in seinem Poesie- und Weltentwurf zu: »Das Mährchen ist gleichsam der *Canon* der *Poesie* – alles poetische muß mährchenhaft seyn« (HKA III, S. 449). Im Märchen identifiziert er eine Äußerungsweise, welche über die als mangelhaft empfundene Wirklichkeit in einen harmonischen Weltzustand poetisch hinausweist. Novalis' Begriff von Poesie hängt direkt mit seinem Geschichtsverständnis zusammen, das abendländische Vorstellungsmuster in sich aufgenommen hat (Mähl). Es ist das Denkbild von einer triadischen Grundfigur der Geschichte: (1) ein chaotischer, kindlich unschuldiger Urzustand der Menschheit, in dem sich Natur und »Geisterwelt« im Einklang befanden (»Geisterwelt« meint die höhere Welt der lebendigen Ideen); (2) die gegenwärtige Epoche der Entzweiung und Entfremdung; (3) am Ende das »vernünftige Chaos«, der wiedergefundene Einklang von Geist, Mensch und Natur auf höherer Stufe.

Das Märchen ruft nach Novalis eine Ahnung des Urzeitzustands hervor, indem es Natur und Geisterwelt in wunderlicher Vermischtheit (HKA III, S. 280) wie ein Traumbild ohne Zusammenhang vorzeigt. Da das ersehnte Goldene Zeitalter auf einer höheren Ebene jenen Einklang der Urzeit wiederherstellen soll, ist das Märchen geeignetes Medium auch für die Vision des künftigen Weltzustands. Folgerichtig fordert Novalis ein »höheres Märchen«, das entsprechend organisiert sei: das Kunstmärchen. Es soll prophetische Darstellung sein und, ohne den spezifischen Charakter des Märchens zu vertreiben, Zusammenhang und Bedeutung erhalten (HKA III, S. 455). In dieser Synthese aus Chaos und Vernunft soll das Ziel des Märchens, die visionäre Verkündigung der Zukunft, zur Erscheinung kommen. Der Dichter des »höheren Märchens« wäre somit Prophet des zukünftigen ewigen Reiches. Da das eigentliche Tun des Poeten nach Novalis darin besteht, das Sinnliche abstrakt zu machen und das Abstrakte zu versinnlichen, wird der Dichter im »höheren Märchen« seiner Aufgabe am ehesten genügen, wo seine poetischen Operationen das Ziel der visionären Darstellung bereits spiegeln: die gegenseitige Durchdringung und Vollendung des Chaos mit der Vernunft (Heftrich S. 127). In diesem Sinn ist das Märchen für Novalis »gleichsam der Canon der Poesie« und Poesie im Märchen: »Poesie der Poesie«. Weil das Märchen Träume von der ehemaligen Welt des Urzustands aufbewahrt und in seiner höheren Form, als Kunstmärchen, den Zustand des künftigen Goldenen Zeitalters durchblicken läßt, wird es für ihn zur Metapher jener Anfangs- und Endzeit der Geschichte, in der es keine Entzweiung gibt: »Mit der Zeit muß die Geschichte Märchen werden - sie wird wieder, wie sie anfieng« (HKA III, S. 281). Diese »Geschichtsmetaphysik« (Reble S. 86) mit der darin eingefaßten Funktionsbestimmung der Poesie ist in den drei Märchendichtungen des Novalis in unterschiedlicher Ausgestaltung manifest geworden.

1. Das *Märchen von Hyazinth und Rosenblüte* ist das Kernstück des Fragment gebliebenen Romans »Die Lehrlinge zu Sais«. Es führt in Thema und Komposition die Zielrichtung des Romanplans vor: wie das anschauende Subjekt, indem es die »Chiffernschrift« der Natur entziffern lernt, zur Erkenntnis seines Selbst gelangt. Sais gilt als ein Ort der Mysterien und der Weisheit, in dem Lehrer und Lehrlinge im Austausch der Gedanken mit kreuzenden Reden einander fördern, die Geheimnisse der Natur und des Ichs zu entdecken. Das Prinzip vom gegenseitigen Hilfeleisten der Kräfte aus Goethes »Märchen« kommt zum Vorschein, nicht nur in der Handlung des Märchens, auch in seiner Funktion. Es wird dem lernenden Ich von einem anderen Lehrling erzählt, »dem Rosen und Winden die Schläfe zierten« (so daß Romantext und Märchen einander wechselseitig erhellen) – damit er versteht, worauf es ankomme. Der Märchenheld Hyazinth durchläuft drei Stationen: (1) aus dem harmlosen Leben ohne Bewußtsein, wo ihm eine spielerisch kindliche Vertrautheit mit der Natur und zugleich mit dem Mädchen Rosenblüte eigen ist, wird er herausgebracht in den Zustand (2) der Sehnsucht, die unbekannte Welt und damit auch sich selbst kennen zu lernen. Das stürzt ihn in Tiefsinnigkeit und Unrast, bis er glücklich bis (3) zum Ort der verborgenen Weisheit gelangt, in dem er träumend erfährt, das er gesucht hat, was ihm in der Vergangenheit vertraut war: die Liebe zu Rosenblüte. Liebe symbolisiert hier Einigung. Wohl lassen sich einige Volksmärchenmotive wiederfinden: selbstverständliche Kommunikation des Märchenhelden und der Naturwesen, Ausreise des isolierten Helden in die Welt und das glückliche Ende, das den Zustand des Mangels beseitigt. Auch ein magischer Vorgang wie das Verbrennen des rätselhaften Buchs ist mit Geschehnissen des Volksmärchens zu assoziieren. Insgesamt geht das Novalis-Märchen wie aufgrund seiner poetologischen Vereinnahmung der Gattung nicht anders zu erwarten über das Volksmärchenschema hinaus, indem es auf geheime Bedeutung verweist. Diese liegt in der Entsprechung von erzählter Märchenhandlung und jenem Mythos der Geschichte in der triadischen Grundfigur des Prozesses. Daß der Schluß gewissermaßen in den Anfang zurückkehrt, sollte nicht als Kompromiß verstanden werden (Klotz S. 142), sondern ist eher als dialektische Erkenntnis zu lesen: Das unter die Fragmente versprengte Distichon »Einem gelang es – er hob den Schleyer der Göttin zu Sais – / Aber was sah er? er sah – Wunder des Wunders – sich selbst« deutet auf die alles andere als selbstverständliche, vielmehr wunderbare Identität von Suchendem und Gesuchtem, von Nähe und Ferne: Der Umweg wird zur Heimkehr. »Wo gehen wir denn hin?« heißt es im »Ofterdingen«: »Immer nach Hause«. Schon die Lehrlinge zu Sais

haben zu lernen, »hier oder nirgends liegt der Talisman« und: »Mich führt alles in mich selbst zurück«. Novalis versucht mit diesen Formeln nichts weniger, als das Goethesche »Hier oder nirgends ist Amerika« (aus den unmärchenhaften »Lehrjahren«) fichtisierend einzuholen: Das Goldene Zeitalter ist (schon) hier, es liegt nur an der »Schwäche unsrer Organe [...], daß wir uns nicht in einer Feenwelt erblicken«. – Das Märchen, schon im Barock als zyklisches Gebilde angelegt, kehrt hier in einer spezifisch frühromantischen Kreisbewegung in sich selbst zurück, als metapoetisches Märchen über das Märchen.

2. In sich geschlossener ist das *Märchen von Atlantis* aus dem »Heinrich von Ofterdingen« (I. 3). Auch hier drückt eine Liebesgeschichte höheren Sinn aus: die Verbindung von Naturkunde und Dichtkunst zur prophetischen Poesie. Der Märchenheld studiert im Verborgenen die Geheimnisse der Natur, während die Prinzessin der Musik und Dichtkunst lebt. Indem beide, durch Zufall zusammengeführt, einander ihre speziellen Fertigkeiten und Kenntnisse vermitteln, vervollkommnen sie sich durch eine Sympathie, an der die Natur teilhat, und vereinigen sich in einer natürlichen Enklave. Nach einem Jahr, für den Hof eine Zeit der Trauer und Vereinsamung, tritt der Jüngling als ein wahrer Dichter und Seher vor den König mit einem Gesang, der vom uralten Goldenen Zeitalter handelt und von dessen Wiederkehr nach einer Ära des Hasses und der Trübsal. Durch solches Vermögen ausgezeichnet, wird der Sänger in seiner Verbindung mit der Prinzessin und dem Kind als der ersehnte künftige Herrscher glorifiziert. Da er in seiner Person die Synthese aus Dichtkunst und Naturerkenntnis bildet, ist der Naturdichter eingeweiht, in den Ablauf der Universalgeschichte, in Vergangenheit *und* Zukunft, zu sehen. Das Märchen erscheint in doppelter Perspektive: in den Zusammenhang mit der Atlantis-Sage gestellt, als Zeugnis eines früheren glücklichen Zustands, der gegenwärtigen Blicken entzogen ist; im Romankontext hat es vorausdeutende Funktion, indem es hoffen läßt, daß Dichtung künftig wiederum gesellschaftlich relevante Funktionen ausüben könne.

3. Das *Märchen* von *Eros und Fabel,* nach seinem Erzähler das Klingsohrmärchen genannt, beschließt den ersten Teil des »Heinrich von Ofterdingen«, bildet also die Achse zwischen »Erwartung« (I. Teil) und »Erfüllung« (II. Teil). Umfassender und komplexer als in den beiden anderen Märchen hat Novalis in diesem die triadische Grundfigur seines Geschichtsmythos und, damit verbunden, seine theoretischen Forderungen nach einem »höheren Märchen«, seinem

Kunstmärchen, in Erzählung umgesetzt. Die poetischen Operationen, Abstraktion des Sinnlichen und Versinnlichung des Abstrakten, sind ersichtlich an diesem symbolisch-allegorischen Werk (Novalis hat die Begriffe ›Symbol‹ und ›Allegorie‹ nicht streng voneinander geschieden) so konsequent, daß es scheint, »es sei eine Komposition aus lauter Bedeutung« (Heftrich S. 118). Aus unterschiedlichen Bereichen ist das allegorische Personal rekrutiert: u. a. aus der Astronomie (Arktur), aus der griechischen Mythologie (Eros, Perseus, Sphinx) und der nordisch-germanischen (Freya), aus Poetik und Literaturgeschichte (Fabel, Ginnistan - vgl. Wielands Märchensammlung »Dschinnistan«), aus der Rollentypik (Vater, Mutter, Schreiber) und aus einer heimlichen Verbindung approbierter Allegorik mit einem Individualmythos des Novalis (Sophie). Ferner haben die Naturphänomene Galvanismus und Magnetismus eine bedeutende Funktion. Das Ergebnis ist aber nicht lediglich eine Montage vorgefundener Sinnträger. Was die einzelnen Figuren bedeuten, erschließt sich in einigen Fällen erst im Gang der Erzählung. Das Märchen erzählt, wie aus einem Zustand der Erstarrung und des Mangels eine pulsierende paradiesische Zeit ewigen Friedens wird. Dieser Wandel wird durch Solidarität der positiven Figuren herbeigeführt. Die erlösenden Kräfte sind in Eros und Fabel vorgestellt. Eigentlicher Märchenheld indes ist die kleine Fabel, die pars pro toto für Poesie steht und agiert. Entschlüsselt meint der Vorgang: Da die Zeit gekommen ist, hilft Poesie durch ihr Tun, das Goldene Zeitalter heraufzuführen und somit, was getrennt war, zu vereinigen. Drei Paare sind endlich gebildet: Arctur (Zufall, Geist des Lebens) mit Sophie (Weisheit), Freya (zunächst Sehnsucht, schließlich Frieden) mit Eros (Liebe) und der Vater (tätiger Sinn) mit Ginnistan (Phantasie). Diese Auflösungen der Allegorien hat Novalis selber gegeben, im Märchenverlauf und durch Kommentar (detaillierte Darstellung bei Diez, Mähl S. 402 ff. und Grob mit Kritik der Forschung). Solche klare Zuordnung von Figur und Bedeutung unterscheidet das Klingsohrmärchen grundsätzlich von *Goethes* »Märchen«, das Novalis übertreffen wollte. Wie vieldeutig die symbolischen Vorgänge in Goethes »Märchen« auch erscheinen, sie sind auf reale historische Erfahrung bezogen (u.a. die Frz. Revolution), Novalis' Märchen von Eros und Fabel vorwiegend auf einen Geschichts- und einen privaten Mythos (Sophie) ausgerichtet. Als Symptom der konsequent totalisierenden Märchenpoetik des Novalis kann schließlich sein Plan zum »Ofterdingen« bezeichnet werden, daß der Roman insgesamt in Märchen übergehen sollte. Die Koinzidenz von Restauration und Progressivität in Novalis' Theorie der Poesie enthebt ihren Helden und Beweger, den Naturdichter, der konkret parteinehmenden Gegenwarts-

Auseinandersetzung. Im Bild des Poeten, der geschichtsbildender Prophet einer Goldenen Zeit sei, kompensiert sich u. a. auch die faktische Ohnmacht eines großbürgerlichen Intellektuellen um 1800. Achim von Arnim tadelte die Langeweile und Unbedeutendheit des Klingsohr-Märchens, und noch Eichendorff scheint auf es zu zielen, wenn er 1847 das »philosophische Märchen« charakterisiert, wo die Allegorie und eine gewisse »phantastische Symmetrik der Gedanken die Poesie vertritt« (Eichendorff, Brentanos Märchen, s.u. unter Eichendorff). Storm warnte am 30. Oktober 1872 Paul Heyse, »das reine Märchen« wie »diese Novalische Blumenspielerei, die weder das Eine noch das Andere« sei, in seinen »Novellenschatz« aufzunehmen.

Novalis: Schriften. Die Werke Friedrich von Hardenbergs. Hrsg. von Paul Kluckhohn und Richard Samuel. [zit. HKA] Bd. I: Das dichterische Werk. Dritte, nach den Handschriften ergänzte, erw. und verb. Auflage. Stuttgart 1977. Bd. III: Das philosophische Werk II. Dritte, nach den Handschriften ergänzte, erw. und verb. Auflage. Stuttgart 1984. *Ders.:* Heinrich von Ofterdingen. (Reclams UB. 8939/[2]). Gedichte Die Lehrlinge zu Sais (Reclams UB. 799). Hymnen an die Nacht. Heinrich von Ofterdingen. München 1978, 1991 (Goldmanns Klassiker mit Erl. 7572.). *Novalis.* Werke, Tagebücher und Briefe Friedrich von Hardenbergs. Hg. von H.-J. Mähl und R. Samuel, 3 Bände. München 1978-1987. – *Novalis*: Werke. Hg. und kommentiert von Gerhard Schulz. München 1969, [3]1987.

Diez S. 448-507. Wiederabgedruckt in: Gerhard Schulz (Hrsg.): Novalis. Beiträge zu Werk und Persönlichkeit Friedrich von Hardenbergs. Darmstadt 1970, [2]1986, S. 131-159. *Albert Reble:* Märchen und Wirklichkeit bei Novalis. In: DVjs 19 (1941), S. 70-110 [analysiert die philosophischen Voraussetzungen in N.' Theorie der Poesie und in den Märchendichtungen]. *W. J. Fries:* Ginnistan und Eros. Ein Beitrag zur Symbolik in »Heinrich von Ofterdingen«. In: Neoph. 38 (1954), S. 23-36. *Jurij Striedter:* Die Komposition der Lehrlinge zu Sais. In DU 7 (1955), H. 2, S. 5-23, wieder in: G. Schulz (Hrsg.): Novalis. Beiträge [...] [2]1986, S. 259-282. *Thalmann* S. 17-34. *Hans-Joachim Mähl:* Die Idee des goldenen Zeitalters im Werk des Novalis. Studien zur Wesensbestimmung der frühromantischen Utopie und zu ihren ideengeschichtlichen Voraussetzungen. Heidelberg 1965 [enthält eine grundlegende Untersuchung über die Funktion von N.' Märchentheorie und ihre geistesgeschichtlichen Zusammenhänge]. *Eckhard Heftrich:* Novalis. Vom Logos der Poesie. Frankfurt/M. 1969 [zur Theorie des Märchens S. 116- 128]. *Friedrich Hiebel:* Novalis. Deutscher Dichter, europäischer Denker, christlicher Seher. Bern und München 1972 [zweite, überarb. und stark verm. Aufl. von *F. H.:* Der Dichter der blauen Blume. 1951. Vorsicht geboten: die 2. Fassung berücksichtigt neuere Funde und Forschungsergebnisse nicht systematisch; anthroposophisch orientiert]. *Walter D. Wetzels:* Klingsohrs Märchen als Science Fiction. In: Monatshefte 65 (1973), S. 167-175 [speziell zum »Galvanismus«]. *Heinz J. Schueler:* Cosmology and Quest in Novalis' »Klingsohrs Märchen«. In: GR 49 (1974), S. 259-

266. *Johannes Hegener:* Die Poetisierung der Wissenschaften bei Novalis dargestellt am Prozeß der Entwicklung von Welt und Menschheit. Studien zum Problem enzyklopädischen Welterfahrens. Bonn 1975 [bes. das 4. Kapitel: »Das Märchen Klingsohrs als enzyklopädisch sich entwickelnde Bibel« S. 138-175]. *Karl Grob:* Ursprung und Utopie. Aporien des Textes. Versuche zu Herder und Novalis. Bonn 1976 [S. 60-170; zur Theorie des Märchens bei Novalis und zu »Klingsohrs Märchen«, bes. zur Einschätzung ›Allegorie‹ und ›Symbol‹; mit Kritik der Forschung]. *Elwin E. Rogers:* Novalis' »Atlantis-Erzählung«: Goethe surpassed? In: GQu 50 (1977), S. 130-137. *Schumacher* S. 13-35 [»Märchen von Hyazinth und Rosenblüte« S. 19-25, »Das Arion-Märchen« S. 25 f., Märchen von Atlantis« S. 26-30, »Das Märchen von Fabel und Eros« S. 30-35]. *Jürgen Söring:* Über die »Grenze der Darstellbarkeit«. Novalis und Hesse. In: Schiller Jb. 21 (1977), S. 468-516 [bes. S. 488-498, zwar wesentlich auf Hesses »Morgenlandfahrt« ausgerichtet, aber auch zum Programm der »Poëtisirung der Welt« und »Herstellung der Märchenwelt« bei Novalis]. *Apel* S. 128-136, S. 155-164 [zu »Hyazinth und Rosenblüte«]. *Hartmut Kaiser:* Mozarts »Zauberflöte« und »Klingsohrs Märchen«. In:JbFDtHochst. (1980), S. 238-258 [mit weiterer Literatur]. *Ingrid Kreuzer*: Novalis' »Die Lehrlinge zu Sais«. Fragen zur Struktur, Gattung und immanenten Ästhetik. In: Schiller Jb. 23 (1979), S. 276-308. *Friedrich Kittler*: Die Irrwege des Eros und die »Absolute Familie«. Psychoanalytischer und diskursanalytischer Kommentar zu Klingsohrs Märchen in Novalis »Heinrich von Ofterdingen«. In: *Bernd Urban / Winfried Kudszus* (Hrsg.): Psychoanalytische und psychopathologische Literaturinterpretation. Darmstadt 1981, S. 421-470. *Luciano Zagari*: »Ein Schauspiel für Eros«. Nihilistische Dimensionen in Friedrich von Hardenbergs allegorischem Märchen. In: Aurora 42 (1982), S. 130-142. *Wührl*, S. 72-74 [Hyazinth], S. 106-111 [Klingsohr]. *Klotz*, S. 138-148. *Barbara Naumann*: »Musikalisches Ideen-Instrument«. Das Musikalische in Poetik und Sprachtheorie der Frühromantik. Stuttgart 1990, S. 217-240. *Ausma Skerbele Weisend*: Poetry, Nature and Science: Romantic Nature Philosophy in the Works of Novalis and E.T.A. Hoffmann. DA (1994.3) 581A. *Dennis F. Mahoney:* Friedrich von Hardenberg (Novalis), Stuttgart/Weimar 2002 (Sammlung Metzler 336).

Wackenroder, Runge, Kerner

Außerhalb der von den großen Namen bestrittenen Literaturgeschichte hat die Romantik wichtige Einzeltexte zum Kunstmärchen beigesteuert. Wohl 1797 schrieb *Wilhelm Heinrich Wackenroder* (1773-1798) »Ein wunderbares morgenländisches Märchen von einem nackten Heiligen«, das 1799 von seinem Freund Tieck in das Gemeinschaftswerk der »Phantasien über die Kunst« integriert wurde. Ein allegorisch aufgehellter Orient dient hier als Folie, hinter der vordergründigen Diskreditierung des Wahnsinns den höheren Zusammenhang mit der Heiligkeit zu erkennen. Das Märchen wird zum Mittel, den Verstand über seine Bedingtheit aufzuklären. Dazu erzählt Wackenroder das Wunder, wie der vom unermüdlich sausenden Rad der Zeit gepeinigte Heilige aus seiner Ruhelosigkeit befreit wird, indem er die Musik eines Liebespaares hört. Aus dem vernichtenden Kreislauf der Zeit ist eine Erlösung nur durch die gesteigerte Zeitlichkeit, die Vergänglichkeit der Musik möglich. Der Heilige kehrt als tanzender Genius der Liebe und der Musik in den Himmel zurück. Das Märchen dient somit der Selbstverständigung über die Funktion der Kunst, sowohl in sozialer (der unverstandene Einzelne), theologischer (der sakrale Aspekt) und ästhetischer Hinsicht (die Zeitkunst der Musik als Erlösung).

Wackenroder/Tieck: Phantasien über die Kunst. Reclams UB. 9494, S. 59-63. – *Ewers*, S. 167-171. – W.H. Wackenroder: Sämtliche Werke und Briefe. Historisch-kritische Ausgabe, hrsg. von Silvio Vietta und Richard Littlejohns. Heidelberg 1991, 2 Bände.

Günter Kühnlenz: Wackenroders »Wunderbares Märchen von einem nackten Heiligen« im Deutschunterricht der Prima. In: Pädagogische Provinz 12 (1958), S. 199-209. *Elmar Hertrich*: Joseph Berglinger. Eine Studie zu Wackenroders Musiker-Dichtung. Berlin 1969. *Schumacher*, S. 36-39. *Alev Tekinay*: Der morgenländische Bestandteil im »Wunderbaren morgenländischen Märchen von einem nackten Heiligen« Wackenroders. Eine Studie zum romantischen Orientbegriff. In: Archiv für das Studium der neueren Sprachen und Literaturen 133 (1981), Bd. 218, S. 323-330. – *Wührl*, S. 70-72. – *Barbara Naumann*: »Musikalisches Ideen-Instrument«. Das Musikalische in Poetik und Sprachtheorie der Frühromantik. Stuttgart 1990, S. 60-68.

Erhöhte Aufmerksamkeit auch im Rahmen der Kunstmärchen-Forschung verdienen die beiden in die »Kinder- und Hausmärchen« integrierten Märchen aus der Feder des Malers *Philipp Otto Runge* (1777-1810): »Von dem Fischer un syner Fru« und »Von dem Machandelboom«. Heinz Rölleke hat sie als den »Urmeter« der Grimmschen Märchen charakterisiert, da sie »hinsichtlich ihrer Herkunft, Aufzeichnung, stilistischen Form, Motivik und vor allem ihres Gehaltes alles zu bieten scheinen, was man sich von der Gattung ›Volksmärchen‹ erwartete« (H. Rölleke, Die Märchen der Brüder Grimm. Eine Einführung, München/Zürich 1985, S. 52f.). Sowohl die Dialektform als auch der Stil der Märchen sind aber von Runge (mehrfach) überarbeitet worden. Rölleke weist Runges virtuose Technik u.a. darin nach, daß analog dessen Farbkreistheorie sechs symbolkräftige Farbnuancen, sechs erfüllte Wünsche und sechs räumliche Stationen einander entsprechen (im Fischer-Märchen). Vor allem die vielfache, anspruchsvolle Deutbarkeit des Fischer-

Märchens läßt die Synthese von kunstvoller Behandlung und Schlichtheit als Glücksfall erscheinen (vgl. unten S. 154 zu Günter Grass).

Brüder Grimm, Kinder- und Haus-Märchen, Nr. 19 und 47.

Bolte-Polívka I, S. 138-148. *Heinz Rölleke*: Von dem Fischer un syner Fru. In: Fabula 14 (1973), S. 112-123. *Konrad Feilchenfeldt*: Runge und die Dichter. In: Schiller Jb. 21 (1977), S. 297-326. *Michael Belgrader*: Das Märchen von dem Machandelboom (KHM 47). Der Märchentypus AT 720. Frankfurt/M., Bern, Cirencester 1980 [rez. von *Hans-Jörg Uther* in: Fabula 23 (1982), S. 306-308; *Hellmut Rosenfeld* in: ZfVk 80 (1984), S. 131-133]. Stichwort ›Fischer und seine Frau‹ (*Heinz Rölleke*) in *EM* IV, Sp. 1232-1240.

Wie Runge ist auch *Justinus Kerner* (1786-1862) mit seinem ausdrücklichen Kindermärchen »Goldener« (1811 entstanden, 1813 gedruckt in der Erzählung »Die Heimatlosen«) vor dem Hintergrund des Volksmärchens zu sehen (AaTh 314: Goldener). Kerner hält die Syntax betont schlicht, weicht aber vom Schema des Märchens vor allem dadurch ab, daß er seinen Helden nicht in eine Aufgabe, mit zu überwindenden Widerständen und verdienter Belohnung verwikkelt, sondern daß Goldener unbewußt und nahezu passiv die Prophezeiung einer Waldfrau verwirklicht und am Ende die Krone gewinnt. Insofern ist die kunstvoll-absichtliche Vereinfachung des Märchens symptomatisch für die spätromantische Poetik des Kunstmärchens.

J. Kerner, Ausgewählte Werke, Reclams UB. 3857, S. 49-53. *Ewers*, S. 264-268.

Alan P. Cottrell: Justinus Kerner. Der Grundton der Natur. In: GQu 39 (1966), S. 173-186. *Heino Gehrts*: Märchenwelt und Kernerzeit. In: Antaios 10 (1968/69), S. 155-183. – *Heino Gehrts*: Justinus Kerners Märchen »Goldener« und die Volksmärchen des Goldener-Typs – ein Vergleich. In: Beiträge zur schwäbischen Literatur- und Geistesgeschichte 1 (1981), S. 75-97. Stichwort ›Goldener‹ (*Günter Dammann*) in *EM* V, Sp. 1372-1383. *G. Kozielek*: J. Kerners Goldener – Kinder- oder Kunstmärchen? In: Suevica 5 (1989), S. 13-27. Stichwort ›Kerner‹ (*Hartmut Fröschle*) in *EM* VII, Sp. 1173-1175.

Fouqué

Zu den populärsten deutschen Kunstmärchen gehört »Undine« (1811) des *Friedrich Baron de la Motte Fouqué* (1777-1843). Von den vielgestaltigen Arbeiten des ungemein schreibfreudigen Autors ist allein dies Märchen und seine Titelfigur lebendig geblieben. Fouqué war auf das Personal der Elementargeister in *Paracelsus'* Werk (Liber de nymphis, sylphis, pygmaeis et salamandris et de caeteris spiritibus. 1591) gestoßen. Was er daraus machte, kann für die Verfahrensweise eines Kunstmärchen-Dichters exemplarisch gelten. Die Erzählung, die er aus Paracelsus-Fundstücken wie der Stauffenbergersage formte, dient ihm als ein Gefäß, auch seine privaten Erfahrungen, nämlich die Konstellation: ein Mann zwischen zwei Frauen, zugleich verstecken wie veröffentlichen zu können (Schmidt S. 186 f.), wenn auch der sentimentale Erzähler (besonders zu Beginn von Kapitel 16) nicht ohne weiteres mit dem sehr viel raffinierter die Regie führenden Autor identifiziert werden darf (dazu Fink). Der Kardinalpunkt im problematischen Verhältnis zwischen Mensch und Elementargeist betrifft die Seele. Die seelenlose Nixe kann sie erringen, wenn ein Mensch sie heiratet. Die Beseelung durch Begattung ist indes an die Bedingung der Treue geknüpft. Daraus entstehen die dargestellten Komplikationen. Indem sich der Ritter wegen einer anderen Partnerin von seiner Frau Undine abwendet und sie beschimpft, verfällt sie wieder ihrem Element und der Ritter dem Tod. Die Geschehnisse des Märchens bilden einen psychischen Prozeß: wie aus einem unbeschwerten und launenhaften Naturwesen durch Beseelung eine liebende, leidende Frau wird und wie das Leiden der beseelten Leute ihr Menschsein ausmacht (Lillyman S. 104). Die zunächst angelegte Geschlechterproblematik, innerhalb welcher etwa gerade Bertalda einer »männlich« codierten Hierarchie folgt, wird nach der Beseelung Undines weitgehend stillgestellt, indem Undine zum Bild der verzichtenden und verzeihenden Ehefrau wird. – Dem Zusammenhang »zwischen romantisierender Naturphilosophie [...], Mythologie, animistischen und magnetistischen Aktualisierungen von Magie und Mystik« ist Gisela Dischner nachgegangen.

Bemerkenswert in diesem Märchen ist, auf welche Weise die Geister, die hier das Wunderbare repräsentieren, vor allem der Wassergeist Kühleborn, ins Spiel gebracht werden. Dieser erscheint in proteischer Gestalt, die auf irgendeine Art stets an sein Element gebunden: als weißer Mann, Bach oder Wasserfall, Windhose und als Brunnenmeister. Man ist seiner nicht sicher, oft beläßt man es bei dem Schein oder der Anmutung (Diez S. 1204 ff.). Dem Vorbehalt gegenüber dem Wunderbaren, sofern es äußerlich wird, begegnet Fouqué im Moment der Metapher: ob Schein oder Wirklichkeit, bleibt in der Schwebe; scharf umrissen sind allein die Reflexe der Menschen auf das ihnen Befremdliche.

Fouqués Undine wurde eine der unsterblichen Märchenfiguren der Weltliteratur über d*ie Grenze*n der Erzählgattung Kunstmärchen hinaus: Keinesfalls zufällig stieß der Stoff auf das Interesse der Opernkomponisten: E. T. A. Hoffmanns »Undine« – Fouqué selbst schrieb das Libretto, Schinkel schuf die Dekorationen – gilt als Beginn der deutschen romantischen Oper, kommen hier doch die ›Strömungen‹ des belebenden Wassers sowie der weiblichen Stimme und Sensibilität zusammen. Albert Lortzing folgte 1845, das Schauspiel von Jean Giraudoux 1939.

Friedric *de la Motte Fouqué:* Romantische Erzählungen. Nach den Erstdrukken mit Anmerkungen, Zeittafel, Bibliographie und einem Nachwort hrsg. von *Gerhard Schulz.* München 1977 (Winkler Dünndruckausgabe). *Ders.:* Undine. (Reclams UB. 491). Undine und andere Erzählungen. Hrsg. von *Ralph-Rainer Wuthenow.* Mit einer Rezension von Edgar A. Poe. Frankfurt/M. 1978 (Insel-Tb. 311) [Nachwort des Hrsg.: Der Ritter Fouqué und seine vielen Werke, S. 205-214]. Eine Geschichte vom Galgenmännchen. In: *Ewers,* S. 232-263. Undine: In: *Frank R. Max* (Hrsg.): Undinenzauber. Reclams UB. 8683. Undine. Ein Märchen. Abbildungen von Karl F. Schinkel. Musik von E.T.A.Hoffmann. Hrsg. von Ute Schmidt-Berger. Frankfurt/M. 1991 (Insel-Tb. 1353).

Wilhelm Pfeiffer: Über Fouqués Undine. Nebst einem Anhange enthaltend Fouqués Operndichtung Undine. Heidelberg 1903 [rez. von *J. Minor* in: Göttingische gelehrte Anzeigen 1903, Nr. 9, S. 739-744; Minor schließt seine Rezension mit der Wiedergabe des, wie er meint, »ausführlichsten und eingehendsten zeitgenössischen Urtheil(s)« über »Undine« ab, das am versteckten Ort bislang unbemerkt geblieben sei, ein Brief von *Heinrich Voß* an den Truchseß vom 6. 9. 1812]. *Oswald Floeck:* Die Elementargeister bei Fouqué und anderen Dichtern der romantischen und nachromantischen Zeit. Heidelberg 1909. *Diez S.* 1203-1208. Stichwort ›Fouqués Verhältnis zum Volksmärchen‹ *(Walter A. Berendsohn)* in *HdwDM* II, S. 207-209. *Arno Schmidt:* Fouqué und einige seiner Zeitgenossen. Darmstadt 1958. *Wolfgang Gerstenlauer:* Undines Wiederkehr. Fouqué – Giraudoux – Ingeborg Bachmann. In: Die Neueren Sprachen 69 (1970), S. 514-527. *Marie Luise Kaschnitz:* Undine. in: *M. L. K:* Zwischen Immer und Nie. Frankfurt/M. 1971, S. 128-132. *W.J. Lillyman:* Fouqué's »Undine«. In: Studies in Romanticism 10 (1971), S. 94-104. *Barbara F. Fass:* The Little Mermaid and the Artist's Quest for a Soul. In: CLS 9 (1972), S. 291-302. Stichwort ›Fouque‹ *(Margarete Dierks)* in *LKJL* I, S. 395 f. *Schumacher* S. 155 f. *Frank Rainer Max:* Der »Wald der Welt«. Das Werk Fouqués. Bonn 1980 (Schriftenreihe Literaturwissenschaft. Gesamthochschule Wuppertal. 17). *Gisela Dischner*: F. de la Motte-Fouqué: Undine (1811). In: *Paul Michael Lützeler* (Hrsg.): Romane und Erzählungen der deutschen Romantik. Neue Interpretationen. Stuttgart 1981, S. 264-284. *Wührl,* S. 112-115, S. 142-144. *Klotz,* S. 162-173. Stichwort ›Fouqué‹ (*Heinz Rölleke*) in *EM* V, Sp. 17-21. *Gonthier-Louis Fink*: Fouqués »Undine«. Die Diskrepanz zwischen Autor und Erzähler. In: *Gerhard Hahn* u.a. (Hrsg.): Zwischen den Wissenschaften. Regensburg 1994, S. 318-331.

Chamisso

Wie Fouqués »Undine« weist auch »Peter Schlemihls wundersame Geschichte« (1814) von *Adelbert von Chamisso* (1781-1838) Spuren der Lebensgeschichte des Autors auf, allerdings mit schärferen Linien. Einen Schlemihl nennen die Juden – wie Adelbert seinem Bruder Hippolyte in einem Brief vom 17. 3. 1821 erläutert – einen ungeschickten Menschen, der beispielsweise auf den Rücken fällt und sich das Nasenbein bricht (zum folgenden vgl. Tismar, Volks- und Kunstmärchen S. 210 f.). Peter Schlemihl ist solch ein linkischer Außenseiter, trotzdem sucht er die Gesellschaft der sogenannten feinen Leute. Dazu scheint Geld nötig. Er verkauft dem Teufel seinen Schatten und bekommt dafür Fortunatus' Glücksäckel, eine unerschöpfliche Geldquelle. Doch der Reichtum bedeutet nicht sein Glück. Die Paradoxie des Geschehens liegt darin, daß Schlemihl, um zur Gesellschaft zu gehören, den Teil von sich geopfert hat, dessen Fehlen ihn von der Gesellschaft ausschließt. Er verliert die Braut an einen Betrüger, der bloß einen Vorzug hat: Schatten zu werfen. Dennoch lehnt Schlemihl das Angebot des Teufels ab, der ihm den Schatten im Austausch gegen seine Seele zurückerstatten möchte. Nachdem er sich von dem Geldsäckel, der ihn an den Teufel bindet, getrennt hat, findet er als Pendant zu Fortunati Wunschhütlein Siebenmeilenstiefel und damit die eigene Rolle: Er durchquert die Welt und wird als ein moderner Faust (Chamisso hinterließ ein Faust-Fragment) Forschungsreisender.

Über das Schattenmotiv ist viel gerätselt worden. Die biographische Literaturgeschichtsschreibung des 19. Jh.s sah darin allein die fatale Situation des Autors dargestellt, dem seine nationale Identität fragwürdig geworden war, da er in den Befreiungskriegen weder das Land seiner Geburt (Frankreich), noch das Land seiner Erziehung (Preußen) bekämpfen mochte. Schattenwerfen verstanden als die selbstverständliche Sicherheit, zu welcher Nation man gehört, das ist ein spezieller Aspekt in der Dimension des Schattensymbols (einige Stationen der Deutungsgeschichte bei Wührl S. 735 f.). Ein anderer wird am Ende des Lebensberichts in dem Rat deutlich, wer unter Menschen leben wolle, müsse zuerst den Schatten, sodann das Geld verehren lernen. Nur wer für sich und sein besseres Selbst leben wolle, brauche den Rat nicht. Demnach soll man den Schatten, diesen flachen Widerschein des Selbst, als Ausdruck der Zustimmung ansehen, daß man, um gesellschaftliche Anerkennung zu finden, nun mal eine Rolle zu spielen habe. Solche Form des bedenkenlosen Einverständnisses erscheint als Verdinglichung des Menschen, wie eben der Teufel den gekauften Schatten aufrollen und wegtragen kann.

Der Widerspruch zwischen den Wünschen des Ichs und den Forderungen der Gesellschaft wird erst darin aufgehoben, daß der Held sich selber eine eigene und zugleich nützliche Bestimmung gibt. Die Befriedigung, die angewandte Naturwissenschaft gewährt, wird gegen das illusionäre Glück gehalten, das durch Märchenmittel versprochen schien. Im »Schlemihl« wird dargestellt, daß auch das, was Befreiung von der Einschätzung durch die bürgerliche Gesellschaft verheißt, deren Regeln gehorcht: Das Wunderbare wird wie Ware behandelt. Der Teufel bietet nämlich Schlemihl nicht allein Fortunati Glücksäckel an, er offeriert eine ganze Kollektion magischer Dinge: Springwurzel, Alraunwurzel, Wechselpfennige, Raubtaler, das Tellertuch von Rolands Knappen und ein Galgenmännlein. Man kann von dem Handel wie von einem »Geschäftsabschluß« sprechen (Schulz S. 434). Indem geheimnisvolle Wunscherfüllung in die Form von Waren gehüllt ist, erscheint der romantische Protest gegen die dem Geld sich unterwerfende Philisterwelt seiner weitreichenden Hoffnungen beraubt. In aller Form wendet sich diese Erzählung vom Märchen ab und richtet sich darauf, reale Sachverhalte zu notieren. Darin, daß alle Kunstzitate (Nibelungenlied, Fortunatus, ...) letztlich Irreales, »Unsolides« vertreten, steckt auch eine Kritik am Konzept romantischer Kunstmärchen. Während Tieck und E. T. A. Hoffmann die Wirklichkeit im Märchen integrieren, hebt Chamisso das Märchen im novellistischen Erzählen am Ende auf. Der Überführung von Märchen- und Sagen-Elementen in die objektiv ausweisbare Realität arbeitet auch die komplizierte Regie der Vorreden zu, mit denen Chamisso den Text nach und nach flankiert hat. Sie greifen die autobiographische Suggestion der Erzählweise – Schlemihl erzählt seinem Freund Chamisso – auf und siedeln die Geschichte zwischen Realität und Fiktion an. Tiecks Vorstellung vom »Natur-Märchen« in Richtung auf die moderne Naturwissenschaft dehnend, ist die Erzählung Schlemihls nicht länger wunderbar, sondern allenfalls »wundersam«.

Eine umfangreiche Darstellung des Schattenmotivs in der Literatur hat Gero v. Wilpert vorgelegt. Einen Ansatz zur Rezeptionsgeschichte des »Schlemihl« bietet die Erzählung »Der Schatten« von H. C. Andersen. Darin weiß der Erzähler, daß es bereits eine Geschichte von einem Mann ohne Schatten gibt, und fürchtet, man würde seine Erzählung für eine Nachahmung halten. Auch in neueren Kunstmärchen kann man das Schattenmotiv verfolgen, in Hofmannsthals »Die Frau ohne Schatten« und in »Die Schatten« von Christoph Meckel (zum Vergleich der Erzählungen von Chamisso, Andersen und Meckel Tismar S. 116-120). Schließlich lassen sich auch die Verbindungen zu ähnlichen Motiven untersuchen, z.B.

zum Motiv des verlorenen Spiegelbilds in der 4. Geschichte der »Abenteuer der Silvester-Nacht« von E. T. A. Hoffmann, zum Motiv des verlorenen Lachens in dem Märchenroman »Timm Thaler« von James Krüss, zum Motiv des verkauften Herzens in »Das kalte Herz« von Hauff und dem Motiv der verkauften Seele in »Der Fischer und seine Seele« von Oscar Wilde.

Adelbert von Chamisso: Sämtliche Werke in zwei Bänden. Nach dem Text der Ausgaben letzter Hand und den Handschriften. Textredaktion Jost Perfahl. München 1975. *Ders.:* Peter Schlemihls wundersame Geschichte. (Reclams UB. 93). Peter Schlemihls wundersame Geschichte. Nachwort von Thomas Mann. Illustrationen von E. Preetorius. Frankfurt/M. (Insel Tb. 27). Sämtliche Werke. 2 Bände. Hrsg. von Werner Feudel und Christel Laufer. München 1982 (Hanser).

Stichwort ›Chamissos Verhältnis zum Volksmärchen‹ *(Walter A. Berendsohn)* in *HdwDM* I, S. 358 f. *Benno von Wiese:* Adelbert von Chamisso. Peter Schlemihls wundersame Geschichte. In: *B. v. W.:* Die deutsche Novelle von Goethe bis Kafka. Interpretationen. Bd. I. 1956; [9]1967, S. 97-116 [diskutiert den zwischen *Märchen* und *Novelle* schwankenden Formcharakter des Textes, schlägt als Kennzeichnung »Novellen-Märchen« vor]. *Ernst Loeb:* Symbol und Wirklichkeit des Schattens in Chamissos »Peter Schlemihl«. In: GRM N.F. 15 (1965), S. 398-408 [mit einem vergleichenden Blick auf Chamissos »Adelberts Fabel«]. *H. J. Weigand:* Peter Schlemihl. In: Wert und Wort. Fs. Elsa M. Fleissner. New York 1966, S. 32-44. *Peter A. Kroner:* Adelbert von Chamisso. In: *Benno von Wiese* (Hrsg.): Deutsche Dichter der Romantik. Berlin 1971, S.371-390 [zu »Schlemihl« S. 384-389 mit weiterer Literatur]. *Franz Schulz:* Die erzählerische Funktion des Motivs vom verlorenen Schatten in Chamissos »Peter Schlemihl«. In: GQu 45 (1972), S. 429-442 [bezeichnet den Text als Novelle, erörtert aber die Gattungsfrage nicht]. Stichwort ›Chamisso‹ *(Harald Riebe)* in *LKJL* I, S. 250 f. *Schumacher* S. 150-154. *Gero von Wilpert:* Der verlorene Schatten. Varianten eines literarischen Motivs. Stuttgart 1978 (Kröner Themata. 701.). Stichwort ›Chamisso‹ *(Heinz Rölleke)* in *EM* II, Sp. 1217-1221. *Winfried Freund:* Adelbert von Chamisso: »Peter Schlemihl«. Geld und Geist. Ein bürgerlicher Bewußtseinsspiegel. Entstehung, Struktur, Rezeption, Didaktik. Paderborn u. a. 1980 (Modellanalysen Literatur. 2). *Jens Tismar:* Volks- und Kunstmärchen, Volks- und Kunstlieder (nähere Angaben im Abschnitt über Romantische Kunstmärchen). *Paul-Wolfgang Wührl:* »Peter Schlemihl«: Der romantische Wanderer wider Willen (Grundriß zu einer Textanalyse auf der Sekundarstufe 1). In: Die Realschule (Goslar) 1980, H. 12, S. 730-741. *Dagmar Walach*: Adelbert von Chamisso: Peter Schlemihls wundersame Geschichte (1814). In: *Paul M. Lützeler* (Hrsg.): Romane und Erzählungen der deutschen Romantik. Stuttgart 1981, S. 285-301. *Dagmar Walach*: Adelbert von Chamisso, Peter Schlemihls wundersame Geschichte. Erläuterungen und Dokumente. Reclams UB. 8158. *Wührl*, S. 153-159. *Gonthier-Louis Fink*: Peter Schlemihl et la tradition du conte romantique. In: RG 12 (1982), S. 24-54. *Marko Pavlyshyn*: Gold, Guilt and Scholarship:

Adelbert von Chamisso's Peter Schlemihl. In: GQu 55 (1982), S. 49-63. *Alice A. Kuzniar*: »Spurlos ... verschwunden«: ›Peter Schlemihl‹ und sein Schatten als der verschobene Signifikant. In: Aurora 45 (1985), S. 189-204. *Rolf G. Renner*: Schrift der Natur und Zeichen des Selbst: »Peter Schlemihls wundersame Geschichte« im Zusammenhang von Chamissos Texten. In: DVjs 65 (1991), S. 653-673. *Annemarie Wambach*: »Fortunati Wünschhütlein und Glückssäckel« in neuem Gewand: Adelbert von Chamissos Peter Schlemihl. In: GQu 67 (1994), S. 173-184.

Brentano

Keiner unter den deutschen Autoren der Romantik, die Märchen geschrieben haben, scheint eine solche Nähe zum Volksmärchen wie *Clemens Brentano* (1778-1842) zu wahren. Gemessen an *Tiecks* novellistischen Märchen, an den symbolisch-allegorischen Märchen des *Novalis* und den Wirklichkeitsmärchen *E. T. A. Hoffmanns* war die ältere Forschung (Mähl S. 126 ff.) sogar im Zweifel, ob Brentanos Märchen als Kunstmärchen zutreffend definiert wären. Brentanos Verhältnis zu vergessenen oder allein im Volk kursierenden Texten läßt sich an der Lieder-Sammlung »Des Knaben Wunderhorn« beobachten, die er mit *Achim von Arnim* veranstaltete und herausbrachte. Beiden ging es darum, alte Beispiele einer »Volkspoesie« durch literarische Aneignung zu vergegenwärtigen, was für beide ein Neufassen oder Selberdichten miteinschließt. In einer öffentlichen »Aufforderung«, weiteres zur Sammlung beizutragen, hatten sie 1805 angekündigt, daß sie den Liedern mündlich überlieferte Sagen und Märchen beizugeben wünschten (Prosa zum »Wunderhorn« in: Clemens Brentano: Sämtliche Werke und Briefe. Bd. 8. 1977). Die Brüder Grimm, die am 2. und 3. Bd. des »Wunderhorns« mitgearbeitet hatten, übersandten 1810 Brentano ein Manuskript der von ihnen bisher gesammelten Märchen »zu beliebigem Verbrauch«. Daß Brentano es nicht verwertete, ist den Brüdern Grimm später sehr recht gewesen, da sie ihr eigenes, philologisch orientiertes Sammelwerk ohne Konkurrenz publizieren konnten. Brentanos kunstvoller Bearbeitung standen sie mit ihrem (freilich eher fadenscheinigen) Ideal der »Treue« skeptisch gegenüber, wie umgekehrt Brentano in einem Brief an Arnim 1813 die Grimmsche »Erzählung aus Treue äußerst liederlich und versudelt fand«, sich stattdessen auf den kunstvollen Basile berief, der sich »nichts weniger als also treu« gezeigt habe.

Brentanos Märchen sind aus verschiedenen Gründen nicht zu einer vergleichbaren Popularität gelangt. Die beiden großangelegten

Zyklen, »Italienische Märchen« und »Rheinmärchen«, blieben unvollendet, zuerst wegen mancher Umstände, die er mit Verlegern hatte, später, als ein verlegerisches Interesse bestand, weil er nach seiner Konversion zum Katholizismus (1817) einen Ekel vor seiner weltlichen Poesie empfand und speziell befürchtete, man würde, was ein Märchendichter über die Visionen der stigmatisierten Nonne Katharina Emmerick mitteilt, gleichfalls für ein Märchen halten. Als 1827 gegen Brentanos Willen ein Teildruck der Märchen erfolgte, schrieb er: »Es war mir, als sehe ich mich am Pranger einer dünnen, weltlichen, leeren Eitelkeit. Ich nehme es hin für meine Torheit, solche Sünden der Langeweile mitgeteilt zu haben«. So sind zu seiner Lebenszeit nur sehr wenige Märchen erschienen (nähere Angaben bei Rölleke in EM), darunter für einen wohltätigen Zweck »Gockel, Hinkel, Gackeleia« (1838) in erweiterter Fassung mit Lithographien nach seinen eigenen Entwürfen (zur Forschungslage, was die Entstehungsgeschichte der Märchen und den Aufweis ihrer Quellen betrifft, vgl. Rölleke in EM). Die außerordentliche Stellung, die Brentano unter den deutschen Märchendichtern einnimmt, ist damit umrissen, daß er auf der einen Seite zwar den Volksmärchen nah bleibt, auf der anderen Seite seine ungewöhnlich reichen literarischen Kenntnisse produktiv einsetzt, sei es in Form von Anspielungen und Parodien, sei es, um in entlegenen literarischen Quellen Märchentexte aufzustöbern. Begonnen hat Brentano wohl 1805 mit Übertragungen aus *Basiles* Märchensammlung »Pentamerone«, die er deutschen Kindern erschließen wollte. In seinem Handexemplar sind mehr als 20 Texte zur Bearbeitung vorgesehen gewesen. Vor allem die Einschachtelung der Märchen, die zyklische Anlage, hat Brentano von Basile gelernt. Von Haus aus mit dem Italienischen vertraut, sein Vater war italienischer Abstammung, arbeitete er mit der Ausgabe Neapel 1749 und mit einer gekürzten Übersetzung ins Italienische (Bolte-Polívka IV, S. 189). Im Brief vom 12.7.1817 hat Wilhelm Grimm – nun schon zum zweitenmal vergeblich – versucht, von Brentano dies Buch auszuleihen. Die Brüder Grimm besaßen zu der Zeit sogar zwei Ausgaben des »Pentamerone« in neapolitanischer Sprache, aber trotz eines »neapolitanischen Idiotikons« käme man nur langsam zum Verständnis (Steig S. 219 f.). Brentano hatte bei seiner Beschäftigung mit dem »Pentamerone« ein buchstabengetreues Übersetzen nicht im Sinn, vielmehr eine poetische Vergegenwärtigung, die den kulturhistorischen Abstand überwindet und Befremdliches wie Anstößiges wegglättet, aber dafür in einer zuvor nicht gekannten Virtuosität des Sprachwitzes die Märchen auf ein nie wieder erreichtes artistisches und humoristisches Niveau hebt. Die These von Spinnler (S. 241), »das romantische Märchen

[Brentanos]« sei »ein äußerst kunstvolles Gebilde und der Märchenerzähler ein poeta doctus«, ist alles andere als überraschend: Den Anspruch auf »Naturpoesie« zum Kriterium der Gattung machen kann nur, wer das Grimmsche Programm für verbindlich auch für das Kunstmärchen hält. Gerade hier weicht Brentano ja erheblich ab. Sein Nachdichtungs- Verfahren läßt sich beispielhaft am Detail der Figurennamen beobachten, die durch lautmalende Assoziation (Riese »Wellewatz«) oder direkt (König »Haltewort«) das Charakteristische ihrer Träger in spielerischer Naivität ein für allemal festlegen. Die sprechenden Namen, das Wörtlichnehmen von Redensarten und Sprichwörtern, die Häufung von Wortspielen und Reimen in der Prosa bezeugen nicht nur die »poetische Sprachkindlichkeit« (Schaub) des Verfassers, der kindliche Sprach- und Welt-Erfahrung als Signatur einer nichtentfremdeten Welt repetiert; diese poetischen Signaturen entsprechen auch der »naiven Ästhetik« (Klotz) des Volksmärchens, in der äußerer Schein inneres Sein unverstellt anzeigt. Vor allem aber sind sie Zeichen eines umfassenden Sprachspiels, in dem die Sprache selbst die Hauptrolle übernimmt. Brentanos Nachdichtungen überwuchern seine Vorlage, so daß in einigen Fällen nicht viel mehr als eine Ähnlichkeit in der Handlungsführung übrig bleibt. Das absichtsvoll unökonomische Erzählen, das in einer Laune verweilt, wo Reizvolles auszuspinnen sich anbietet, formuliert einen Widerstand nicht allein gegen ein funktionelles Erzählschema, sondern gegen das gesellschaftliche Diktat der Ökonomie, wie es z. B. die Satire auf den Kaufmannsstand im »Komanditchen« zeigt. In dieser Abwehr steckt Brentanos eigene Erfahrung: er sollte Kaufmann werden wie sein Vater, hatte sich diesem Beruf aber verweigert. Das Überspielen des Märchenschemas zeigt auch, daß Brentano als Rezipienten sich nicht allein Kinder vorstellt. Naives Märchenerzählen durchkreuzt er mit satirisch-ironischen Intentionen, z. B. wenn er im »Dilldapp« beiläufig das aktuelle Thema französischer Überfremdung und des Wechsels zu deutschnationaler Ehrenrettung ins Spiel bringt, doch in so grotesk undifferenzierter Form, daß eine Nähe zu den »scharfen Umrißformen« (Lüthi S. 29) im Volksmärchen bewahrt bleibt. Schon die erste Fassung des Gokkel-Märchens mündet mit der anspruchsvollen Puppe Gackeleias – »Keine Puppe, es ist nur / Eine schöne Kunstfigur« – in die Selbstdarstellung dieser Märchenpoetik, die Momente der Künstlichkeit und der Natürlichkeit verbindet zu einer Art künstlichen Naturwesens: Die Puppe ist die gefangene, in eine Gärtnerin verkleidete Maus Sissi.

Das andere große Märchenprojekt Brentanos, die »Rheinmärchen«, ist weit eigenständiger angelegt als die »Italienischen Märchen«, obwohl er auch in diesem Fall Vorgefundenes aufgreift: die Sage vom Rattenfänger, vom Mainzer Bischoff Hatto und dem Binger Loch, die Melusinensage und andere. Die lokale und historische Verankerung der Sagen widerstrebt dabei der Märchenabstraktion, ohne sie im Ganzen aufzuheben. Die Rahmenkonstruktion funktioniert ähnlich wie im »Pentamerone«: es müssen Märchen erzählt werden, um das umfassende Märchen zum guten Ende zu führen. Zwischen Rahmen- und erstem Binnenmärchen besteht ein qualitativer Unterschied der dargestellten Vorgänge: »Das Märchen von dem Rhein und dem Müller Radlauf« stellt eine geographisch genau umrissene, soziologisch wie politisch differenzierte Region vor, das Starenberg-Märchen entwirft mythische Verhältnisse, wie sie der Held auf dem Weg durch die Stationen seiner Familiengenealogie erfährt. Es ist zugleich ein Gang durch die Vorstellung von Natur, da jede Station mit einem der vier Elemente (Luft, Erde, Feuer, Wasser), der Temperamente und der Himmelsrichtungen verbunden ist. Die mythische Gesetzmäßigkeit dieser Verhältnisse erscheint in der Wiederholung desselben Musters, nämlich der Melusinensage, auf den einzelnen genealogischen Stufen (Steffen S. 116 f.). Was durch die Schuld der Vorväter erstarrt ist, löst der legitime Nachfahre endlich zum Verfall. Alle männlichen Vorfahren haben sich der Sünde der Neugier, des Treuebruchs oder der Geschwätzigkeit schuldig gemacht und dürfen daher an der erzählerischen Überlieferung nicht teilnehmen; diese ist vielmehr fest in weiblicher Hand. Die damit aufgespannte Problematik von Sprachüberfluß und Redeverbot, von Wortkunst und Geheimnis, rührt an den Kern von Brentanos Poetik und Selbstkritik (vgl. etwa den Brief an Hoffmann vom Januar 1816). Da das Starenberg-Märchen gegenüber dem Rahmenmärchen Vergangenheit darstellt, bezeichnet ihr qualitativer Unterschied eine historische Progression aus einer Welt anscheinend von Natur her zwangsläufig reglementierter Verhaltensweisen einzelner Protagonisten in einen Gesellschaftszustand, in dem solidarisches Handeln des Volkes die Geschicke bestimmt (vgl. Klotz). Daß solche Perspektive gesellschaftlichen Fortschritts in der Form des Märchens eröffnet wird, drückt auch den zugegeben utopischen Charakter dieser Vision aus. Brentano hat seine frühe Märchendichtung, die sich als Versuch kennzeichnen läßt, den sozialen Zustand der »Kindlichkeit« in artifizieller Form wieder einzuholen, nach seiner Reversion voller Mißtrauen und Widerwillen betrachtet, da er Literatur ausschließlich in christlicher Funktion gelten lassen wollte. Seine späten Märchenüberarbeitungen wie das große Gockelmärchen zielen darauf ab, den spielerischen Unernst durch moralisierende, biographisch legitimierte Beigaben in einen religiösen Kontext einzubinden.

Clemens Brentano: Werke. Hrsg. von *Friedhelm Kemp.* Bd. III: Märchen. München (Hanser) 1965. *Ders.:* Der Dilldapp und andere Märchen. (Reclams UB. 6805). Fanferlieschen. Mit Illustrationen von Max Beckmann. Frankfurt/M. 1978 (Insel-Tb. 341). Werke. Hrsg. von Friedhelm Kemp. Bd. 3, Märchen. München [2]1978 (Hanser). Gockel und Hinkel. (Reclams UB. 450.). Gockel, Hinkel, Gackeleia. Märchen. Mit Lithographien von Caspar Braun nach Entwürfen von Clemens Brentano. Mit einem Nachwort von *Franz Deibel.* Frankfurt/M. [3]1982 (Insel-Tb. 47). Italienische Märchen. Nachwort von Maria Dessauer. Frankfurt/M. 1985. Die Mährchen vom Rhein. Hrsg. von Brigitte Schillbach (Clemens Brentano. Sämtliche Werke und Briefe. Historisch-kritische Ausgabe, Bd. 17). Frankfurt/M. 1983. Rheinmärchen (Insel-Tb. 804). Frankfurt/M. 1985.

Bibliographie der Literatur zu Bs. Märchen in: *Bernhard Gajek:* Homo Poeta. Frankfurt/M. 1971. *Forschungsbericht* in: *Wolfgang Frühwald:* Stationen der Brentano-Forschung 1924-1972. In: DVjs 1973. Sonderh. Forschungsreferate [zu den Märchen s. 250-253]. Stichwort ›Brentano‹ *(Heinz Rölleke)* in *EM* 11, Sp. 767-776 [mit detaillierten Literaturhinweisen bis 1978].

Reinhold Steig: Clemens Brentano und die Brüder Grimm. Stuttgart, Berlin 1914. Stichwort ›Brentano und das Volksmärchen‹ *(Walter A. Berendsohn)* in *HdwDM* I, S. 323-325. *Ilse Mahl:* Der Prosastil in den Märchen Clemens Brentanos. Berlin 1931 [für Materialsammlung noch brauchbar]. *Diez* S. 1209-1216. *Thalmann S.* 59-77. *Margarete Wagner:* Clemens Brentano und Giovanni Battista Basile (nähere Angaben im Abschnitt über Basile). *R. Becker:* Clemens Brentano und die Welt des Märchens. Diss. Frankfurt/M. 1960. *Wolfgang Frühwald:* Das verlorene Paradies. Zur Deutung von Clemens Brentanos »Herzlicher Zueignung« des Märchens »Gockel, Hinkel und Gackeleia« (1838). In: LJb N. F. 3 (1962), S. 113-192 [grundlegend für die Analyse der späten Schriften Bs.]. *Steffen* S. 115-118. *Claude David:* Clemens Brentano. In: *Steffen* S. 159-179. *Christa Holst* und *Siegfried Sudhof:* Die Lithographien zur ersten Ausgabe von Brentanos Märchen »Gockel, Hinkel, Gakeleja« (1838). In: LJb N. F. 6 (1965), S.140- 154. *Fritz Redlich:* Eine Parodie der deutschen Kaufmannschaft von 1800: Clemens Brentanos Märchenfragment »Komanditchen«. In: Archiv für Kulturgeschichte 50 (1968), S. 97-116 [bringt – abgesehen von fragwürdigen literarischen Wertungen – nützliches sozialgeschichtliches Material]. *Oskar Seidlin:* Auch eine Logik der Dichtung. Zu Brentanos Spätfassung seines Märchens vom Fanferlieschen Schönefüßchen. In: Probleme des Erzählens in der Weltliteratur. Fs. Käte Hamburger. Stuttgart 1971, S. 101-126. *Hans Peter Neureuter:* Das Spiegelmotiv bei Clemens Brentano. Studie zum romantischen Ich-Bewußtsein. Frankfurt/M. 1972 (Goethezeit. 5.) [bes. S. 90-95; zum Märchen von dem Hause Starenberg]. *Karsten Hvidtfeld Nielsen:* Vermittlung und Rahmentechnik. Eine kritische Untersuchung der »Rheinmärchen« Brentanos. In: OL 27 (1972), S. 77-101. *Gerhard Schaub:* Le génie enfant. Die Kategorie des Kindlichen bei Clemens Brentano. Berlin 1973 [analysiert vor allem psychologisch wesentliche Gestaltungszüge in den Märchen; rez. von *Konrad Feilchenfeldt* in: ZfdPh 94 (1975), S. 612-

616]. *Oskar Seidlin:* Wirklich nur eine schöne Kunstfigur? Zu Brentanos Gockelmärchen. In: Texte und Kontexte. Fs. Norbert Fuerst. Bern/München 1973, S. 235-248. Wiederabgedruckt in: *O. S.:* Von erwachendem Bewußtsein und vom Sündenfall. Stuttgart 1979, S. 78-92. Stichwort ›Brentano‹ *(Margarete Dierks/Harald Riebe)* in *LKJL I, S.* 204-207. *Heinz Rölleke:* Brentanos »Märchen von dem Schulmeister Klopfstock« als literathistorische Allegorie. In: JbFDtHochst. (1977), S. 292-308. *Schumacher* S. 70-106. *Apel* S. 168- 192. *Lawrence O. Frye:* The art of narrating a rooster hero in Brentanos »Das Märchen von Gockel und Hinkel«. In: Euphorion 72 (1978), S. 400- 420. *Jürg Mathes:* Pumpelirio Holzebock in Brentanos »Märchen von Fanferlieschen Schönefüßchen«. In: ZfdPh 97 (1978), S. 161-176 [enthält die These, daß Brentano in diesem Märchen eine autobiographische Inzestthematik verborgen habe]. *Oskar Seidlin:* Brentanos Melusinen. In: Euphorion 72 (1978), S. 369-399. Wiederabgedruckt in: *O. S.:* Von erwachendem Bewußtsein und vom Sündenfall. Stuttgart 1979, S. 120-154. *Siegfried Sudhof:* K. Ph. Fohrs Zeichnungen zu Brentanos »Gokkelmärchen«. In: Euphorion 72 (1978), S. 513-517. *Heinz Rölleke:* Die Hauptquelle zu Brentanos »Märchen vom Murmeltier«. In: JbFDtHochst. (1979), S. 237-247 [die Hauptquelle ist Jacob Grimms Exzerpt eines Teilstücks – nämlich »Die Wassernymphen oder Wassernixen« – aus dem Feenroman »Die junge Amerikanerinn, oder Verkürzung müßiger Stunden auf dem Meere« der Madame Villeneuve; siehe auch *Heinz Rölleke* (Hrsg.): Die älteste Märchensammlung der Brüder Grimm. Cologny – Genève 1975, S. 208-220]. *Wilhelm Solms:* Vorschlag zur Datierung von Brentanos Märchensammlungen. In: JbFDtHochst. (1984), S. 236-245. *Wührl,* S. 75-85. *Helen M. Kastinger-Riley:* Clemens Brentano (Sammlung Metzler). Stuttgart 1985, S. 110-125 (mit Bibliographie). *Klotz,* S. 181-195. *Hosch* (s. unter »Straparola«). *Marlies Janz:* Gockelmärchen: Die »schöne Kunstfigur«. In: dies., Marmorbilder. Weiblichkeit und Tod bei Clemens Brentano und H.v. Hofmannsthal. Königstein 1986, S. 54-68. *Dieter Richter:* Brentano als Leser Basiles und die italienische Übersetzung des »Cunto de li cunti«. In: JbFDtHochst. (1986), S. 234-241. *Lawrence O. Frye:* Poetic Wreaths. Art, Death and Narration in the Märchen of Clemens Brentano. Heidelberg 1989. *Rolf Spinnler:* Clemens Brentano oder Die Schwierigkeit, naiv zu sein. Das Märchen von Fanferlieschen Schönefüßchen. Frankfurt/M. 1990. *Bettina Knauer:* König Jerum. Zur Entschlüsselung einer Figurenkonstellation in Brentanos Märchen von »Fanferlieschen Schönefüßchen«. In: Aurora 51 (1992), S. 95-104. *Ralf Simon:* Autormasken, Schriftcharakter und Textstruktur in Brentanos Spätfassung des »Gockel«-Märchens. In: ZfdPh 111 (1992), S. 201-231. *Andreas Lorenczuk:* Die Bilder der Wahrheit und die Wahrheit der Bilder. Zum »Großen Gockelmärchen« (1838) und den Emmerick-Schriften von Clemens Brentano. Sigmaringen 1994. *Laura Benzi:* Resakralisierung und Allegorie im Spätwerk Clemens Brentanos. Das »Märchen von Gockel, Hinkel und Gackeleia« (1838) und »Das bittere Leiden unsers Herrn Jesu Christi« (1833). Bern u.a. 2002.

Kinder- und Hausmärchen der Brüder Grimm

Die bekannteste und folgenreichste Märchensammlung der Romantik, die KHM der Brüder *Grimm,* lange Zeit als Muster einer treuen Wiedergabe der Volksmärchen angesehen, gehört auch in den Diskussionszusammenhang von Kunstmärchen. Um die mittlere Position der Grimmschen Märchen zwischen dem anonym und mündlich tradierten *Volksmärchen* und dem von einem bestimmten Autor verfassten Kunstmärchen zu kennzeichnen, ist der Begriff *Buchmärchen* eingeführt worden (Bausinger in EM). Bei den Grimmschen Buchmärchen trägt ihre Aufzeichnung auch stilistisch die Handschrift ihrer Redakteure. Von der ersten bis zur Ausgabe letzter Hand läßt sich ein Prozeß fortschreitender Stilisierung und Ausmalung, seit dem zweiten Band hauptsächlich durch Wilhelm Grimm, bemerken, dem die Absicht zugrunde liegt, die beobachteten Eigentümlichkeiten der Märchenerzählweise zu verfeinern, hervorzuheben und regelharter einzusetzen. In der literarischen Stilisierungsarbeit prägen sich neben dem Personalstil der Brüder Grimm gesellschaftliche Ausdrucksformen des zeitgenössischen deutschen Bürgertums aus: Idylle, Schlichtheit im Familienzirkel, Nationalbewußtsein. Diese eingebürgerte Märchenerzählweise ist seither vielen deutschen Autoren im Ohr, wenn sie Kunstmärchen schreiben und Märchen travestieren. Unter den gegenwärtigen Versuchen findet sich eine große Anzahl von Texten, die Grimms Märchen ironisch modernisieren (siehe den Abschnitt über deutsche Kunstmärchen nach 1945).

In neuerer Zeit hat sich das Forschungsinteresse verstärkt der Entstehungsgeschichte der KHM zugewandt. Von verschiedenen Seiten wird nun aufgedeckt, daß die romantische Märchentheorie der Brüder Grimm mit der Praxis ihrer Sammeltätigkeit kollidiert, welche daher von ihnen mystifiziert worden ist. So meint Fehling am Beispiel vom »Löweneckerchen« (KHM 88) nachweisen zu können, daß es – durch Zusammenfügung – unter den Augen der Brüder entstanden sei. Vieles von dem, was anscheinend unmittelbar aus dem Munde des Volkes stammt, hat literarische Quellen, vor allem *Perraults* Märchen, dessen »La belle au bois dormant« (auf der Grundlage von Basile V.5) die Vorlage für »Dornröschen« (KHM 50) ist. »Rapunzel« ist eine Bearbeitung des »Persinette«-Märchens der Mademoiselle de la Force (Lüthi in *Fabula* 3, 1960). Auch Jung-Stillings Lebensgeschichte (mit dem »Jorinde«-Märchen) und Musäus (»Die drei Schwestern«, nur im Erstdruck der KHM) gehören zu den Quellen der Brüder Grimm. Die Arbeiten von Heinz Rölleke haben zur Klärung dieses Umstands erheblich beigetragen, z.B.

auch, wie die Brüder Grimm durch *Brentano* auf literarische Vorlagen aufmerksam wurden (Rölleke, Neuentdeckte Beiträge). Die mündlichen Gewährsleute der Grimms stammten überwiegend aus dem gebildeten Bürgertum, nicht selten auch aus Kreisen vertriebener Hugenotten, so daß der erstaunliche Einfluß französischen Erzählgutes auf diese Weise eine Erklärung findet. Um so mehr erweist sich der sogenannte Grimmsche Märchenton als Ergebnis einer bewußten Arbeit am Text, die aber gleichwohl am Ideal der vermeintlich authentischen Mündlichkeit orientiert bleibt, sie aber mit romantisch-biedermeierlichem Firnis überzieht. Sprachliche Holprigkeiten oder Derbheiten werden eliminiert, die Inhalte idyllisiert und verbürgerlicht.

Daß die von den Grimms in ihrer Vorrede (1819) propagierte unverstellte Natürlichkeit und Volksnähe eher Programm ist als Realität, zeigt schon die Formulierung, »manches« aus der mündlichen Quelle sei »wörtlich beibehalten«. Im Fall von »Schneeweißchen und Rosenrot« (Nr. 161) ist sogar von einem Kunstmärchen aus der Feder Wilhelm Grimms gesprochen worden; es beruht indessen auch nicht auf freier Erfindung, sondern ist Johann Heinrich Lehnerts »Mährchenkranz für Kinder« (Berlin 1829, Nr. 4) weitgehend verpflichtet (Rölleke, Wo das Wünschen [...], S. 191-206).

Kinder und Hausmärchen gesammelt durch die *Brüder Grimm.* München (Winkler) 1949, [14]1993. *Brüder Grimm:* Ausgewählte Kinder- und Hausmärchen. (Reclams UB. 3179). *Heinz Rölleke* (Hrsg.): Die älteste Märchensammlung der Brüder Grimm. Synopse der handschriftlichen Urfassung von 1810 und der Erstdrucke von 1812. Cologny Genève 1975 [vielfältiges Echo der Rezensenten, u.a. rez. von *Ingeborg Weber-Kellermann* in: Fabula 17 (1976), S. 138-140; von *Gonthier-Louis Fink* in: EG 31 (1976), S. 466]. *Heinz Rölleke* (Hrsg.): Märchen aus dem Nachlaß der Brüder Grimm. Bonn 1977 (Gesamthochschule Wuppertal, Schriftenreihe Literaturwissenschaft. 6). Heinz Rölleke (Hrsg.): *Brüder Grimm.* Kinder- und Hausmärchen. Ausgabe letzter Hand mit den Original-Anmerkungen der Brüder Grimm. 3 Bände. Reclams UB. 3191/3 [rez. von *Ludwig Denecke* in: Fabula 22 (1981), S. 336-340; von *Rainer Wehse* in ZfVk 78 (1982), S. 293-295]. Kinder- und Hausmärchen der Brüder Grimm. Nach der zweiten vermehrten und verbesserten Auflage von 1819, textkritisch revidiert und mit einer Biographie der Grimmschen Märchen versehen von *Heinz Rölleke.* 2 Bde. Köln (Diederichs) 1982 (Märchen der Weltliteratur). Kinder und Hausmärchen. Gesammelt durch die *Brüder Grimm.* Vergrößerter Nachdruck der Erstausgabe von 1812/15 nach dem Handexemplar des Brüder Grimm-Museums mit Korrekturen und Nachträgen der Brüder Grimm. Kommentar von H. Rölleke in Verbindung mit U. Marquardt. Göttingen 1986 [rez. von *Elfriede Moder-Rath* in: Fabula 29 (1988), S. 191f.]. *Heinz Rölleke* (Hrsg.): Die wahren Märchen der Brüder Grimm. Frankfurt/M.

1989 [enthält 76 Märchen aus 12 verschiedenen Ausgaben bzw. Redaktionsstufen, zwischen 1810 und 1858].

Jolles S. 221-226 [zur Diskussion über »Naturpoesie« und »Kunstpoesie« zwischen Grimm und Arnim]. *Rolf Hagen*: Perraults Märchen und die Brüder Grimm. In: ZfdPh 74 (1955), S. 392-410. *Lüthi* S. 52-57 [mit weiterer Literatur]. *Gunhild Ginschel:* Der Märchenstil Jacob Grimms. In: Dt. Jb. f. Vkde 9 (1963), S. 131-168. *Ludwig Denecke:* Jacob Grimm und sein Bruder Wilhelm. Stuttgart 1971 (Slg. Metzler. 100) [S. 71 f.; mit weiterer Literatur]. *Heinz Rölleke:* Neuentdeckte Beiträge Clemens Brentanos zur ›Badischen Wochenschrift‹ in den Jahren 1806 und 1807. Rezeption deutscher Literatur des 16. und 17.Jh.s in der Romantik. In: JbFDtHochst. (1973), S. 241-346 [die parabelhafte Geschichte »Von dem Mäuschen, Vögelchen und der Bratwurst« (KHM 23) stammt von Moscherosch und ist zuerst von Brentano wiederentdeckt, sprachlich modernisiert und in BW veröffentlicht worden]. *Heinz Rölleke:* Die Urfassung der Grimmschen Märchensammlung von 1810. Eine Rekonstruktion ihres tatsächlichen Bestandes. In: Euphorion 68 (1974), S. 331-336. Stichwort ›Grimm‹ *(Klaus Doderer)* in *LKJL* I, S. 465- 467. Stichwort ›Buchmärchen‹ *(Hermann Bausinger)* in *EM* II, Sp. 974-977. *Schumacher* [S. 50 ff. zu Volks- und Kunstmärchen; S. 74-78 zu KHM]. *Hermann Bausinger:* Anmerkungen zu Schneewittchen. In: *Helmut Brackert* (Hrsg.): Und wenn sie nicht gestorben sind ... Frankfurt/M. 1980 (edition suhrkamp. 973), S. 39-70. *John M. Ellis*: One Fairy Story too Many. The Brothers Grimm and Their Tales. Chicago/London 1983 [rez. von *Heinz Rölleke* in: Fabula 25 (1984), S. 330-332]. *Roderick McGillis*: Criticism in the Woods: Fairy Tales as Poetry. In: *Perry Nodelman* (ed.): Festschrift. A Ten Years Retrospective. West Lafayette 1983, S. 52-58. *Heinz Rölleke*: »Wo das Wünschen noch geholfen hat«. Gesammelte Aufsätze zu den »Kinder- und Hausmärchen« der Brüder Grimm. Bonn 1985. *Heinz Rölleke*: Die Märchen der Brüder Grimm. Eine Einführung. München/Zürich 1985 [rez. von *Susanne Ude-Koeller* in: Fabula 27 (1986), S. 367f.]. *Ruth B. Bottigheimer*: Silenced Women in the Grimm's Tales: The »Fit« between Fairy Tales and Society in Their Historical Context. In: *R.B.* (ed.): Fairy Tales and Society. Illusion, Allusion, and Paradigm. Philadelphia 1986, S. 115-131. *Heinz Hampf*: Die Märchen der Brüder Grimm: Von der handschriftlichen Urfassung zur Textgestalt der Buchmärchen. In: Muttersprache 96 (1986), S. 1-12. *Jack Zipes*: The Brothers Grimm. From Enchanted Forest to the Modern World. New York/London 1989 [rez. von *Ulrike Marquardt* in: ZfVk 87 (1991), S. 136-138]. Stichwort ›Grimm, Jacob‹ (*Ludwig Denecke*) in *EM* VI, Sp. 171-186. Stichwort ›Grimm, Wilhelm‹ (*Ludwig Denecke*) in *EM* VI, Sp. 186-195. Stichwort ›Kinder- und Hausmärchen‹ (*Heinz Rölleke*) in *EM* VII, Sp. 1278-1297. *Shawn Jarvis*: Trivial Pursuit? Women Deconstructing the Grimmian Model in the Kaffeterkreis. In: *Donald Haase* (ed.): The Reception of Grimm's Fairy Tales: Responses, Reactions, Revisions. Detroit 1993, S. 102-126. *James M. McGlathery* (ed.): Grimm's Fairy Tales: A History of Criticism on a Popular Classic. Columbia 1993. *Kathrin Pöge-Alder*: »Märchen« als mündlich tradierte Erzählungen des »Volkes«? Zur Wissenschaftsgeschichte der Entstehungs-

und Verbreitungstheorien von »Volksmärchen« von den Brüdern Grimm bis zur Märchenforschung in der DDR. Frankfurt/M. u.a. 1994. [rez. von *Sabine Wienker-Pipho* in: Fabula 36 (1995), S. 154-158].

E. T. A. Hoffmann

E. T. A. Hoffmann (1776-1822) zählt zu den wenigen Autoren der deutschen Literatur des 19. Jh.s, die über ihre Sprachgrenze hinaus gewirkt und eine internationale Leserschaft gefunden haben. Das zunächst abschätzig gemeinte Etikett »Gespenster-Hoffmann« haftet nun wie ein Gütezeichen auf seinen Werken und markiert die Hauptrichtung ihrer literarischen Rezeption, die über *Poe, Gogol* bis zu *Kafka* reicht. Das Moment des Unheimlichen, von *Freud* unter anderem an Hoffmanns Erzählung »Der Sandmann« analysiert (Studienausgabe Bd. IV, S. 242-274), gekoppelt mit dem Moment des Identitätszweifels, entspricht den Erfahrungen derer, die den gesellschaftlichen Zustand der Entfremdung an sich selber bemerken und mit Verstörung darauf reagieren. Solche Verunsicherung geschieht bei Hoffmann im Alltag und im Heimischen. Denn gerade im vertrauten Gelände wird blitzartig deutlich, daß man den Boden unter den Füßen mit einem Schlag verlieren und so einen jäh veränderten Blickwinkel einnehmen kann. Eine literarische Voraussetzung des sicheren, vertrauten Musters, das Hoffmann für sein poetisches Verfahren des Irremachens benötigt, bildet das Märchenschema. Hoffmanns Märchen sind von der Literaturkritik seit langem als »Wirklichkeitsmärchen« rubriziert (Thalmann). Realitäts- und Märchenprinzip stoßen indes zwiespältiger aufeinander, als die paradoxe Formulierung zu erkennen gibt. Hoffmanns Märchen sind nicht einfach Volksmärchen, die aus abstraktem Raum in den Bereich alltäglicher Wirklichkeit umgesiedelt wären; sie manifestieren einen Dualismus des Wunderbaren und des Empirischen und demonstrieren in ironisch-humoristischer Weise dessen Aufhebung durch das Erzählen. Hoffmanns Märchen dehnen das von Tieck als »Natur-Märchen« angesprochene Potential ins Extrem aus, daß nämlich, wie es in der 4. Vigilie des »Goldnen Topfes« heißt, »so viel Wunderliches [...] wie eine spukhafte Erscheinung das alltägliche Leben ganz gewöhnlicher Menschen ins Blaue hinausrückte«.

»Der goldne Topf« (1814) mit dem programmatischen Untertitel »Ein Märchen aus der neuen Zeit« stellt in seiner ersten Szene die für Hoffmanns Märchen charakteristische Ausgangssituation dar. In unverdächtigen Umständen am hellichten Tag platzt unter den Augen flanierender Bürger Irreguläres und Verwunderliches auf: ein geschädigtes Marktweib macht sich über einen ungeschickten Passanten mit Worten nicht einfach Luft, es verwünscht ihn präzis »ins Kristall«. Befremdlich, weil dies eben nicht im unwirklichen Territorium des Volksmärchens passiert, sondern an einem bestimmten Tag, dem Himmelsfahrtsfest, an einem real auffindbaren Ort, am Schwarzen Tor in Dresden. Dieser Beginn versammelt konstituierende Elemente der Hoffmannschen Märchen. Da ist zuerst der Held (Anselmus): einer, der linkisch aneckt und nicht mit der Mode geht, ein weltfremder Tagträumer, der sein kindliches Gemüt trotz aller Unbill nicht verloren hat; darin ist er jenen Volksmärchenhelden verwandt, denen am Ende alles zufällt, weil ihre Tumbheit sie auszeichnet. Da findet sich zum zweiten eine Figur der Geisterwelt (das Äpfelweib), eine Protagonistin des unirdischen Personals der Elementargeister, das, in eine böse und eine gute Partei zerspalten, für seine Kämpfe, deren Anlässe weit zurückliegen, den Austragungsort just in der Bürgerwelt suchen muß. Darum nehmen sie zum Schein gesellschaftliche Rollen an, aus denen sie fallen können, wann es ihnen beliebt. Schließlich kommt in der Eingangs-Szene die dritte Gruppierung des Märchenpersonals ins Gesichtsfeld: die gewöhnlichen Bürger, die durch ein stumpfes Organ gegenüber allem ausgewiesen sind, was über ihren praktischen Realitätssinn hinausgeht. Was sie irritiert, erklären sie sich ohne Sensibilität und Nachdenken mit dem Naheliegenden, um es sich fernzuhalten. Ein Stück bürgerlicher Pathologie wird dabei enthüllt, wenn nur der Traum oder allenfalls noch der Alkohol eine momentane Erweiterung des jeweiligen Horizontes erlauben. Im Kräftefeld dieser drei Gruppen entwickelt sich die Märchenhandlung »aus der neuen Zeit«: wie der Held aus seiner individuellen wie der gesellschaftlichen Zerrissenheit in eine Region der Glückseligkeit hinausgeführt wird, in der Ich und Natur im Einklang sind und er an die Wirklichkeit der Phantasie glaubt.

Dies Reich wird im »Goldnen Topf« *Atlantis* genannt und am Ende des Märchens dechiffriert: als das Reich der Poesie (vgl. das Atlantis-Märchen von Novalis), zugleich Heimat der hilfreichen Elementargeister, die in einer mythischen Spanne – ebenfalls nach Märchenschema – ihre durch eigenes Verhalten gestörte Weltordnung wiederherzustellen trachten. Die Bedingungen dieser Erlösung sind ihnen in der bürgerlichen Welt gesetzt. Mit deren Verkehrsformen kollidieren Hoffmanns Märchenhelden, z. B. läuft ihre merkwürdig zappelige Motorik den bürgerlichen Maßstäben von Ökonomie und Nützlichkeit zuwider (dies Moment analysiert im sozialgeschichtlichen Zusammenhang Klotz). Von *Novalis'* Märchenkonstruktion ist die Hoffmanns grundsätzlich darin unterschieden, daß die projizierte Aufhebung der Entfremdung durch Poesie mit ironischer Skepsis vorgestellt wird (Preisendanz S. 104), so daß die Spannung zwischen Realität und Phantasie bewußt gehalten wird. Neben dieser selbstreflexiven Sinnschicht steht der Text im Dialog mit zentralen Vorstellungen der christlichen Welt (der Sündenfall in den »Äpfelkorb« des »Satansweibs«, später die Trias von Glaube, Liebe, Hoffnung). Auch hermeneutische Prozesse von Sinnstiftung (Verwandlung der Schriftzeichen vor dem Hintergrund bürgerlicher »Aufschreibesysteme«) sind thematisiert worden, ferner das Netz von Anspielungen auf alchemistische und kabbalistische Vorstellungen. Den »goldnen Topf« selbst, diesen veredelten Nachttopf, verdankt Hoffmann dem französischen Feenmärchen. Aber auch Gozzi, Goethe und Novalis, 1001 Nacht und die romantische Naturphilosophie haben das Märchen bereichert (Oesterle).

Das Muster vom »Goldnen Topf« läßt sich trotz erheblicher Unterschiede im einzelnen auch in Hoffmanns anderen Märchen beobachten. In »Klein Zaches genannt Zinnober« findet man einerseits realitätsbezogene, gesellschaftskritische Beobachtungen u.a. der Universitätsatmosphäre unter der Demagogenverfolgung, andererseits ein phantastisches Märchengeschehen (Kesselmann). Vor allem aber übt das Märchen hier eine ironische Kritik an seiner mitunter bedenklichen Leistungsfähigkeit, indem der negativ besetzte Held als Parasit sich alles Vortreffliche lediglich anmaßt. Daß ausgerechnet ein angeblich besonders aufgeklärtes Fürstentum diesem Scharlatan erliegt, projiziert die Ambivalenz des Märchens auf die für jeden Betrug anfällige, dialektisch gesehene Aufklärung. Das Märchen korrigiert sich selbst und findet sein »humoristisches« Ende in der Feuchtigkeit eines weiteren Nachttopfes, in dem Zaches ertrinkt. Auch in »Brambilla« und »Meister Floh« wird stets hinter der Szene bürgerlicher Alltäglichkeit und gesellschaftlicher Widersprüche ein Bereich aufgetan, der davon enthoben scheint, aber nur den Auserwählten, den Träumern, Phantasten und Dichtern, zugänglich wird. Diese strukturelle Ähnlichkeit erlaubt es, »Prinzessin Brambilla« unter die Kunstmärchen zu rechnen. Noch innerhalb des Wirklichkeitsbereichs werden drei Ebenen derart verwirbelt, daß Übersicht abhanden kommt: (1) der Bereich handgreiflicher Normalität in Roms Lokalitäten, (2) die Welt des Theaters und (3) das Maskenspiel des römischen Karnevals. Hinzu kommt das Verwirrspiel der elementaren Geister, die den Trubel für ihre eigenen Zwecke nutzen. Verunsicherung der Identität durch Doppelgängertum und deren Überwindung durch Selbsterkenntnis ist das Thema des grotesken Märchens. Der Autor nannte es »Ein Capriccio nach Jakob Callot«. Prinzipien der Musik, der bildenden Kunst und der Poesie werden hier ineinander und so zusammen geführt, daß ein universeller Begriff von Kunst sinnfällig wird, der dem Spezialistentum in den einzelnen künstlerischen Tätigkeiten entgegensteht. Hoffmann arrangiert dieses kunstvollste seiner Märchen um eine, wie er im Vorwort sagt, »aus irgendeiner philosophischen Ansicht des Lebens geschöpften Hauptidee«, die hier den Kontrast von Realität und Phantasie im Lachen ebenso bewußtmacht wie versöhnt.

Wie »Nußknacker und Mäusekönig« auf das Kernmärchen »von der harten Nuß« zurückgreift, so auch der »Goldne Topf«, »Klein Zaches« und »Brambilla«: Hoffmann schätzt es, das Märchen selbst noch durch eine als besonders poetisch ausgewiesene Märchen-Einlage zu potenzieren. *Baudelaire* bezeichnet das »Brambilla«-Capriccio als einen Katechismus der höheren Ästhetik (Strohschneider-Kohrs S. 364). Das Kunstmärchen Hoffmanns stellt sich als ein »Wirklichkeitsmärchen« dar, indem es die Ausflucht aus der entfremdeten Welt in ihr, aber nur durch Phantasieleistung passieren läßt. Die Märchenform kommentiert ironisch die dargestellte Handlung, in der für Einzelne Aufhebung der Fremdheit und Selbstverwirklichung erreichbar erscheint. Einen Hinweis auf ein Vorbild für Hoffmanns Märchenentwurf liefert die Diskussion in den »Serapions- Brüdern« im Anschluß an »Die Brautwahl«. Im Vergleich zu den Märchen der Tausendundeinen Nacht« wird ein Gemeinsames festgehalten: daß die Leiter zum Aufstieg in die Regionen der Phantasie in der Alltäglichkeit verankert sein müsse. – Den schärfsten Angriff auf die politische Wirklichkeit der Restaurationszeit führt Hoffmann in seinem »Meister Floh« durch, wo er die gesetzlosen Machenschaften der Poliziei zum Teil »fast wörtlich aus den Protokollen« darstellen wollte. Die Zensur beschlagnahmte denn auch das Manuskript, Hoffmann entkam der Strafversetzung (als Kammergerichtsrat) nur durch seinen frühen Tod. Das Märchen erschien unzensiert erst 1906. Hoffmann war Realist genug, um nun die Rückkehr in die Märchenwelt als tragischen Liebestod darzustellen, ihm aber den Weg in die nüchterne Realität als unverzichtbar gegenüberzustellen.

Offenbar formulieren die Märchen E. T. A. Hoffmanns Erfahrungen, die auch Leser in der Gegenwart betroffen machen. Aus der auffallend stark angewachsenen Forschungsliteratur spricht jedenfalls ein anhaltendes Interesse. Ein vergleichender Blick auf die Mörike-Literatur wird den bedeutenden Unterschied leicht bemerken.

E. T. A. Hoffmann: Sämtliche Werke in sechs Bänden. München (Winkler) 1960-65, 1979-1984. *Ders.:* Der goldne Topf. (Reclams UB. 101/[2]). Der goldene Topf. Ein Märchen aus der neuen Zeit. Ill. von Karl Thylmann.

Frankfurt/M. 1981 (Insel-Tb. 570). Meister Floh. (Reclams UB. 365/[3]). Meister Floh. Ein Märchen in sieben Abenteuern zweier Freunde. Frankfurt/M. 1980 (InselTb. 503). Nußknacker und Mäusekönig. (Reclams UB. 1400). Prinzessin Brambilla. (Reclams UB.7953/[2]). Prinzessin Brambilla. Mit Illustrationen von Jacques Callot. Frankfurt/M. 1979 (Insel-Tb. 418). Spukgeschichten und Märchen. München 1977 (Goldmanns Klassiker mit Erl. 7558). Sämtliche Werke in 6 Bänden, hg. von Hartmut Steinecke und Wulf Segebrecht. Frankfurt/M. 1985ff. (DKV) Klein Zaches, genannt Zinnober. (Reclams UB. 306). Nussknacker und Mäusekönig. Frankfurt/M. 1985 (Insel-Tb. 879).

Diez S. 887-894. *Marianne Thalmann:* E. T. A. Hoffmanns Wirklichkeitsmärchen. In: JEGP 51 (1952), S. 473-491 [bezieht Hs. Märchen auf das Schema der »Zauberflöte«]. Wiederabgedruckt in: *M. T.:* Romantik in kritischer Perspektive. Heidelberg 1976, S. 44-62. *Fritz Martini:* Die Märchendichtungen E. T. A. Hoffmanns. In: DU 7 (1955), H. 2, S. 56-78. Wiederabgedruckt in: *Helmut Prang* (Hrsg.): E. T. A. Hoffmann. Darmstadt 1976, S. 155-184. *Nikolaus Rockenbach:* Bauformen romantischer KM. Eine Studie zur epischen Integration des Wunderbaren bei E. T. A. Hoffmann. Diss. (Masch.) Bonn 1957. *Robert Mühlher:* Prinzessin Brambilla. Ein Beitrag zum Verständnis der Dichtung. In: MittHoffGes. 5 (1958), S. 5-24. Wiederabgedruckt in: *H. Prang* (Hrsg.): E. T. A. Hoffmann (s. o.), S. 185-214. *Ingrid Strohschneider-Kohrs:* Die romantische Ironie in Theorie und Gestaltung. Tübingen 1960 [S. 352-424; bes. über »Brambilla«]. *Thalmann* S. 78-103. *Hans-Georg Werner:* E. T. A. Hoffmann. Darstellung und Deutung der Wirklichkeit im dichterischen Werk. Berlin/Weimar 1962; ^{2}1971 [umfassende Studie mit reicher Bibliogr.]. *Wolfgang Preisendanz:* Humor als dichterische Einbildungskraft. München 1963 [bes. S. 85-117 zum »Goldnen Topf«]. *Paul-Wolfgang Wührl:* Die poetische Wirklichkeit in E. T. A. Hoffmanns KM. Diss. München 1963 [referiert die Forschung 1906-1962]. *Ders.:* Hoffmanns Märchentheorie und »Die Erzählungen aus den Tausendundein Nächten«. In: MittHoffGes. 1963, H. 10, S. 20-26 [identisch mit Diss. S. 76-83]. *Klaus Günther Just:* Die Blickführung in den Märchennovellen E. T. A. Hoffmanns. In: WW 14 (1964), S. 389-397. Wiederabgedruckt in: *H. Prang* (Hrsg.): E. T. A. Hoffmann (s. o.), S. 292-306. *Peter Schau:* »Klein Zaches« und die Märchenkunst E. T. A. Hoffmanns. Freiburg/B. 1966. *Jean Starobinski:* Ironie et mélancholie (II): La »Princesse Brambilla« de E. T. A. Hoffmann. In: Critique 22 (1966), S. 438-457. *Lothar Pikulik:* Anselmus in der Flasche. Kontrast und Illusion in E. T. A. Hoffmanns »Der goldne Topf«. In: Euphorion 63 (1969), S. 341-370. *Jürgen Walter:* E. T. A. Hoffmanns Märchen »Klein Zaches genannt Zinnober«. Versuch einer sozialgeschichtlichen Interpretation. In: MittHoffGes. 19 (1973), S. 27-45. Wiederabgedruckt in: *H. Prang* (Hrsg.): E. T. A. Hoffmann (s. o.), S. 398-423. *Günter Heintz:* Mechanik und Phantasie. Zu E. T. A. Hoffmanns Märchen »Nußknacker und Mausekönig«. In: LWU 7 (1974), S. 1-15 [ohne Berücksichtigung der Forschung]. *Christa Maria Beardsley:* Warum Hoffmanns »Prinzessin Brambilla« manchem »den Kopf schwindlicht macht«. In: MittHoffGes. 21 (1975), S. 1-5 [geht der Frage nach, mit wem der Meister Celionato und der Zauberer Ruffiamonte identisch seien]. *Norbert Miller:* E.T.A. Hoffmanns doppelte Wirklichkeit. Zum Motiv der Schwellenüberschreitung in seinen Märchen. In: Literaturwissenschaft und Geschichtsphilosophie. Fs. Wilhelm Emrich. Berlin/New York 1975, S. 357-372 [Ausgangspunkt der Untersuchung bei Nodier und Baudelaire]. *Lothar Pikulik:* Das Wunderliche bei E.T.A. Hoffmann. Zum romantischen Ungenügen an der Normalität. In: Euphorion 69 (1975), S. 294-319 [Abgrenzung des Wunderlichen vom Wunderbaren]. *Christa-Maria Beardsley:* E.T.A. Hoffmann. Die Gestalt des Meisters in seinen Märchen. Bonn 1976. *Heide Eilert:* Theater in der Erzählkunst. Eine Studie zum Werk E.T.A. Hoffmanns. Tübingen 1977, S. 87-188 [Prinzessin Brambilla]. *Claudio Magris:* La Principessa Brambilla ovvero il teatro dell'identita. In: Filologia e critica (1976), S. 395-414. Wiederabgedruckt unter dem Stichwort »Das Fest der Identität« in: C. *M.:* Die andere Vernunft. E.T.A. Hoffmann. Königstein 1980, S. 81-107. *Frank Rainer Max:* E.T.A. Hoffmann parodiert Fouqué. Ein bislang unentdecktes Fouqué-Zitat in der »Prinzessin Brambilla«. In: ZfdPh 95 (1976) Sonderheft, S. 156-159 [das Zitat stammt aus Fouqués »Die beiden Hauptleute«]. *John Reddick:* E. T. A. Hoffmann's »Der goldne Topf« and its »durchgehaltene Ironie«. In: MLR 71 (1976), S. 577-594. *Knud Willenberg:* Die Kollision verschiedener Realitätsebenen als Gattungsproblem in E.T.A. Hoffmanns »Der goldne Topf«. In: ZfdPh 95 (1976), Sonderheft, S.93-113. *Fritz Felzmann:* Wer war Klein Zaches? In: MittHoffGes. 23(1977), S. 12-21 [fragwürdige Suche nach einem biographischen Modell dieser Figur; F. nennt Zacharias Werner]. *Schumacher S.* 107-149 [»Die Bergwerke zu Falun« S. 108-115, »Der goldne Topf« S. 115-123, »Nußknacker und Mausekönig« S. 123-126, »Das fremde Kind« S. 126-128, »Die Königsbraut« S.128-133, »Klein Zaches genannt Zinnober« S. 133-137, »Prinzessin Brambilla« S. 137-144, »Meister Floh« S. 145-149]. *Apel S.* 200-209 [zum »Goldnen Topf«]. *Alfred Behrmann:* Zur Poetik des Kunstmärchens. Eine Strukturanalyse der »Königsbraut« von E.T.A. Hoffmann. In: Erzählforschung 3 (1978), S. 107-134 [der Obertitel verspricht mehr, als die Analyse des ausgewählten Textes leistet]. *Franz Fühmann:* E.T.A. Hoffmanns »Klein Zaches«. In: WB 24 (1978), H. 4, S. 74-86 [zum realen Hintergrund des Märchens mit der Frage, was man durch solche Kenntnisse gewinnt]. Wiederabgedruckt in: *F. F.:* Fräulein Veronika Paulmann [...]. Hamburg 1980, S. 145-164 [zuerst Rostock 1979; rez. von Jürgen *Engler* in: NDL 28 (1980), H. 2, S. 126- 133]. *Aniela Jaffé:* Bilder und Symbole aus E.T.A. Hoffmanns Märchen »Der goldne Topf«. 2., veränderte Auflage. Hildesheim 1978 [rez. von *Siegbert Röder* in: MittHoffGes.26 (1980), S.117-120]. *Heidemarie Kesselmann:* E.T.A. Hoffmanns »Klein Zaches«. Das phantastische Märchen als Möglichkeit der Wiedergewinnung einer geschichtlichen Erkenntnisdimension. In: Literatur für Leser. Zeitschrift für Interpretationspraxis und geschichtliche Texterkenntnis. München 1978, S. 114-129. *James M. McGlathery:* »Bald dein Fall ins Ehebett«? A New Reading of E.T.A. Hoffmann's »Goldner Topf«. In: GR 53 (1978), S. 106-114 [geht der Dreiecksgeschichte, der Held zwischen Veronika und Serpentina, auf biographisch psychoanalytische Weise nach]. *Norbert Miller:* Das Phantastische – Innensicht, Außensicht. Nachtstück und Märchen bei E.T.A. Hoffmann. In: Phaïcon 3 (1978), S. 32-56. *Manfred Sera:* Peregrinus. Zur Bedeutung des Raumes bei E.T.A. Hoffmann. In: Aurora 38 (1978), S. 75-84 [vorwiegend zum »Goldnen Topf«]. *Ronald J. Elardo:* E.T.A. Hoffmann's »Nußknacker und Mausekönig«. The Mouse-Queen in the Tragedy of the Hero. In: GR 55 (Winter 1980), S. 1-8. *Ders.:* E.T.A. Hoffmann's Klein Zaches, the Trickster. In: Seminar 16 (1980), S. 151-169 [an C. G. Jung orientiert]. *Gerhard vom Hofe:* E.T.A. Hoffmanns Zauberreich Atlantis. Zum Thema des dichterischen Enthusiasmus im »Goldnen Topf«. In: Text & Kontext 8 (1980), H. 1, S. 107-126 [im Vergleich mit Novalis]. *Paul-Wolfgang Wührl* (Hrsg.): Der goldne Topf. Erläuterungen und Dokumente. Stuttgart 1982 (Reclams UB. 8157/[2]). *Armand De Loecker*: Zwischen Atlantis und Frankfurt. Märchendichtung und Goldenes Zeitalter bei E.T.A. Hoffmann. Frankfurt/M., Bern 1983. *Thomas Wörtche*: Demonstriertes Erzählen. Zu E.T.A. Hoffmanns »Klein Zaches genannt Zinnober«. In: Germanistik in Erlangen. Erlangen 1983, S. 271-291. *James M. McGlathery*: Mysticism and Sexuality. E.T.A. Hoffmann, Bd. 2: Interpretation of the Tales. New York, Berne, Frankfurt/M. 1985. *Wührl*, S. 160-190, S. 254-265. *Brigitte Feldges und Ulrich Stadler*: E.T.A. Hoffmann. Epoche – Werk – Wirkung. München 1986. *Gerhard R. Kaiser*: Erläuterungen und Dokumente zu Hoffmann, Klein Zaches. (Reclams UB. 8172). *Klotz*, S. 196-207. *Gerhard-R. Kaiser*: E.T.A. Hoffmann. Stuttgart 1988 (Sammlung Metzler). *Günter Oesterle*: E.T.A. Hoffmann, Der goldne Topf. In: Erzählungen und Novellen des 19. Jahrhunderts, Bd. 1, Stuttgart 1988, S. 181-220. *Petra Küchler-Sakellariou*: Implosion des Bewußtseins. Allegorie und Mythos in E.T.A. Hofmanns Märchenerzählungen. Frankfurt/M. u.a. 1989. *Gisela Vitt-Maucher*: E.T.A. Hoffmanns Märchenschaffen. Kaleidoskop der Verfremdung in seinen sieben Märchen. Chapel Hill, London/N.-C. 1989 [rez. von *Simone Hoch* in: Aurora 51 (1991), S. 169-171]. *Paul-Wolfgang Wührl*: E.T.A. Hoffmann, Der goldne Topf. Die Utopie einer ästhetischen Existenz. Paderborn u.a. 1988. Stichwort ›Hoffmann‹ (*Gisela Vitt-Maucher*) in *EM* VI, Sp. 1151-1154. *Günter Oesterle*: Arabeske, Schrift und Poesie in E.T.A. Hoffmanns Kunstmärchen »Der goldne Topf«. In: Athenäum. Jahrbuch für Romantik 1 (1991), S. 69-107. *Heinz Ludwig Arnold* (Hrsg.): E.T.A. Hoffmann. Sonderband Text und Kritik. München 1992 [mit Beiträgen zum Goldnen Topf, Meister Floh, Brambilla]. *Hans Werner Weglöhner*: Die gesellschaftlichen und politischen Aspekte in E.T.A. Hoffmanns Märchen »Klein Zaches genannt Zinnober«. In: DU 44/3 (1992), S. 21-32. *Josef Quack*: Künstlerische Selbsterkenntnis. Versuch über E.T.A. Hoffmanns »Prinzessin Brambilla«. Würzburg 1993 [rez. von *Hartmut Steinecke* in: Hoffmann-Jb. 2 (1994), S. 136f.]. *Detlef Kremer*: Alchemie und Kabbala. Hermetische Referenzen im »Goldnen Topf«. In: Hoffmann-Jb. 2 (1994), S. 36-56. *Johannes Barth*: »So etwas kann denn doch wohl der Onkel niemals zu Stande bringen«. Ästhetische Selbstreflexion in E.T.A.Hoffmanns Kindermärchen »Nußknacker und Mäusekönig«. In: Hoffmann-Jb. 3 (1995), S. 7-14. *Bettina Knauer*: Die Kunst des ›als ob‹: E.T.A. Hoffmanns Märchen von »Klein Zaches genannt Zinnober«. In: Aurora 55 (1995), S. 151-167. *Detlef Kremer*: Literarischer Karneval. Groteske Motive in E.T.A.Hoffmanns »Prinzessin Brambilla«. In: Hoffmann-Jb. 3 (1995), S. 15-30. *Manfred Misch*: Pandora in Dresden. Spuren Platons, Plotins und Goethes in E.T.A. Hoffmanns »Der goldne Topf«. In: Aurora 55 (1995), S. 137-149. *Claudia Liebrand*: Punschrausch und paradis artificiels: E.T.A. Hoffmanns ›Der goldene Topf‹ als romantisches Kunstmärchen. In: *Vera Alexander/Monika Fludernik* (Hg.): Romantik. Trier 2000, S. 33-49.

Eichendorff

Wenn man auch im Werk *Joseph von Eichendorffs* (1788-1857), zumal im »Taugenichts«, die Quintessenz romantischer Dichtung sehen möchte, im Kapitel der romantischen Kunstmärchen bleibt für diesen Autor schließlich nur ein Platz am Rande. Vieles in seiner Dichtung erscheint märchenhaft, doch Märchen im engeren Sinn, denen das vertraute Handlungsschema zugrundeliegt, findet man weniger, obwohl Eichendorff, Anregungen von *Görres, Arnim* und *Brentano* folgend, in seiner Heimat selber Märchen gesammelt und nacherzählt hat (Schau in EM; vgl. Werke [DKV], Bd. 2, S. 29-51): vermutlich 1808/09 hat Eichendorff die ihm im wasserpolnischen Dialekt seiner Heimat erzählten Märchen bei der Aufzeichnung übersetzt und bearbeitet. Unter den sieben bekannten Texten sind auch Variationen zu der »Schönen und dem Biest«, zur Teufelsbündler-Sage sowie zum märchenhaften Glückspilz nach Art des Pervonto (s. Basile und Wieland). Er wiederholt auch die Komposition der Märcheneinlage, in Romanen (das Ida-Märchen im 5. Kapitel von »Ahnung und Gegenwart«, das Märchen von Kasperl und Annerl im 24. Kapitel von »Dichter und ihre Gesellen«) wie in Novellen (das Märchen von der Prinzessin in einem verzauberten Schloß in »Das Schloß Dürande«). Diese Märcheneinlagen sind nur durch bedenkenlose Schnitte aus ihrem Kontext herauszulösen. Man muß, wie z. B. Gerhart Haug in seiner Sammlung »Deutsche Märchen seit Goethe« (München 1948) am Märchen von Kasperl und Annerl demonstriert, wegschneiden, was die Figuren der Haupthandlung kommentierend einwerfen, womit sie ihre Haltung verraten. Gerade zu diesem Zweck werden die Märchen im Zusammenhang des Romans oder der Novelle erzählt: um Hinweise auf das zu geben, was soeben im Geheimen geschieht, nicht zum Selbstzweck. Das Ida-Märchen zeigt die für Eichendorffs Phantasie charakteristische Zwiespältigkeit: einerseits magische Bannung im Bereich der Natur, andererseits Hoffnung auf christliche Erlösung. Die Märchennovelle »Zauberei im Herbste«, ebenfalls von 1808/09 (es existiert lediglich eine Abschrift von fremder Hand), hat Eichendorff nicht veröffentlicht, vermutlich weil der Einfluß von *Tiecks* Venusberg-Erzählung (»Der getreue Eckart und der Tannenhäuser«) allzu offensichtlich schien. Mehr als in Tiecks »Natur-Märchen« ist hier das Märchen der Ort einer dämonischen, wahnsinnigen Faszination, die mit dem Einsatz märchenhafter Mittel gegen das Märchen anschreibt. Die Anlehnung an den »Blonden Eckbert« ist dabei mehr als offensichtlich. Eichendorff hat diese Konfiguration erneut aufgegriffen im »Marmorbild« (von 1816/17, Erstdruck 1818, Quellen und Vorstufen bei Schumacher S. 161 f.). Auch darin gerät der Held in einen Zwiespalt, nämlich zwischen die Versuchungen der schieren Natur, also der Sinnenfreude und Lebensimmanenz, und eine christliche Zukunftshoffnung. Auf der einen Seite Venus, auf der anderen Maria. Es geht dabei um die richtige Art, Dichter zu sein. Den Verlokkungen einer Poesie, die sich nach antikem Vorbild dem Zauber der Dinge anscheinend überläßt, *Goethe* ist hier angesprochen, wird im Verein mit *Novalis* und *Görres* eine Poesie entgegengehalten und glorifiziert, die christliche Transzendenz eröffnet. Man kann Eichendorffs »Marmorbild« nicht ohne weiteres für die Geschichte des Kunstmärchens reklamieren. Die Elemente des Märchens sind mit denen der Novelle so in Beziehung gesetzt, daß das Märchen schließlich als ein Zähler, nicht als Nenner des Ganzen wirkt. Der Autor selbst gebraucht in seinem Brief an Fouqué bei der Übersendung des Manuskriptes am 2. 12. 1817 abwechselnd die Bezeichnungen »Novelle oder Märchen«, woraufhin Fouqué in seiner Antwort von einem »Novellenmärchen« spricht (Werke, DKV, Bd. 2, S. 738f.).

Der Untertitel »Ein Märchen« in Eichendorffs satirischer Auseinandersetzung mit den revolutionären Ereignissen von 1848 in »Libertas und ihr[e] Freier« stammt möglicherweise nicht vom Autor selbst, sondern von seinem Sohn Hermann.

Wichtig ist auch Eichendorffs Beitrag »Brentano und seine Märchen«, der fast wörtlich in die Abhandlung »Über die ethische und religiöse Bedeutung der neueren romantischen Poesie in Deutschland« (1847) einging.. Die Bewertung der drei Arten des Märchens – das galante, das philosophische und das Volksmärchen – ist nicht ganz gerecht, die Deutung Brentanos aber bietet (neben Verharmlosungen) bedeutende Einblicke in die als solche von Eichendorff freilich weder erkannte noch benannte Gattung »Kunstmärchen«. Eine entsprechende Zurückhaltung findet man im Titel der ersten größeren Monographie zu diesem Thema ausgedrückt. Er lautet »Märchenformen bei Eichendorff« und nicht: Eichendorffs Märchen.

Joseph von Eichendorff: Werke. Nach der Ausgabe letzter Hand unter Hinzuziehung der Erstdrucke. München (Winkler) 1970. Bd. 2: Romane. Erzählungen. *Ders.:* Das Marmorbild. Das Schloß Dürande. (Reclams UB. 2365). Werke in sechs Bänden. Hrsg. von Wolfgang Frühwald, B. Schillbach, H. Schultz. DKV, Frankfurt/M. 1985ff.- Zauberei im Herbste. Das Marmorbild. In: *Ewers,* S. 214-231, S. 269-312. Sämtliche Erzählungen. (Reclams UB. 2352).

Friedrich Weschta: Eichendorffs Novellenmärchen »Das Marmorbild«. (Neudruck der Ausgabe Prag 1916; Prager deutsche Studien. 25) Hildesheim 1973. *Robert Mühlher:* Die Zauberei im Herbste. In: Aurora 24 (1964), S. 46-65; wieder in: *R.M.:* Lebendige Allegorie. Studien zu Eichendorffs Leben und Werk. Sigmaringen 1990, S. 161-180. *Albrecht Schau:* Märchenformen bei Eichendorff. Freiburg/B. 1970 [mit weiterer Literatur]. *Klaus Lindemann:* Von der Naturphilosophie zur christlichen Kunst. Zur Funktion des Venusmotivs in Tiecks »Runenberg« und Eichendorffs »Marmorbild«. In: LJb 15 (1974), S. 101-121. Stichwort ›Eichendorff‹ *(Margarete Dierks)* in *LKJL* I, S. 339 f. *Wolfgang Paulsen:* Das Märchen vom Faulpelz in der Spiegelung durch Wieland und Eichendorff. In: Aurora 36 (1976), S. 39-46 [über ein Märchenfragment Eichendorffs »Von dem Faulpelz und der Prinzessin«]. *Schumacher, S.* 157-168 [»Die Zauberei im Herbste« S. 159-161, »Das Marmorbild« S. 161-168]. *Lothar Pikulik:* Die Mythisierung des Geschlechtstriebes in Eichendorffs »Marmorbild«. In: *Helmut Koopmann* (Hrsg.): Mythos und Mythologie in der Literatur des 19. Jahrhunderts. Frankfurt/M. 1979 (Studien zur Philosophie und Literatur des 19. Jh.s. 36), S. 159-172. *Klaus Köhnke:* Eichendorffs »Zauberei im Herbste«. Abkehr von der Frühromantik. In: Akten des 6. Internationalen Germanisten-Kongresses Basel 1980. Teil 4, S. 439-445 Jahrbuch für Intern. Germanistik 1980, Reihe A, Kongreßberichte Bd. 8). *Klaus Köhnke:* Mythisierung des Eros: Zu Eichendorffs Novelle »Das Marmorbild«. In: Acta Germanica 12 (1980), S. 115-141 [ein Vergleich mit »Zauberei im Herbste«, mehr auf den biographischen Hintergrund als auf Gattungsfragen ausgerichtet]. Stichwort ›Eichendorff‹ *(Albrecht Schau)* in *EM* III, Sp. 1121-1124. *Wührl,* S. 115-121, S. 126-129, S. 251-254. *Hanna H. Marks:* Erläuterungen und Dokumente zu Eichendorff, Das Marmorbild. (Reclams UB. 8167). *Waltraud Wiethölter:* Die Schule der Venus. Ein diskursanalytischer Versuch zu Eichendorffs »Marmorbild«. In: *Michael Kessler/Helmut Koopmann* (Hrsg.): Eichendorffs Modernität. Tübingen 1989, S. 171-201. *Christina Ort* und *Ros-Margrit Naef:* Zauberei im Herbste, in: *Tarot,* S. 135-149. *Ellen Kuhnen:* Das Marmorbild, in: *Tarot,* S. 177-189.

2. *Zwischen Romantik und Realismus*

Das Kunstmärchen fand in der deutschen Romantik weder seine adäquateste noch seine einzig authentische Form, wohl aber seine anspruchsvollste Einlösung. Der schier »absolute« Kunstcharakter in den Märchen eines Novalis (Klotz) oder die virtuose Sprachkunst eines Brentano blieben unwiederholbar. Gerade diese artistische Meisterschaft reservierte aber das romantische Kunstmärchen einem eher kleinen Kreis, während es seine Breitenwirkung erst dann entfaltete, als die hohe Zeit des Kunstmärchens bereits weitgehend vorüber war. Selbst die KHM der Brüder Grimm waren zunächst zögernd aufgenommen worden: das änderte sich erst mit der Mitte der 20er Jahre – zu einem Zeitpunkt, an dem bereits auch Autoren wie Hauff oder Ungern-Sternberg das Märchen als schriftstellerische Möglichkeit mit Breitenwirkung entdeckt hatten. Die sogenannte Biedermeierzeit (zwischen 1815 und 1848) zeigt den Übergang, wie das Märchen als zunächst noch wichtige Form der Dichtung von der Erwachsenenlektüre zur Kinderliteratur absinkt und somit um die Jahrhundertmitte seinen Kredit verspielt hat (Theodor Storm). Nur wenige Autoren und nur einzelne Texte haben die Form mit neuem Elan füllen können; allenthalben ist zu beobachten, wie sich Märchenhaftes mit anderen Gattungen vermischt.

Versuche, in allegorisierender Weise an die anspruchsvolle Kunstmärchendichtung eines Goethe oder Novalis anzuknüpfen, konnten kaum mehr überzeugen: Waiblingers ehrgeiziges »Märchen von der blauen Grotte« ist im »Taschenbuch aus Italien und Griechenland auf das Jahr 1830« erschienen. Verknüpft werden Elemente der (autobiographischen) Künstlernovelle, der Reiseliteratur und der Ortssage zu einer aufwendigen Rahmengeschichte. Der deutsche Dichter Don Giuglielmo trägt auf Capri das Märchen von der Versuchung eines jungen Prinzen aus der historischen Zeit König Manfreds vor. Es ist die Allegorie vom Kampf zwischen Treue und Selbstsucht, zwischen der Triebnatur des Vesuvs und der Reinheit des Wassers, die ihre frühere Harmonie nur durch die Selbstüberwindung des Menschen wiedererlangen können. Menschliche Liebesbegier und Ruhmsucht machen das Märchen zum Abgesang, und dennoch treffen sich am Ende die Liebenden dank des verzeihenden Eingriffs der Feenkönigin. Das Ziel, »eine Erfahrung des Lebens, einen Spruch der Weisheit, das *Gesetz der Mäßigung* im innern und äußern Leben, in geistiger und physischer Natur darzustellen« (Waiblinger in einem Brief vom 28. 11. 1828), führt über die Gattung des Märchens hinaus und bedarf zugleich noch einmal ihrer Requisiten.

Während August von Platens »Rosensohn« (1826) sich eklektizistisch an die Überlieferung anlehnt, vermag Friedrich Hebbel mit seinem »Rubin« (1837) eine zwar weniger poetisch, aber denkerisch-didaktische Erzählleistung aus dem Märchen zu entwickeln. Vor dem Hintergrund eines eher klischeehaft zitierten Orients geht es um eine geradezu ›märchenhafte‹ Ausnahme von der Regel. Statt den Besitz festzuhalten, ist es hier der Weg zur Erlösung (einer verzauberten Prinzessin), das Wertvollste – eben den Rubin – von sich zu werfen. Damit hat Hebbel die (laut Tagebuch vom Oktober 1836) »beste Lebensregel: Wirf weg, damit du nicht verlierst!« allegorisch umgesetzt und das Märchen als nicht-ökonomische Form einer anderen Vernunft sichtbar gemacht. Die Dramatisierung des Stoffes war nicht erfolgreich, obwohl das Publikum der Uraufführung (am 22. November 1849 im Wiener Burgtheater) zunächst die politischen Implikationen (wie die Verkündigung einer Amnestie) mit Beifall aufgenommen hatte.

Eine große Rolle in dieser Zeit spielen – gleichsam für den Hausgebrauch – das fromme, christlich-didaktische Märchen und die »phantastische Alltagserzählung« mit ihrer »Verfremdung und Erhöhung des Naturgegebenen, Nahen, Modernen« (Sengle, S. 960), wozu das »Mondscheinmärchen« aus Immermanns »Epigonen« gezählt werden kann, wohingegen das Christlich-Didaktische durch die Texte der Marie Petersen oder Adele Schopenhauer vertreten ist (Sengle, S. 962f.). Die sicherlich größte Sprengkraft in dieser Zeit erlegt Georg Büchner dem Märchen auf, indem er die Erzählung der alten Großmutter im »Woyzeck« zwar aus Momenten des Volksmärchens montierte, insgesamt aber zu einer Parabel der kosmischen Obdachlosigkeit umschreibt. Zwar wird hier das Märchen zum geheimen Zentrum, das jedoch gerade die katastrophale Einsamkeit als universell und zeitlos erscheinen läßt. Jeder romantische Anspruch ist suspendiert.

Wilhelm Waiblinger: Märchen von der blauen Grotte. In: ders., Werke und Briefe. Textkritische und kommentierte Ausgabe, hg. von Hans Königer. Bd. 5, Stuttgart 1981, S. 673-728. – *Karl Immermann*: Das Wunder im Spessart. In: ders., Münchhausen. Schluß des 5. Buches. – Mondscheinmärchen. In: Die Epigonen; ferner in: *Ewers*, S. 507-512. *August von Platen*: Rosensohn. In: *Ewers*, S. 372-390. *Alexander von Sternberg*: Braune Märchen. Hrsg. und mit einem Nachwort versehen von Norbert Altenhofer. Bonn 1986.

Sengle: Biedermeierzeit, Deutsche Literatur im Spannungsfeld zwischen Restauration und Revolution 1815-1848. Bd. 2, S. 952-976. *Wührl*, S. 121-123 (Immermann, Wunder im Spessart).

Zu *Friedrich Hebbel*, »Der Rubin« (in: *Ewers*, S. 514-524): *Friedrich Axels*: Hebbels »Diamant« und »Rubin«. Ein Beitrag zur Frage des romantischen Lustspiels. Diss. Breslau 1929. *Fritz Krüger*: Friedrich Hebbel, Der Rubin. In: Pädagogische Rundschau 11 (1957), S. 180-184. *Heinz Stolte*: Die Parabel vom Fischersohn und der Krone. Betrachtungen zu Friedrich Hebbels Märchenlustspiel »Der Rubin«. In: Hebbel-Jb. 35 (1980), S. 9-30. *Wührl*, S. 124f. *Betty Heitzmann*: Artifice or Artistry. Calculation and Awe in Three Kunstmärchen of Tieck, Hebbel and Huch. MAI 31/01, Spring 1993, S. 78.

Hauff

Die Märchen des *Wilhelm Hauff* (1802-1827), auf die nahezu allein sich die anhaltende Popularität des produktiven Autors gründet, tragen in verschiedener Hinsicht Merkmale einer Zwischenposition. Zum einen zwischen literaturhistorischen Epochen: Elemente der spätromantischen Literaturkonzeption erscheinen mit denen einer realistischen Schreib- und Anschauungsweise kombiniert. Zum andern zwischen den Sparten unterschiedlichen literarischen Anspruchs: Hauffs Märchen zielen mit ihrer nahezu strategischen Planung des (jugendlichen) Adressatenkreises unvermittelter als die kanonisierten Kunstmärchen der Romantik auf Unterhaltung. Dabei scheut Hauff ambitionierten Kunstanspruch ebenso wie modische Seichtheit. Schließlich manifestiert sich auch in der Auswahl der Stoffe seine Zwiespältigkeit. Viele Märchen spielen im orientalischen Bereich (»Die Geschichte von dem kleinen Muck«, »Der Zwerg Nase«), einige im westeuropäischen, speziell in seiner schwäbischen Heimat (»Das kalte Herz«).

Hauff spannt seine Märchen nach novellistischer Konvention in den Rahmen geselliger Erzählsituationen. Stärker als *Tieck* im »Phantasus« oder *Hoffmann* in den »Serapions-Brüdern« strebt er dabei Glaubwürdigkeit des Erzählten an, indem er beispielsweise Figuren der Binnenerzählungen auch in den Rahmenhandlungen auftreten läßt –, wobei die in den Rahmen einmündenden Geschichten zweifellos besser legitimiert sind als die unverbindlichen Erzählstükke (darunter sind die meisten Märchen). Hauffs Märchen erschienen in der Publikationsform von Almanachen (auf die Jahre 1826, 1827 und 1828) mit der Adresse »für Söhne und Töchter gebildeter Stände«. Nicht alle Erzählungen des zweiten Almanachs stammen von Hauff und nicht alle Erzählungen von Hauff in den Märchenalmanachen können als Märchen gelten. Einige sind Sagen, andere sind abenteuerliche Geschichten. Eine Verteidigung dieser Mischung liefert die Rahmenunterhaltung im zweiten Zyklus (»Der Scheik von Alessandrien und seine Sklaven«) vor der satirischen Geschichte »Der Affe als Mensch« mit dem Verweis auf das Muster »Tausendundeine Nacht«. Die Tendenz zur realistischen »Geschichte« ist unverkennbar. Im ersten Zyklus (»Die Karawane«) ist nur ein Text im Titel als Märchen ausgewiesen, das, bezeichnenderweise für den Kreditverlust, von einem »falschen Prinzen« handelt. Hauffs Vorwort zum ersten Zyklus gibt in poetischer Einkleidung seine Auffassung von Kunstmärchen wieder. Dies »Märchen als Almanach« erzählt, wie das schlichte ›Märchen‹, älteste Tochter der Königin ›Phantasie‹, das durch die gegenwärtige literarische Mode bedingte Desinteresse beim Publikum und den Widerstand rationalistischer Literaturwächter überwindet, indem es im bunten Gewand eines Almanachs der Lesergemeinde eingeschmuggelt wird. Das kleine poetologische Begriffsmärchen läßt sich in der Nachfolge von Novalis' Klingsohrmärchen betrachten. Nur befördert bei Novalis ›Fabel‹ als Allegorie der Poesie einen weltgeschichtlichen Prozeß, das personifizierte ›Märchen‹ Hauffs reagiert in einer aktuellen Phase der literarischen Wirkungsgeschichte (Tismar S. 9 ff.).

Vereinfachung, Verengung, auch Entmystifikation des Wunderbaren läßt sich in Hauffs Märchen vielfach beobachten. Die utopische Zielrichtung vieler romantischer Kunstmärchen liegt ihnen fern. Ihre typische Struktur zeigt, wie der Held aus Alltagsumständen in ein glückverheißendes Abenteuer verwickelt wird, aus dem er, ohne viel gewonnen zu haben, ernüchtert in die väterliche Heimstätte zurückkommt (das Schema der gescheiterten Karriere erörtert Bachmaier). Die moralisierende, didaktische Tendenz in diesem Ablauf erscheint offen in »Das kalte Herz«. Aus den Wünschen eines Kleinbürgers, mit einem Schlag sozial aufzusteigen, erwachsen Habsucht und Mitleidlosigkeit. Die Lehre des Märchens: von einer Vergötzung der Geldmacht sich abzuwenden, zu geregelter Arbeit und zum Herkömmlichen zurückzukehren, bringt schließlich ein weniger glänzendes, aber sicheres Glück. Diese Grundfigur der Hauffschen Märchen reflektiert das resignative Bewußtsein des deutschen Kleinbürgertums in der Restaurationsepoche (Martini S. 463 f.): der heimliche Wunsch nach Veränderung ist von der Angst begleitet, es könne verderblich sein, den angestammten sozialen Platz zu verlassen. Abenteuerliches und Sensationelles ersetzt in vielen Geschichten Hauffs das Wunderbare des Märchens und bietet denen, die sich realiter bescheiden müssen, ein momentanes Surrogat für ihre Sehnsucht nach der Ferne und zugleich die Befriedigung, es sei am Ende besser zu bleiben, was und wo man ist.

Wilhelm Hauff: Sämtliche Werke in drei Bänden. Bd. II: Märchen. Novellen. München (Winkler) 1970. Märchen. Novellen. Stuttgart 1976 (Parkland Klassikerbibl. 243). *Ders.:* Märchen. 2 Bde. Hrsg. von Bernhard Zeller. Mit Ill. von Hosemann u. a. Frankfurt/M. 1976 (Insel-Tb. 216/217). Sämtliche Märchen. München 1979 (dtv 2050). Die Geschichte von dem kleinen Muck. Der Zwerg Nase. (Reclams UB. 7702). Das kalte Herz und andere Märchen (Reclams UB. 6706). Sämtliche Märchen. Hrsg. von H.-H. Ewers. (Reclams UB. 301). Sämtliche Märchen und Novellen. Hrsg. von Sibylle von Steinsdorff. München 1988 (Winkler) [rez. von *Heinz Rölleke* in: Fabula 30 (1989), S. 135f.]. Sämtliche Märchen. (Goldmanns Klassiker. Studien Ausgabe 7666), 1993.

Janaki Arnaudoff: Wilhelm Hauffs Märchen und Novellen. Quellenforschungen und stilistische Untersuchungen. Diss. München 1915. *Hilde Schulhof:* Wilhelm Hauffs Märchen. In: Euphorion 29 (1928), S. 108-132. *Ernst Bloch:* Das Wirtshaus im Spessart. In: *E. B.:* Literarische Aufsätze. Frankfurt/M. 1965, S. 79-83. *Diez S.* 1216-1222. *Jehle* S. 85-95. *Agnes Jaschek:* Wilhelm Hauff. Stellung zwischen Romantik und Realismus. Diss. Frankfurt/M. 1956. *Abdul Fattah*: Wilhelm Hauff und »1001 Nacht«. Diss. Leipzig 1970. *Fritz Martini:* Wilhelm Hauff. In: *Benno von Wiese* (Hrsg.): Deutsche Dichter der Romantik. Ihr Leben und Werk. Berlin 1971, S.442-472 [zu Hs. Märchen S. 460-464]. Stichwort ›Hauff‹ *(Harald Riebe)* in *LKJL* I, S. 524 f. *Sabine Beckmann:* Wilhelm Hauff. Seine Märchenalmanache als zyklische Kompositionen. Bonn 1976 [mit weiterer Literatur]. *Helmut Bachmaier:* Die Konzeption der Arrivierung. Überlegungen zum Werke Wilhelm Hauffs. In: SchillerJb. 23 (1979), S. 309-343 [bes. am Beispiel der »Geschichte von dem kleinen Muck«]. *Tismar* S. 9-11. *Joachim Horn*: Der Dichter und die Lesewelt. Wilhelm Hauffs Werk als Epochenphänomen. Diss. Bremen 1981 [mit Forschungsüberblick und Literaturverzeichnis]. *E. Schwarz*: Der Zwerg Nase, Das kalte Herz und andere Erzählungen (1826/27). In: *Paul Michael Lützeler* (Hrsg.): Romane und Erzählungen zwischen Romantik und Realismus. Stuttgart 1983, S. 117-135. *Wührl*, S. 191-200. *Klotz*, S. 208-222. *Heinz Rölleke*: Schneeweischen und Rosenroth: KHM 161 in der Grimmschen »Urfassung«: Zwei bislang ungedruckte Briefe Wilhelm Hauffs an Grimm und ein Nachtrag zum Fest der Unterirdischen, einem frühen Zeugnis norwegischer Volksliteratur. In: Fabula 27 (1986), S. 265-287. *Rüdiger Steinlein*: Die domestizierte Phantasie. Studien zur Kinderliteratur, Kinderlektüre und Literaturpädagogik des 18. und frühen 19. Jahrhunderts [zu Hauff S. 243-261; rez. von *Ingrid Tomkowiak* in: Fabula 30 (1989), S. 173-177]. Stichwort ›Hauff‹ (*Heinz Rölleke*) in *EM* VI, Sp. 570-576. *Johannes Barth*: Neue Erkenntnisse zu den Quellen von Wilhelm Hauffs Märchen. In: WW 41 (1991), S. 170-183. *Johannes Barth*: Von Fortunatus zum Kleinen Muck. Zur Quellenfrage des Hauffschen Märchens. In: Fabula 33 (1992), S. 66-76.

Bechstein

Es mag verwundern, *Ludwig Bechstein* (1801-1860) im Zusammenhang der Kunstmärchen genannt zu finden; denn seine Märchen galten in vielen Familien etwa bis zum Ende des19. Jh.s als Inbegriff deutscher Volksmärchen. Gewiß, man stößt in seinem »Deutschen Märchenbuch« (1845) bei der überwiegenden Mehrzahl der Titel auf den Hinweis »mündlich«, doch bedeutet dies nicht viel mehr als daß der Stoff nicht neuerdings erfunden, sondern in der volkstümlichen Überlieferung gefunden sei, auch wenn die Zeugnisse schriftlich vorgelegen hatten. Charakteristisch für Bechsteins Märchen sind seine ausschmückenden und witzigen Wendungen, die auf das stilistische Vorbild hindeuten, das Bechstein später verleugnete, auf Musäus. Darüber hinaus hat Bechstein ein Märchen geschrieben, das er selber »Dichtung« nennt, »Des Märchens Geburt«; mit ihm leitet er das »Deutsche Märchenbuch« von 1845 ein. Es hat, mit Rücksicht auf den angesprochenen Leserkreis der Familie, insgeheim eine doppelte Adresse. Den jungen Hörern wird offenbar nichts als die Geschichte von zwei Königskindern erzählt, die alles um sich haben, was man sich nur wünschen kann, und die doch traurig sind, bis ihnen das personifizierte Märchen in den Schoß fällt; den erwachsenen Bürgern wird in dieser Einkleidung ein Weg gezeigt, wie man die Trauer, daß sich bürgerliche Sehnsüchte bei allem Wohlstand doch nicht verwirklichten, überwinden könne: indem man das, was man besitzt, poetisch belebt (Tismar S. 12 ff.). Daß Bechstein Märchen unter dem Gesichtspunkt ihrer Aufnahme als Kindermärchen verstand, hat Folgen; die didaktische Tendenz tritt verstärkt hervor, unter anderem in der Bearbeitungsweise: Derbes wird gemildert und Erotisches ausgemerzt, im »Neuen Deutschen Märchenbuch« (1856) verzichtet Bechstein auf Erzählungen, in denen Stiefmütter vorkommen (Bellmann in EM). Das geringe wissenschaftliche Interesse, das man immer noch registrieren muß, steht im Mißverhältnis zu der ehemaligen Popularität und Wirkung dieses Märchenerzählers in Deutschland.

Ludwig Bechstein: Sämtliche Märchen. München (Winkler) 1965. *Ders.:* Sämtliche Märchen. Stuttgart 1975 (Parkland Klassikerbibl. 201). Ludwig Bechsteins Märchenbuch. Illustriert von Ludwig Richter. Nachdruck der Ausgabe Leipzig 1853, [4]1988 (Harenberg. Die bibliophilen Taschenbücher 5). Deutsches Märchenbuch. Illustriert von Ludwig Richter. Frankfurt/M. 1988 (Insel-Tb. 1113). Sämtliche Märchen. Hrsg. von Walter Scherf. München 1988 (dtv 2207) [rez. von *Werner Bellmann* in: Fabula 31 (1990), S. 126-128].

Theodor Linschmann: Ludwig Bechsteins Schriften. Meiningen 1907 (Neue Beiträge zur Geschichte des deutschen Altertums. 21.). *Karl Boost:* Ludwig Bechstein. Versuch einer Biographie unter besonderer Berücksichtigung seines dichterischen Schaffens. Diss. (Masch.) Würzburg 1926. *Kurt Wasserfall:* Ludwig Bechsteins Märchenbücher unter Berücksichtigung seiner sonstigen Werke, vor allem der Abhandlungen und Werke über Märchen und Sage wie der Sagensammlungen. Diss. (Masch.) Heidelberg 1926. Stichwort ›Bechstein‹ *(K. Kaiser)* in *HdwDM* I, S. 216-229 [mit einem Register und Verweisen auf Bolte-Polívka]. *Klaus Schmidt:* Untersuchungen zu den Märchensammlungen von Ludwig Bechstein. Diss. Greifswald 1935 [auch in der Reihe »Form und Geist« Leipzig 1935], Nachdruck Olms 1984. *Friedrich Sengle:* Ludwig Bechstein. In: *F. S.:* Biedermeierzeit. Bd. 2: Die Formenwelt. Stuttgart 1972, S. 970 f. Stichwort ›Bechstein‹ *(Margarete Dierks/Hans Eich)* in *LKJL* I, S. 121-123. Stichwort ›Bechstein‹ *(Werner Bellmann)* in *EM* II, Sp. 15-19. *Joachim Schmidt:* Volksdichtung und Kinderlektüre in der ersten Hälfte des 19. Jahrhunderts. Berlin (DDR) 1977 (Studien zur Geschichte der deutschen Kinder- und Jugendliteratur. 3.) [neben den Bemerkungen zu Bechstein auch zu Grimms Märchen und Sagen und zu Volksbüchern von Schwab, Marbach und Simrock]. *Tismar S.* 12-16.

Mörike

Verdeckter und vielschichtiger als bei Hauff kommt die Position der nachromantischen Kunstmärchen in Deutschland in den Märchenerzählungen von *Eduard Mörike* (1804-1875) zum Ausdruck. Sie erscheinen ihrer geschichtlichen Gegenwart unzeitgemäß und auch innerhalb einer Geschichte des Kunstmärchens nicht einfach lokalisierbar. Daneben finden sich aber auch das dramatisierte Märchen- (und Erlösungs-) Spiel »Orplid« und einige Märchen in Gedichtform, darunter das parodistische »Märchen vom sichern Mann«. Mörike hat vier sehr verschiedenartige Märchen geschrieben: »Der Schatz« (1836), »Der Bauer und sein Sohn« (1839), »Die Hand der Jezerte« (1853) und »Das Stuttgarter Hutzelmännlein« (1853). Mörike verteidigte sich gegenüber dem Vorwurf seines Freundes, des Ästhetikers Friedrich Th. Vischer, noch in der Romantik steckengeblieben zu sein, mit den Versen: »Die Märchen sind halt Nürnberger War', [...] Weihnachten ist nur einmal im Jahr«. Das moralische Märchen von dem Bauern und seinem Sohn, ursprünglich als Beitrag für einen Volkskalender und mit einer aufklärenden Tendenz (gegen Tierquälerei) verfaßt, wurde vom Redakteur abgelehnt, weil es Aberglauben begünstige. *Hermann Kurz* charakterisiert in seinem Trostbrief vom 19.4.1838 Mörikes poetische Verfahrensweise mit einer Bemerkung, die sich ebenso auf »Jezerte« beziehen ließe. Er spricht von der Anmut des Märchens, die auf dem Spiel mit einem beschränkten Pensum beruhe. Solch spielerischer Umgang mit dem Stoff versetzt auch das dem zeitgenössischen Bewußtsein heikle Wunderbare in eine artistische Balance zwischen Ernst und Schein, wie in »Jezerte«, wo das Wunderbare als ein sinnenhaft-weltliches Legendenwunder offenbar wird.

Im »Schatz« wird von einer verwunderlich schnellen Karriere, bei der gerüchteweise nicht alles mit rechten Dingen zugegangen sei, so erzählt, als sei sie ein Glücksmärchen gewesen. Nur wird das Wunderbare im Gegensatz zum Volksmärchen nicht als eine Selbstverständlichkeit aufgenommen, sondern als vielfach gebrochene, auf verschiedene Erzähler und Episoden verteilte Kunst des Fabulierens goutiert. Daß dies erzählte Wunderbare als scheinhaft durchschaut werden und dennoch die Illusion in der Schwebe bleiben kann, bildet den Reiz der Unterhaltung im geselligen Zirkel, der selbst mit an der Auflösung der Geschichte beteiligt wird. Keine andere Märchenerzählung Mörikes ist so direkt auf Gesellschaftliches gerichtet wie »Der Schatz« (Steinmetz S. 46 ff.), gerade in diesem Rahmen ist der Einsatz von Märchenelementen besonders aufschlußreich. Denn ähnlich wie im Volksmärchen handelt der Held in Mörikes Erzählung nicht aus sich heraus, er steht in einer »Geschehensordnung« (der auf Volksmärchen bezogene Begriff stammt von Hasselblatt). Sein Weg ist vorherbestimmt und führt ihn zum glücklichen Ende, weil er von vornherein auserwählt ist. In der Verflechtung von Gesellschaftsbezogenheit und Märchenschema kommt diesem die Funktion zu, anstelle dessen, worüber man nicht spricht, z.B. wie sozialer Aufstieg realiter funktioniert, Spielmaterial zu liefern, an dem sich gesellschaftliches Einverständnis heiter praktizieren läßt. Innerhalb der Kunstmärchentradition verbindet sich Mörikes »Schatz« durch das Moment der ironisch thematisierten Gesellschaftlichkeit mit *Goethes* »Neuer Melusine«, durch einige grotesk-phantastische Züge (der Feldmesser-Elfe auf der Landkarte) mit den Märchen *E. T. A. Hoffmanns.*

Im »Hutzelmännlein« liegen die Dinge komplizierter. Einerseits erscheinen Märchenwunder und Alltagsrealität auf einer volkstümlichen Ebene naiv verwoben, andererseits überspielt die verschachtelte Struktur der Erzählung mit ihrem komplexen Verweisungszusammenhang einzelner Motive die Gradlinigkeit und »Eindimensionalität« (Lüthi) des Volksmärchens. Der Erzählform des Volksmärchens widerspricht vor allem das vielfältige Eindringen in einzigartige (pseudo-)historische, soziale und landschaftliche Umstände, das spezifische Lokalkolorit. Volksmärchennähe dagegen wird in der abenteuerlichen Wanderung des Helden evoziert wie durch die zauberträchtigen Requisiten, die in Verbindung zu außermenschlichen Wesen, Hutzelmännlein und Lau, stehen. Ähnlich selbstverständlich wie im Volksmärchen geht der Held mit Wunderdingen wie jenen Glücksschuhen um, die ihn in Bewegung setzen. Nur sind die Wunder, die durch diese Requisiten ermöglicht werden, von burlesker und schwankhafter Art. Sie passieren in einer alltäglichen Welt und führen den Helden nicht ohne verquere Umstände zu einem bürgerlichen Glück im Familienzirkel und Berufsstand. Der weltimmanente Charakter des Wunderbaren im »Hutzelmännlein« entspricht dem der Titelfigur: als Zunftkobold ist er an Handfestem interessiert.

In gleicher Weise unmetaphysisch ist auch die andere außermenschliche Gestalt der Erzählung und Titelfigur der eingeschalteten »Historie von der schönen Lau« vorgestellt: als Wassergeist ohne Dämonie, aber von heiterer Sinnlichkeit. Die Historie der Lau ist die einer wunderbaren Erlösung, nicht durch jenseitige Mächte, sondern durch Lachen über durchaus weltliche, sinnenhafte Vorkommnisse. Ein Gelächter entsteht durch einen verhaspelten Kinderschnellsprechvers (»'s leit a Klötzle Blei glei bei Blaubeura«). Das Märchen insgesamt läßt sich als eine fabulierte Erklärung verstehen, was mit diesem regional geläufigen, scheinbar unsinnigen Vers angesprochen sei. Diesem ätiologischen Zug ordnen sich andere Herkunftsableitungen bei. Mörike legte gegenüber seinen ersten Lesern Wert darauf, daß er, soweit nicht angegeben, die eingewobenen Sagen und die Verbindung zum Klötzlein-Vers frei erfunden habe. Unter diesem Werkstattaspekt der Materialverarbeitung sollte das Moment der »Volkstümlichkeit« beleuchtet werden. Viele der schwäbischen Worte, die urtümliche Vertrautheit mit dem Lokalen auszusprechen scheinen, sind im Lexikon gefunden und werden im Anhang wieder erklärt. Die Attitüde, den Regionalismus geradezu philologisch ernst zu nehmen, deutet mit einem heimlichen Humor auf den Umstand zurück, wie sehr dies Märchen durch Lust an der Sprache motiviert ist (Storz S. 255 ff.). Was sich in der Struktur der Erzählung manifestiert: ein Fabulieren, das klassischen Maßverhältnissen des novellistischen Erzählens ebenso zuwiderläuft wie der Funktionalität des Volksmärchens, das zeigt auch der Einsatz jener krausen, prallen Wörter im Anklang heimatlicher Tonlage: die Selbstbehauptung des anscheinend zwanglosen, versinnlichenden Erzählens gegenüber dem Utilitarismus der bourgeoisen Welt.

»Die Hand der Jezerte«, ein Stiefkind der Kunstmärchen-Forschung und oft genug mit dem Stichwort des Hermetischen oder Symbolistischen beiseite geschoben, verarbeitet den bewußt (!) schlichten Märchenton zu einer Legende, in der neutestamentarisches Verzeihungs- und Liebesdenken den alttestamentarisch-orientalischen Zwang zur Beglaubigung, zum Schwur mit der Hand (und damit auch zu Meineid und Verleumdung) ersetzt. Das vielschichtige Märchen von der Wahrheit und Treue bedient sich noch einmal der freilich als zerbrechlich wahrgenommenen Wahrheit des Märchens.

Eduard Mörike: Werke in einem Band. Hrsg. von Herbert G. Göpfert. München ^{5}1979 (Hanser). Sämtliche Werke in zwei Bänden. Bd. I München (Winkler) 1967, ^{4}1979. *Ders.:* Novellen und Märchen. München 1981 (Goldmanns Klassiker mit Erl. 07602.). Die Historie von der schönen Lau. Mit einem Vorwort von *Traude Dienel.* Nachwort von *Hermann Hesse.* Frankfurt/M. ^{3}1980 (Insel-Tb. 72). Das Stuttgarter Hutzelmännlein. (Reclams UB. 4755).

Ernst S. Trümpler: Eduard Mörike: Die Hand der Jezerte. In: Monatshefte 47 (1955), S. 105-111. *Herwig Landmann:* Mörikes Märchen »Das Stuttgarter Hutzelmännlein« im Verhältnis zum Volksmärchen. Diss. Berlin 1961. *Herbert Meyer:* Eduard Mörike. Stuttgart 1961; ^{3}1969 (Slg. Metzler. 8.) [mit weiterer Literatur]. *Gerhard Storz:* Eduard Mörike. Stuttgart 1967 [zu den Märchen S. 240-268; bündige und ergiebige Darstellung]. *Horst Steinmetz:* Eduard Mörikes Erzählungen. Stuttgart 1969 [analysiert das für M. charakteristische Widerspiel von Märchen und Erzählung]. *Wolfgang Popp:* Eduard Mörikes »Stuttgarter Hutzelmännlein«. Zwischen Volksmärchen und Kunstmärchen. In: WW 20 (1970), S. 313-320 [Strukturuntersuchung]. *Ludwig Völker:* »Daß das Wunderbare nur scheinbar ist und bloßes Spiel«. Form und Geist des Erzählens in Mörikes »Der Schatz«. In: Schiller Jb. 29 (1985), S. 324-342. *Birgit Mayer:* Mörikes Prosaerzählungen. Frankfurt/M., Bern, New York 1985 [mit Fassungsvergleichen]. *Wührl,* S. 89f., S. 204-215. *Klotz,* S. 223-233. *Mathias Mayer:* Eduard Mörike. Stuttgart 1998, S. 107-120.

3. Realismus

Andersen

Daß *Hans Christian Andersen* (1805-1875), der ein vielseitiges Werk (Romane, Theaterstücke, Reisebeschreibungen) verfaßt hat, allein in der Erzählform Märchen den seiner Phantasie gemäßen Ausdruck fand, läßt sich mit seinen sozialen und psychischen Voraussetzungen erklären. Seine Herkunft aus einer unterprivilegierten Klasse, im besonderen aus einer verelendeten, verstörten Familie, die den bürgerlich-moralischen Normen in eklatanter Weise nicht genügte, disponierte ihn zu Wunschphantasien, in denen er sich aus der Misere in den Zustand gesellschaftlicher Reputation katapultierte. Daß ihm dies nicht nur als symbolische Handlung, sondern via Literatur auch tatsächlich gelang, faßte er in seiner Lebensbeschreibung unter der Formel »Das Märchen meines Lebens«. Seine lebensgeschichtliche Situation deutet neben anderen Märchen »Das häßliche junge

Entlein« (1844) in einem sinnbildlichen Geschehen. Das Resümee, es mache nichts, in einem Entenhof aufzuwachsen, wenn man in einem Schwanenei gelegen habe, erledigt durch den Verweis auf Natur die Frage, was für das Individuum bestimmend sei: Erbanlage oder Sozialisationsmilieu. Die wohlwollende Aufnahme, die Andersen und seine Märchen seinerzeit gerade in Familien der oberen Gesellschaftsklassen gefunden haben, basiert nicht zuletzt auf dieser Eigenschaft seiner Geschichten: daß sie brisante soziale Probleme der Gegenwart aufgreifen und apolitisch in eine sogenannte allgemeinmenschliche, naturgegebene Ordnung bringen. In seinen rund 150 Märchen bildet Andersen geographisch und sozial gleichermaßen umfassend alle Bereiche der Wirklichkeit in einer Vielzahl von erzählerischen Tönen ab. Das Märchen wird hier – zum letzten Male wohl – zum »ausgedehntesten Reich der Poesie« (Sämtliche Märchen, Bd. 2, S. 718).

Seine ersten Märchen hat Andersen Volksmärchen nachgebildet (»Das Feuerzeug«). Schon in ihnen macht sich ein Interesse an Kleinigkeiten bemerkbar, das den im Sinne Worringers abstrakten Stil (Lüthi S. 31) des Volksmärchens humoristisch aufweicht und charakteristische Einzelzüge hervorkehrt. In seiner späteren Produktion treten Neudichtungen von Volksmärchen zurück, nachdem er seine eigene Märchenform ausgebildet hatte. Ihr besonderes Merkmal liegt in einer simulierten Mündlichkeit des Vortrags, mit der er sich von dem – seiner Empfindung nach – schriftlichen Erzählduktus in den KHM absetzt und den individuellen Erzähler in der Ansprache an Leser und Hörer als Gewährsmann stets vergegenwärtigt (Brandes S. 275 ff.). Dieser Stilzug ist der Absicht verbunden, beiläufig ein doppeltes Publikum anzusprechen. Was den Kindern Abenteuer vorführt, soll den Älteren etwas zu denken geben: in »Schneekönigin« (1845) eine Allegorie der Verstandeskälte, die den Blick auf die Welt verzerrt und das Individuum aus der Wärme der Mitmenschlichkeit isoliert. Solche durchsichtig verkappten Gedankendichtungen manifestieren auf dem Grund einer vagen Religiosität Andersens Hoffnung, die Menschen durch Märchen zu belehren und zu bessern. Das traurige Ende vieler Andersenmärchen, das konventioneller Glücks- oder Versöhnungserwartung widerspricht, befördert nachdrücklich die moralisierende Botschaft an den Leser, selber Schlüsse zu ziehen, und formuliert zugleich eine grundsätzliche Skepsis gegenüber der »naiven Moral« (Jolles) oder »naiven Ästhetik« (Klotz) des Volksmärchens. Andersen will mit seinen Märchen auch erzählen, wie es in der Welt zugeht: daß man sein Glück verfehlen kann. Skepsis gegenüber dem Märchen und seinen Mächten äußert sich indirekt in Andersens Verfallenheit an die Gegenständlichkeit der Welt. Viele seiner Märchen und Geschichten handeln von Gebrauchs-

und Küchengeräten, Spielzeug oder Nippes. Poesie soll bereits zur Erscheinung kommen, indem das Statische des Gegenstands in einem Geschehensablauf aufgehoben scheint und das leblose Objekt Sprache gewinnt. Dies poetische Manöver hängt mit jener verschwommenen religiösen Annahme zusammen, daß in den Dingen wie in den Personen dieser Welt die Gedanken Gottes sich offenbarten. Von dieser Einstellung ist kein großer Schritt zur enthusiastischen Verherrlichung des naturwissenschaftlich-technischen Fortschritts. In »Die große Seeschlange« (1871) wird das Telegraphenkabel durch den Atlantik und in »Die Dryade« (1868) die Weltausstellung in Paris vom Jahr 1867 als ein Märchen des Fortschritts poetisch drapiert und verlebendigt (Tismar S. 20 ff.). Was in den Märchendichtungen der deutschen Romantiker als Utopie aufleuchtet: ein Zustand, der von der gegenwärtigen Entfremdung grundsätzlich enthoben ist, das erscheint bei Andersen als Bild einer besseren Welt, die mit Hilfe technisch-naturwissenschaftlicher Erfindungen heraufgeführt wird. Diese Linie, aber strikt auf reibungsloses Funktionieren des Apparats ausgerichtet, läßt sich in den »Technischen Märchen« (1903) von *Hans Dominik* weiter verfolgen (Tismar S. 24 ff.).

Die späten und für Erwachsene bestimmten Märchendichtungen Andersens sind in Deutschland kaum rezipiert worden. Hier wurden die frühen und unkomplizierteren durch zahlreiche Ausgaben kanonisiert und bald vielen Lesern von Kindheit an ähnlich vertraut wie heimische Volksmärchen. Der Weltruhm der Andersenmärchen hat von Deutschland aus seinen Anfang genommen. Die besondere Disposition deutscher Leser für Andersenmärchen erklärt sich nicht allein durch Vertrautheit mit einer entwickelten Märchenliteratur, die Andersen bereits verarbeitet hat: »Die Blumen der kleinen Ida« assoziiert von fern *E. T. A. Hoffmanns* »Nußknacker und Mausekönig«, »Die kleine Seejungfrau« *Fouqués* »Undine« und »Der Schatten« *Chamissos* »Peter Schlemihls wundersame Geschichte«. Die Aufnahmebereitschaft ist auch ein Indiz für ein quietistisches politisches Bewußtsein: im Kleinen und Häuslichen sich maßvoll zu bescheiden. Die idyllischen Tendenzen in Andersens Märchen wurden von deutschen Epigonen wie *Gustav zu Putlitz* mit »Was sich der Wald erzählt« (1850) zu einer durch und durch sentimentalen Welt- und Zeitflucht überzogen, wo schon ein Vermenschlichen der Dinge »Märchen« heißt (zur Rezeption Andersens in Deutschland Schmitz in *HdwDM).*

Hans Christian Andersen: Sämtliche Märchen in zwei Bänden. Aus dem Dänischen übertragen von Thyra Dohrenburg, hrsg. und mit einem Nachwort und Anmerkungen versehen von *Erling Nielsen,* mit den Illustrationen von Vilhelm Pedersen und Lorenz Frølich. München (Winkler) 1959, [5]1980

[Nachwort des Hrsg. in Bd. II, S. 713-761]. *Ders.:* Sämtliche Märchen. Stuttgart (Parkland Klassikerbibl. 236/237). Märchen. 3 Bde. *Frankfurt/M.* 1975 (Insel-Tb. 133). Drei Märchen. Die Nachtigall. Die kleine Seejungfrau. Der Reisekamerad. 32 Zeichnungen von Alfred Kubin. München 1979 (dtv. 2403). Der Reisekamerad und andere Märchen. (Reclams UB. 6707) Sämtliche Märchen und Geschichten. Hrsg. von Gisela Perlet. Hanau 1984. Märchen. Auswahl und Nachwort von L.L.Albertsen. (Reclams UB. 690).

Alexander von Ungern-Sternberg: Ueber das Mährchen als besondere Dichtungsart. In: Morgenblatt für gebildete Leser, Nr. 279 (21.11.1845), S. 1113 f.; Fortsetzungen in: Morgenblatt Nr. 280, S. 1118-1120; Nr. 281, S. 1121 f.; Nr. 282, S. 1126 f.; Nr. 283, S. 1129 f. [anläßlich des Erscheinens von Andersens Märchen eine grundsätzliche Reflexion über Märchen, verbunden mit einer Kritik an Grimms Märchen, die dem Verf. »von erzwungener Kindlichkeit zu strotzen« scheinen, S. 1118]. *Georg Brandes:* Hans Christian Andersen. (1869). In: *G. B.:* Moderne Geister. Literarische Bildnisse aus dem 19. Jh. Frankfurt/M. [3]1897, S. 274-332. Stichwort ›Andersen in Deutschland‹ *(Schmitz)* in *HdwDM* I, S. 67-73. *Paul V. Rubow:* Idee und Form in Andersens Märchen. In: *Svend Dahl und H. G. Topsøe-Jensen* (Hrsg.): Ein Buch über den dänischen Dichter Hans Christian Andersen. Sein Leben und sein Werk. Kopenhagen 1955, S. 99-138. *Walter A. Berendsohn:* Phantasie und Wirklichkeit in den »Märchen und Geschichten« Hans Christian Andersens. Struktur- und Stilstudien. Walluf bei Wiesbaden 1973 [1955 in dän. Sprache zuerst erschienen]. *Erling Nielsen:* Hans Christian Andersen in Selbstzeugnissen und Bilddokumenten. Reinbek 1958 [mit weiterer Literatur, reich an Aspekten; für den Einstieg gut geeignet]. *Wolfgang Lange:* Elend und Märchenglanz. Eine Studie zu H. C. Andersen. In: Festgabe für Ulrich Pretzel. Berlin 1963, S. 267-277 [biogr. orientiert]. *Gerhard Holtz-Baumert:* Alles auf seinen Platz. Zum Sozialen bei Hans Christian Andersen. In: Beiträge zur Kinder- und Jugendliteratur 34 (1975), S. 25-32. *Helga Rüdiger:* Was haben Hans Christian Andersens Märchen den kindlichen Lesern heute zu sagen. Eine Umfrage in Kinderbibliotheken. In: Beiträge zur Kinder- und Jugendliteratur 37 (1975), S. 49-57. *Hans Mayer:* Die Gleichschaltung: Hans Christian Andersen. In: *H. M.:* Außenseiter. Frankfurt/M. 1975, S. 224-233; 476 f. Stichwort ›Andersen‹ *(Helmut Müller)* in *LKJL* I, S. 35-38. Stichwort ›Andersen‹ *(Bengt Holbeck)* in *EM* I, Sp. 490-493. *Elias Bredsdorff:* Hans Christian Andersen. Des Märchendichters Leben und Werk. München 1980 (zuerst 1977 unter dem Titel »Hans Christian Andersen, the Story of his Life and his Work 1805-75«). *Tismar* S. 16-24 [zu den Märchen »Die Irrlichter sind in der Stadt, sagte die Moorfrau« (1865) und »Die Dryade« (1868)]. *Egon Monk:* Andersens Märchen. In: Hans Christian Andersen: Mutter Holunder. 21 Märchen aus dem Teekessel. Bilder von Sabine Friedrichson. Ausgewählt und mit einem Vorwort »Bevor Mutter Holunder über der Teetasse schwebt« von *Bernd Jentzsch.* Weinheim und Basel 1982, Anhang S. 17-24 [zuerst in einer Reihe der ZEIT, dann in: Die ZEIT-Bibliothek der 100 Bücher. Hrsg. von Fritz J. Raddatz. Frankfurt/M. 1980 (Suhrkamp Tb.

645), S. 245-250; bemerkenswert an diesem Auswahlband »Mutter Holunder« sind die Illustrationen]. *Karin Pulmer:* Vom Märchenglück zum Bürgeridyll. Zu H. C. Andersens Volksmärchenbearbeitungen. In: Skandinavistik (Glückstadt) 10 (1980), S. 104-117. *Jili Munzer*: H.C. Andersens Märchen und die Tradition des Kunstmärchens in Deutschland. In: *Mogens Brondsted*: Kortprosa i Norden: Fra H.C.Andersens eventyr til den moderne novelle. Odense 1983, S. 165-169. *John Cech*: H.Chr. Andersen's Fairy Tales and Stories: Secrets, Swans and Shadows. In: *Perry Nodelman* (ed.): Touchstones: Reflections on the Best in Childern's Literature: Fairy Tales, Fables, Myths, Legends, and Poetry. West Lafayette 1987, S. 14-23. *Dorothea Gelbreich*: Beobachtungen zum Bild Hans Christian Andersens. In: Zeitschrift für Germanistik 10 (1989), S. 670-679. *Uwe Ebel*: Hans Christian Andersen. Politologie und Poetologie seines Werks. Metelen 1994.

Dickens und das Viktorianische Kunstmärchen

Unvermittelter und schärfer als in Andersens Poetisierung der Wirklichkeit wird gesellschaftliche Realität in den Märchendichtungen von *Charles Dickens* (1812-1870) zur Anschauung gebracht. Der eklatante Gegensatz zu den zeitgenössischen Kunstmärchen deutscher Dichter wie *Mörike* spiegelt den fortgeschrittenen Stand der technischen, ökonomischen und sozialen Entwicklung in England. Dickens reagiert mit »A Christmas Carol in Prose« (Ein Weihnachtslied in Prosa, 1843) auf die notorische Verkümmerung humaner Qualitäten durch kapitalistische Praxis. Held der Erzählung ist ein Prototyp jener Unternehmer, die puritanisch sich jede Menschlichkeit, auch sich selber gegenüber, als einen Luxus versagen, um ihr Kapital zu vermehren. Wie solch kaltsinniger Geschäftsmann zur Umkehr bewegt wird und zu einem sozialen Wesen regeneriert, davon erzählt das Märchen. Die Mächte, die es in Bewegung setzen, gehören nicht zum gewohnten Personal jenseitiger Figuren der Volks- und der romantischen Kunstmärchen, wenn sie auch von jenseits des Tagesbewußtseins herkommen. Diese Geister, die den Helden heimsuchen (es sind neben dem Gespenst seines verstorbenen Kompagnons der Geist seiner vergangenen, der gegenwärtigen und seiner künftigen Weihnachten), ziehen die Bilanz seines Lebens und zeigen ihm die Alternative: Lebensfreude durch Mitmenschlichkeit, vor allem im idyllisch entworfenen Bezirk der Familie.

Dem Leser erscheinen die ungerufenen Geister des Helden als Ausgeburten seines schlechten Sozialgewissens. Märchenmittel wirken da, wo ein abstrakter Sachverhalt, z. B. drückende Schuld wegen der Geldgeschäfte, vergegenständlicht wird wie in der Kette des toten Kompagnons, die aus schweren Geldkassetten, Hauptbüchern und Kontrakten zusammengesetzt ist (vgl. Klotz).

Einem ähnlichen Lernprozeß wird in »The Chimes« (Die Silvesterglocken, 1844) ein Vertreter der unteren Gesellschaftsklasse unterworfen. Dem Botengänger, der sein Unwertempfinden von Repräsentanten der oberen Klasse sich einprägen ließ, schlagen die Glocken soziales Selbstbewußtsein und läuten ihm Hoffnung auf eine humane Zukunft der Gesellschaft. In beiden Erzählungen ist der Skepsis an der Glaubwürdigkeit vordergründig damit begegnet, daß dahingestellt bleibt, ob die abenteuerlich-gespenstigen Gesichte der Helden ihre Träume waren. In einem tieferen Sinn weisen sich diese Erzählungen als realistisch aus, indem z. B. die vorgestellte Rehumanisierung eines Kapitalisten aus den moralischen Kräften des eigenen Gewissens heraus als ein Märchen charakterisiert ist. Solch ein Märchen aber scheint nicht von vornherein desavouiert, da es Utopie zu vergegenwärtigen vermag.

Die dritte der insgesamt fünf Weihnachtserzählungen, »The Cricket on the Hearth« (Das Heimchen am Herde, 1845) vereinnahmt die wenigen Märchenzüge ganz in die Idylle der Häuslichkeit, deren Verkörperung, das Heimchen, hier als Elfe vorgestellt wird. Der Untertitel »a fairy tale of home« unterstreicht diese idyllische, das Märchen domestizierende Tendenz; noch verstärkt in der zeitgenössischen deutschen Übersetzung (1846) durch *Moosthal* »Ein Feemährchen aus traulicher Häuslichkeit«.

Nur eine Erzählung von Dickens könne man ohne erhebliche Vorbehalte als Kunstmärchen bezeichnen, »The Magie Fishbone« (1868), unter dem Titel »Holiday Romances. Part Two« - wie Petzold angibt - zuerst veröffentlicht in Dickens' Zeitschrift »All the Year Round«, eher »eine skizzenhafte Gelegenheitsarbeit« (Petzold S. 261).

Charles Dickens: A Christmas Carol and The Cricket on the Hearth. (New Meth. Suppl. Readers. 5.) München (Langenscheidt-Longman). *Ders.:* Weihnachtserzählungen. Vollständige Ausgabe. München 1957, [6]1989 (Winkler Dünndruck-Bibl.). Weihnachtserzählungen. Stuttgart 1981 (Parkland Klassikerbibl. 206). Der Weihnachtsabend. (Reclams UB. 788/[2]). Weihnachtserzählungen. Mit einem Nachwort von *Siegfried Schmitz.* München 1977, 1989 (dtv. 2028). Weihnachtsgeschichten. Mit Illustrationen von Cruikshank u.a. Frankfurt/M. 1978 (Insel-Tb. 358). *Joseph Jacobs:* English Fairy Tales (Selection). Harmondsworth 1970. Märchen, Fabeln, Traumgeschichten. Aus dem Englischen von Ursula Schmidt-Steinbach. Mit Illustrationen von Arthur Rackham. Rastatt 1978 (Moewig Verlag Bibliothek Exquisit) [enthält Washington Irving: Rip van Winkle; Lewis Carroll: Alice im Wunderland; Charles und Mary Lamb: Drei Shakespeare-Erzählungen: Der Widerspenstigen Zähmung, Ein Sommernachtstraum, Romeo und Julia; Charles Dickens: Ein Weihnachtslied in Prosa, Äsopische Fabeln; J. M. Barrie: Peter Pan im Stadtpark]. *Charles Dickens*: Drei Weihnachtserzählungen. Zürich 1984. *Jack Zipes* (ed.): Victorian Fairy Tales. The Revolt of the Fairies and Elves. New York/London 1987. *Michael P. Hearn* (ed.): The Victorian Fairy Tale Book. New York 1988.

John Butt: »A Christmas Carol«. Its Origin and Design. In: Dickensian 51 (1955), S. 15-18. *Edgar Johnson:* »The Christmas Carol« and the Economic Man. In: George H. Ford and Lauriat Lane (Hrsg.): The Dickens Critics. Ithaca, New York 1961, S. 270-278. *William E. Morris:* The Conversion of Scrooge: A Defense of That Good Man's Motivation. In: Studies in Short Fiction 3 (1965), S. 46-55. Stichwort ›Dickens‹ *(Wolfgang Schlegelmilch)* in *LKJL* I, S. 309-311. *Apel* S. 217-221 [über »A Christmas Carol«]. *Kenneth R. Ireland:* Urban Perspectives: Fantasy and Reality in Hoffmann and Dickens. In: Comparative Literature 30 (1978), S.133-156. *Dieter Petzold:* Das englische Kunstmärchen im neunzehnten Jahrhundert. Tübingen 1981 (Buchreihe der Anglia, Zeitschrift für englische Philologie. 20.) [erste umfassende Darstellung; enthält u.a. Überlegungen zum Begriff ›Kunstmärchen‹ S. 9-36, Rezeption und Verarbeitung ausländischer Märchen im 18. und 19. Jh. S. 76-111, Moralistische Tendenzen in englischen Kunstmärchen S. 112-134, George MacDonalds »Faerie Romances for Men and Women« S. 161-196, George MacDonalds Märchen für Kinder S. 197-222, Lewis Carrolls »Nonsense-Märchen« S. 223-247, Märchen in ironischer Verfremdung S. 248-269, Märchen des spätviktorianischen Ästhetizismus, S. 291-323; im Anhang Anthologien, Einzeltexte und Märchensammlungen einzelner Autoren]. *Harry Stone*: Dickens and the Invisible World. Fairy Tales, Fantasy, and Novel-Making. London 1980. *William Coyle*: Ruskin's King of the Golden River: A Victorian Fairy Tale. In: *Robert A. Collins/Howard D. Pearce* (eds.): The Scope of the Fantastic: Culture, Biography, Themes, Children's Literature. Westport 1985, S. 85-90. *Klotz*, S. 256-270. *Jan Christopher Susina*: Victorian Kunstmärchen. A Study in Children's Literature, 1840-1875. DA (1987.10) 3765A. *Daniel Shealy*: Fairy Tales and Fantasy Stories. Knoxville 1992. *J. Hillis Miller*: The Genres of Christmas Carol. In: Dickensian 89 (1993), S. 193-206. *Audrey Jaffe*: Spectacular Sympathy: Visuality and Ideology in Dickens's A Christmas Carol. In: PMLA 109 (1994), S. 254-265.

Thackeray

William Makepeace Thackeray (1811-1863) hat das Märchen »The Rose and the Ring. A Fireside Pantomime for Great and Small Children« 1854 in Rom geschrieben – es ist das letzte seiner Christmas Books – und hat es selber illustriert. Gegen Ende des gleichen Jahres wurde es mit der Angabe 1855 veröffentlicht. Es ist die Ansicht vertreten worden (McMaster), mit diesem Märchen habe man die Quintessenz von Thackerays Erzählkunst in den Händen. Man findet: mit Witz und Ironie prätentiöses Verhalten aufs Korn genommen, einen scharfen Umriß der Gestalten, die bei aller Unverwechselbarkeit der Zeichnung an typische Figuren wie Clown oder Columbine erinnern; einen besonderen Ton des persönlichen Kommentierens, der das Erzählen begleitet.

Zunächst scheint »The Rose and the Ring« ein Märchen von vertrauter Art und vor allem für die kleinen Kinder da zu sein. Eine Fee verleiht magische Dinge, Rose und Ring, die jedoch nicht stets und bei allen Trägern positive Wirkungen hervorrufen. Dann aber mischen sich, nun für die großen Kinder, andere Töne in das Erzählen. Es wird auf bekannte Figuren angespielt, die mit ihrem literarischen Volumen nicht in den engeren Bezirk der Märchen passen (die Heldin wird – wie Gretchen, heißt es – auf nacktes Stroh gelegt, der Held wird – wie Hamlet – von seinem Oheim hintergangen), oder das Erzählen selber wird ironisiert. Die Aufgabe, eine Schlacht zu beschreiben, läßt nach der Feder des englischen Geschichtsschreibers Sir Archibald Alison rufen; ein Ritteraufzug wird vorgestellt, als stamme er aus den Erzählungen von G. P. R. James, dem Scott-Epigonen. Doch die nachdrücklichste Anspielung kommt ohne Ironie daher. Sie ist eine Reverenz vor E. T. A. Hoffmann, ihn hatte Thackeray neben anderen Werken deutscher Literatur bei seinem Aufenthalt in Weimar gelesen. Auf dessen Märchen wird mehrfach hingewiesen. Auf den »Goldnen Topf« mit einem fratzenhaften Türklopfer, der eigentlich ein böser Diener ist; auf »Die Königsbraut« mit Namen, die an Küche und Garten denken lassen; auf »Klein Zaches genannt Zinnober« mit einer Feengabe, die seinen Träger in den Augen der Gesellschaft liebenswert macht. Trotzdem ist »The Rose and the Ring« durchaus kein romantisches Märchen in der Art E. T. A. Hoffmanns, dazu fehlt die Zweischichtigkeit der entworfenen Wirklichkeit. Thackerays Märchen will dem Bösen, das ganz von dieser Welt ist, für den Augenblick des Erzählens die Kraft rauben. Das geschieht u. a. mit schwarzem Humor. Die beiden Löwen, denen die Heldin vorgeworfen werden sollte, sind mit einem Male so zahm, daß sie von jedermann gestreichelt werden können. Sie sind satt – von einem Grafen und sechs Leibgardisten.

Der bemerkenswerteste Zug dieses Märchens tritt beiläufig hervor. Er betrifft das drollige Nebeneinander von Mitteln, die etwas bewirken können. Einerseits gibt es magische Wunderdinge, neben Rose und Ring eine unerschöpfliche Reisetasche, die vom Menschen benutzt, aber nicht verstanden werden. Andererseits wird ein gerade auf Verständlichkeit abzielendes Mittel eingesetzt, um die wunderbare Wendung herbeizuführen: Durch eine packende Rede macht sich der Held aus Feinden Freunde. Auf die Ablösung des Märchens ist alles ausgerichtet. Statt der magischen, die rhetorische Kraft; statt wunderbarer Gaben, die bloß dem Einzelnen dienen, gesellschaftlich nutzbare Fähigkeiten.

William Makepeace Thackeray: The Rose and the Ring. Reproduced in facsimile from the Author's original illustrated manuscript in the Pierpont Morgan Library. With an Introduction by *Gordon N. Ray.* New York 1947. *Ders.:* Die Rose und der Ring oder Die Geschichte vom Prinzen Giglio und vom Prinzen Knollo. Eine Feenposse am Kamin für große und kleine Kinder. Deutsch von Christine Hoeppener. Feldafing 1957. *Ders.* Die Rose und der Ring oder die Geschichte von Prinz Giglio und Prinz Bulbo. Aus dem Englischen von Peter Rau. Sammlung Dietrich 412, 1990.

Jonn Stevens: A Fairy Tale Mishandled: »The Rose and the Ring«. In: Journal of the Australasian Universities Language and Literature Association Nr. 23 (May 1965), S. 5-23 [berichtet über die Entstehung des Märchens und der Illustrationen; nur die Erstausgabe mit ihrer komplizierten Textur sei authentisch, die nachfolgenden Herausgeber hätten die Präzision von Bild- und Text-Zusammenhang verwischt]. *Patricia Runk Sweeny:* Thackeray's Best Illustrator. In: Costerus. N. S. 1974/11, S. 83-111 [legt dar, daß T. selber sein bester Illustrator gewesen ist]. *Juliet McMaster:* ›The Rose and the Ring‹: Quintessential Thackeray. In: Mosaic IX/4 (1976), S. 157-165. *Petzold* (nähere Angaben im Abschnitt über Dickens) S. 249-258. *Klotz,* S. 271-283.

Carroll

Der Mathematikdozent Charles Lutwidge Dodgson (1832-1898), im bürgerlichen Leben gehemmt und trocken, wurde zu einem übermütigen Erzähler, wenn er sich kleinen Mädchen zuwandte. Eine dieser Geschichten, die er für Alice Pleasance Liddell, Tochter seines Vorgesetzten am Christ Church College in Oxford, erfunden hatte, wurde er aufzuschreiben gebeten. Unter dem Pseudonym *Lewis Carroll,* es ist aus einem Spiel mit den Vornamen entstanden, veröffentlichte er »Alice's Adventures in Wonderland« (1865), das nun in die Reihe weltberühmter Kinderbücher gehört. Aber gehört es auch in die Reihe der Märchen? In der Forschung kann man beides finden, Zustimmung und Ablehnung. Als Märchenmotive werden angeführt: der Fall ins Innere der Erde, der goldene Schlüssel, die sprechenden Tiere, schließlich auch magische Mittel wie die Stückchen eines Pilzes, die bewirken, daß man größer oder kleiner wird (Breitkreuz). Trotz der Selbstverständlichkeit des Wunderbaren, wodurch Alices Abenteuer denen eines Märchenhelden vergleichbar scheinen, fehlt zu einem Märchen etwas Wesentliches: ein vorgezeichnetes Ziel, das der Held entweder erreicht oder verfehlt, das seinen Weg jedenfalls insgesamt bestimmt. Davon kann in »Alice's Adventures in Wonderland« keine Rede sein, die einzelnen Abenteuer erscheinen als die austauschbaren Episoden eines Traums. Zum Traum wird am Ende alles, was Alice erlebt hat, ausdrücklich erklärt. Besonders die psychoanalytisch argumentierende Forschung verweist nachdrücklich auf den Traumcharakter dieser Unsinnspoesie (Reichert). Ein wenig anders liegen die Verhältnisse in der zweiten Alice-Geschichte, »Through the Looking-Glass and What Alice Found There« (1872). Auch darin wird das Geschehen schließlich zum Traum erklärt, nur folgt es strikteren Regeln, die eine Vertauschbarkeit der Episoden einschränken. Alice muß als Damenbauer riesige Schachbrettfelder im Gelände überqueren, um endlich im achten Feld ihr Ziel zu erreichen: in eine Königin, Ziel auch einer Märchenheldin, umgewandelt zu werden. Was sich gegenüber dem ersten Buch gradliniger und ausgeklügelter ausnimmt, das eben macht »Through the Looking-Glass« einem Märchen ähnlicher. Zugleich wirken die Märchenzüge harmloser und äußerlicher als die Traummomente. Carroll übertrumpft das Märchen mit Psychologie. Wenn es Art des Märchens ist, daß sich der Held im Wald verirrt, so ist das besondere an Carrolls Erzählen, daß der Held nicht recht weiterkommt, da die Worte fehlen, z.B. für Baumstämme. Andere Traummomente: Alice und die Schwarze Königin rennen und kommen doch nicht vom Fleck; sie mußten rennen, um eben an diesem Fleck zu bleiben. Vor Alices Augen wandelt sich die Weiße Königin zum betagten Schaf, aus ihren Stricknadeln sind unversehens Ruder geworden. Wichtig für die Analyse der Alice-Geschichten sind die zeitgenössischen Illustrationen; denn Carroll wollte seine Vorstellungen bis ins Detail verwirklicht sehen. Er hat auch ein kleines Feenmärchen geschrieben, »Bruno's Revenge«, es erschien im Dezember 1867 in »Aunt Judy's Magazine« und wurde mit wenigen Änderungen als Kapitel »Sylvie, die Elfe« und »Brunos Rache« in den Roman »Sylvie und Bruno« (1883, dt. 1980) übernommen.

Lewis Carroll: Alice in Wonderland. (New Meth. Suppl. Readers. 3.) München 1976 (Langenscheidt-Longman). *Ders.:* Alice im Wunderland. Mit 42 Illustrationen von John Tenniel. Übersetzt und mit einem Nachwort von *Christian Enzensberger.* Frankfurt/M. 1963 (Insel Tb. 42). Alice hinter den Spiegeln. Mit 51 Illustrationen von John Tenniel. Übersetzt von Christian Enzensberger. Frankfurt/M. 1963 (Insel-Tb. 97). Sylvie & Bruno. Eine Historie. Mit Illustrationen von Harry Furniss. Ins Deutsche übertragen von Michael Walter. Frankfurt/M. 1980 (Bibliothek des Abenteuers bei Robinson).

F. Lösel: The first German translation of Alice in Wonderland«. In: Hermathena 99 (1964), S.66-79 [betrifft die Übersetzung durch Antonie Zimmermann, 1869]. *Robert Phillips* (Hrsg.): Aspects of Alice: Lewis Carroll's Dreamchild as seen through the Critics' Looking-Glasses, 1865-1971. New York 1971; London 1972 [umfangreiche Sammlung von Aufsätzen zu verschiedenen Gesichtspunkten u. a.: Biographie; Viktorianische Kinderliteratur; Vergleich mit anderen Schriftstellern; philosophische Fragen; Kirche und Schach; Sprache, Parodie und Satire; Interpretationen nach Freud und C. G. Jung]. *Dieter Petzold:* Formen und Funktionen der englischen Nonsense-Dichtung im 19. Jahrhundert. Nürnberg 1972 (Erlanger Beiträge zur Sprach- und Kunstwissenschaft. 44.) [diskutiert im Abschnitt über »Das Phantastisch-Märchenhafte«, ob und inwiefern die Alice-Bücher Märchen sind, S. 16-19]. *Klaus Reichert:* Lewis Carroll. Studien zum literarischen Unsinn. München 1974 (Reihe Hanser. 165.). Stichwort ›Carroll‹ (J. *Michael Loughrigde)* in *LKJL* I, S. 244 f. Stichwort Alice [im Wunderland]‹ (J. *Michael Loughrigde)* in *LKJL* I, S. 22-25. Stichwort ›Alice im Wunderland‹ *(Hartmut Breitkreuz)* in *EM* I, Sp. 311-314. *Apel S.* 221-247 [auch zu Ruskin und Thackeray]. *Ulrich Moritz:* Alice in der Eisenbahn. Über Technik und Phantastik im 19. Jh. In: Die nützlichen Künste. Gestaltende Technik und Bildende Kunst seit der Industriellen Revolution. Hrsg. von Tilmann Buddensieg und Henning Rogge. Berlin 1981 (Studien und Materialien zur Ausstellung »Die nützlichen Künste«), S. 223-227. *Petzold* (nähere Angaben im Abschnitt über Dickens) S. 223-247. *Dieter Stündel:* Charles Lutwidge Dodgson alias Lewis Carroll: Poet zwischen Mathematik und Fotokunst. Siegen 1982. *Nina Demurova*: Toward a Definition of Alice's Genre: The Folktale and Fairy-Tale Connections. In: *Edward Giuliano* (Ed.): Lewis Carroll. A Celebration. New York 1982, S. 75-88. *Eberhard Kreutzer*: Lewis Carroll: Alice in Wonderland and Through the Looking-Glass. (Text und Geschichte. Modellanalysen zur Englischen und Amerikanischen Literatur 6), München 1984. *Klotz,* S. 284-298. *Harold Bloom*: Lewis Carroll. New York 1987. *Lothar Cerny*: Autor-Intention und dichterische Fantasie: Lewis Carroll und Alice in Wonderland. In: Archiv für das Studium der Neueren Sprachen und Literaturen 224 (1987), S. 286-303. *Sophie Marret*: Metalanguage in Lewis Carroll. In: Substance 22 (1993), S. 217-227.

MacDonald

George MacDonald (1824-1905) war ein Freund von Charles Lutwidge Dodgson, er hat ihn dazu gebracht, die Alice-Phantasien für ein öffentliches Publikum auszuarbeiten. Zu der Eigenart MacDonaldscher Märchen indes wird diese Brücke der Freundschaft nicht führen, wenn auch die Lust am Wortspiel beide verbindet. Eine andere Verbindung ist ergiebiger, die zu *Novalis.* MacDonald hat ihn nicht bloß übersetzt, er hat ihn in sich aufgenommen. Im Märchen »The Golden Key« (1867) stößt man auf eine Fußnote, in welcher der Verfasser die Vermutung äußert, er habe jene geometrischen Figuren wohl von Novalis. Ebenso verweist die Struktur in »The Golden Key« auf Novalis' Märchen von Hyazinth und Rosenblüte: Auch MacDonalds Held findet am Ende der Suche, welches Geheimnis der goldene Schlüssel eröffne, seine aus Kindertagen vertraute Freundin wieder. Ein anderes Märchen, »The Light Princess« (1864), ist nicht in gleicher Weise von vornherein auf Tiefsinn angelegt, vielmehr scheint gerade Leichtigkeit, leichter Sinn Thema zu sein. Alles entwickelt sich aus dem wohlbekannten Volksmärchenmotiv, daß die zur Taufe nicht geladene Hexe eine Verwünschung ausspricht. Sie lautet, das Kind würde ohne Erdenschwere sein. Nur beim Schwimmen im See hat dieser Zauber keine Wirkung. Daher läßt die Hexe sein Wasser durch ein Loch am Grund ablaufen und alle Quellen versiegen. Gegenmittel ist ein freiwilliges Menschenopfer; ein fremder Prinz stellt sich als lebender Stöpsel zur Verfügung. Warum die Störung des Glücks als Störung im Naturhaushalt gesehen wird, könnte ein Vergleich mit *Storms* »Regentrude« näher beleuchten. Es ließen sich dabei auch weitere Gemeinsamkeiten finden, die nicht aus direkter Beeinflussung, sondern aus der Problematik des Märchenerzählens im fortgeschrittenen 19. Jh. stammen. Es wird nicht naiv erzählt, als ob unmittelbar von einem Geschehen berichtet werden könnte, vielmehr mit Kennerschaft (der Prinz war wie alle Prinzen) und mit Einblick in die Taktiken des Erzählens (Wälder sind nützlich, um den Helden von seinem Gefolge zu trennen). Diese beiden Märchen MacDonalds sind in seiner Sammlung »Dealings with the Fairies« (1867) erschienen, der Illustrator *Maurice Sendak* hat sie für eine bibliophile deutsche Ausgabe in zwei Bändchen (1976) ausgewählt. MacDonald hat auch Märchenromane geschrieben, »Phantastes« (1858) und »Lilith« (1895) sind für Erwachsene gedacht, »At the Back of the North Wind« (als Buch 1870, datiert auf 1871) für Kinder. Ein Blick von der »Unendlichen Geschichte« *Endes* über *Tolkiens* »Herr der Ringe« auf »Lilith« zurück könnte über die Tradition der Phantasie-Literatur einigen Aufschluß geben.

George MacDonald: Der Goldene Schlüssel. Aus dem Englischen von Hildegard Krahé. Mit einem Nachwort von *W. H. Auden* und Zeichnungen von Maurice Sendak. Zürich 1976. Die Lachprinzessin. Aus dem Englischen und mit einem Nachwort von *Hildegard Krahé.* Mit Zeichnungen von Maurice Sendak. Zürich 1976. Lilith. Übersetzt von Uwe Herms. Stuttgart 1977 (Hobbit Presse). Hinter dem Nordwind. Aus dem Englischen von Sybil Gräfin Schönfeldt. Illustrationen von Victor Ambrus. Wien, München 1981. Phantastes. Eine märchenhafte Geschichte. Aus dem Englischen von Sabine Ivanovas. Bilder von Friedrich Hechelmann. München 1982 [der Text wurde gekürzt, auf die Gedichte wurde verzichtet].

Kathryn Walls: George MacDonald's »Lilith« and the Later Poetry of T. S. Eliot. In: English Language Notes 16 (1978), S. 47-51. *Petzold* (nähere

Angaben im Abschnitt über Dickens) S. 161-222. Stichwort ›Mac Donald‹ [sic] *(Eckhard Breitinger)* in *LKJL* IV, S. 396f. [mit weiterer Literatur]. *Klotz*, S. 299-310. *John B. Pennington*: Thematic and Structural Subversion in the Fairy Tales and Fantasies of George MacDonald. DA (1988.5) 1152A-1153A. *Gillian Avery*: George MacDonald and the Victorian Fairy Tale. In: *William Raeper* (ed.): The Golden Thread. Essays on George MacDonald. Edinburgh 1990, S. 126-139. *Dieter Petzold*: Reiten und Erziehen in George MacDonalds Märchen. In: Jahrbuch für Literatur und Ästhetik 9 (1991), S. 93-109. *Michael Mendelson*: The Fairy Tales of George MacDonald and the Evolution of a Genre. In: *Roderick McGillis* (ed.): For the Childlike: George MacDonald's Fantasies for Children. Metuchen 1992, S. 31-49.

Deutsche Kunstmärchen im Realismus

Die zweite Hälfte des 19. Jh.s ist der Erzählgattung Kunstmärchen keine günstige Zeit gewesen. Die vorherrschende Tendenz des *Bürgerlichen Realismus* mit der Forderung nach Glaubwürdigkeit des Erzählten diskreditiert die Fiktion des Wunderbaren. Das Märchen als explizit amimetische Gattung hatte allenfalls im Gefolge der Diskussionen um das Wunderbare im 18. Jahrhundert seine eigene poetische Wahrheit (im Unterschied zur historischen Wahrheit) ausbilden können, die aber von jedem realistischen Anspruch unabhängig geblieben war. Gegenüber der klassischen Autonomieästhetik und der Verselbständigung des Wunderbaren, wie sie bei Novalis oder Brentano zu beobachten war, hatten schon Tieck eine innere, dämonisch besetzte, und Chamisso eine äußere, naturwissenschaftlich induzierte »Realität« eingeklagt. Bei Hoffmann tritt sie explizit in Konflikt mit der Märchenwelt. Im Realismus ist diese vollends auf dem Rückzug. Visionen von einem Goldenen Zeitalter der aufgehobenen Entfremdung, wie romantische Kunstmärchen sie poetisch reflektieren, erscheinen in der Epoche der arrivierten Bourgeoisie als Hirngespinste. Der Bürger macht seine Geschäfte; das Märchen hat seinen Kredit verloren (Storm). Das Widerspiel von Märchenintention und Realitätsprinzip haben nur wenige Autoren, wie *Storm, Keller, Anzengruber,* zur Kunstform gebracht. Die Ausnahmen verschwinden in der Menge trivialer Erzählungen, die den Titel »Märchen« als Ausweis der Harmlosigkeit und als Entrebillett in die Gefühlswelt der sogenannten besseren Familien tragen, oft direkt an die Adresse der »lesenden weiblichen Jugend«. Die »Musikalischen Märchen« der *Elise Polko,* die, seit 1852 in mehr als 50 Auflagen erschienen, nichts weiter als sentimentale Skizzen vom Leben oder Nachleben berühmter Musiker darstellen, sind für diesen »Märchen«-Typus repräsentativ. Mehr als durch die verkümmerten Märchenzüge ist er durch die

Tendenz zur Idylle und zum Genrebild bestimmt. Die Unerheblichkeit dieser Erzählungen sollte nicht übersehen lassen, daß sie den bürgerlichen Lesegeschmack und die Erwartungen an die literarische Gattung eher charakterisieren als die vereinzelten Märchen deutscher Realisten. Dies Gebiet ist noch zu erforschen, nur wenige der vorliegenden Untersuchungen können als kritische Analysen gelten.

Ludwig Anzengruber: Die Märchen des Steinklopferhanns. Nachwort von *Karlheinz Rossbacher.* (Reclams UB. 504).

Erich Bleich: Zur neueren deutschen Kunstmärchendichtung. In: Eckart 4 (1909/10), S. 426-440 [materialreich]. *Gertrud Mudrak:* Das KM des 19. Jh.s in seinen Beziehungen zur Volksüberlieferung. Diss. (Masch.) Wien 1953. *Jehle. Albert Krebs:* Volksmärchen und KM von Wieland bis Storm mit besonderer Berücksichtigung der Zeit des Realismus. Diss. (Masch.) Würzburg 1922. *Dorothea Bäuerle:* Das nach-romantische KM in der deutschen Dichtung. Diss. Würzburg 1937. *Hilde Parr:* Das moderne deutsche KM für Erwachsene seit 1870. Diss. (Masch.) Wien 1938 [enthält weder eine hinreichende Einleitung noch ein erhebliches Resümee; im einzelnen liefert P., von einem faschistischen Märchenbegriff ausgehend, Inhaltsangaben mit Wertungen zu Paul Heyse: Neue Märchen, Ludwig Ganghofer: Es war einmal, Ludwig Anzengruber: Märchen und Träume, Kurd Laßwitz: Seifenblasen. Nie und immer, Gustav Meyrink: Des deutschen Spießers Wunderhorn, Richard Volkmann-Leander: Träumereien an französischen Kaminen, Manfred Kyber: Puppenspiel, Hermann Stehr: Wendelin Heinelt, Wilhelm Matthießen: Im Turm der alten Mutter, Isolde Kurz: Phantasien und Märchen, Hans von Hammerstein: Frauenschuh und andere Märchen für Erwachsene, Hans Friedrich Blunck: Märchen von der Niedereibe; am ausführlichsten werden behandelt die Märchen von Kyber und Blunck]. Stichwort ›Carl Ewald‹ *(Helmut Müller)* in *LKJL* I, S. 363f. Stichwort ›Marie Petersen‹ *(Hans Eich)* in *LKJL* III, S. 24f. Stichwort ›Heinrich Seidel‹ *(Margarete Dierks)* in *LKJL* III, S. 371f. Stichwort ›Ottilie Wildermuth‹ *(Wolfgang Promies)* in *LKJL* III, S. 804-807. *Karlheinz Rossbacher:* Ludwig Anzengruber: »Die Märchen des Steinklopferhanns« (1875/79). Poesie der Dissonanz als Weg zur Volksaufklärung. In: *Horst Denkler* (Hrsg.): Romane und Erzählungen des bürgerlichen Realismus. Neue Interpretationen. Stuttgart 1980, S. 231-245. *Charlotte Jolles*: »Im alten Eisen«. Wirklichkeit im Märchenton. In: Jb. der Raabe-Gesellschaft 1981, Revisionen, S. 194-201. *Leo Lensing*: Fairy Tales in the Novel. Generic Tension in W. Raabes Die Chronik der Sperlinggasse. In: *ders./Hans-Werner Peter* (Hrsg.): Wilhelm Raabe. Studien zu seinem Leben und Werk. Braunschweig 1981, S. 14-43. Stichwort ›Rudolf Baumbach‹ *(Hans Eich)* in *LKJL IV, S.* 37. Stichwort ›Luise Büchner‹ *(Margarete Dierks)* in *LKJL* IV, S. 102. Stichwort ›Eduard Duller‹ *(Helmut Müller)* in *LKJL* IV, S. 165. Stichwort ›Clara Fechner‹ *(Alfred Clemens Baumgärtner)* in *LKJL* IV, S. 189. Stichwort ›Amelie Godin‹ *(Klaus-Ulrich Pech)* in *LKJL* IV, S. 226f. Stichwort ›Johann Peter Lyser‹ *(Hans Eich)* in *LKJL* IV, S. 394-396. Stichwort ›Elise Polko‹ *(Hermann Bertlein)* in *LKJL* IV, S. 454f. *Wührl*, S. 130-135, S. 219-222.

Storm

Unter den Autoren des Bürgerlichen Realismus orientiert sich am deutlichsten *Theodor Storm* (1817-1888) mit seinen Märchendichtungen an romantischen Vorbildern, zunächst mit »Der kleine Häwelmann« (gedruckt 1850) und mit »Hinzelmeier« (1851), eine Erzählung, die durch ihr Thema wie ihren Motivapparat eine Hauptproblematik romantischer Kunstmärchen zitiert: den Zwiespalt von Natur und Geist. Jene wird symbolisiert in der Suche nach einer naturgegebenen Bestimmung des Ichs, dieser in der Suche nach dem Stein der Weisen. Da die Unternehmungen einander durchkreuzen, bleibt nur der frostige Schluß, daß beides zu vereinbaren unmöglich sei. Im dargestellten Scheitern manifestiert sich die Vergeblichkeit bürgerlicher Hoffnung, die eigene Natur unmittelbar wieder einzuholen. Diese Einsicht schlägt sich auch in der Bemerkung Storms nieder (Brief an Emil Kuh vom 22.12.1872), in der er auf den allegorischen Charakter seines Märchens verweist und dies mit der Selbstbeobachtung verbindet, daß er nicht voller Glauben erzähle, sondern halb reflektierend danebenstehe. Die Zitation des nicht geglaubten Märchens, die Storm zur Allegorie gerät, erweist sich als die reflektierte Form des Leidens eines bürgerlichen Individuums am gegenwärtig nicht aufhebbaren Widerspruch seiner Hoffnungen mit den realen Gegebenheiten. Dabei stehen politische und psychologische Erfahrungen im Hintergrund. Storm entwarf seine (drei) Märchen Ende 1863 während des deutsch-dänischen Krieges, so »als müßte« er »zur Erholung von der unerbittlichen Wirklichkeit ins äußerste Reich der Phantasie flüchten« (29. 12. 1863 an die Eltern). Storms Äußerungen über das Märchen in der Vorrede zu seinen »Geschichten aus der Tonne« (1873) – zuerst unter dem Titel »Drei Märchen« (1866) – belegen, zumal in der Metaphorik, das Dilemma eines Märchenerzählers in der Epoche ideologischer Verfallenheit an die Praxis der Ökonomie. Storm registriert, das Märchen habe – und nicht zu Unrecht – seinen Kredit verloren, nicht zuletzt wegen des Dilettantismus anderer Autoren, die mit ihren Pfuscharbeiten einen lebhaften Markt eröffnen. Daher schickt er in dieser zweiten Auflage seine Märchen als *Geschichten* in den Handel, nachdem mancher sogar wohlwollende Leser die Sammlung um des Titels »Märchen« willen ungelesen gelassen hatte. Dabei bekannte sich Storm ebenso zum ästhetischen Rang dieser Texte, die alle »aus innerstem Drange geschrieben« seien (15. 2. 1864 an Weber) wie zu jenem freilich anachronistischen »Goldschimmer der Romantik« (1882 an Paul Heyse), der noch in ihm stecke. Der Titel »Geschichten aus der Tonne« bezeichnet den – biographisch beglaubigten –

sozialen Ort für Märchen: ein Kinderversteck, in dem man sich vor der Alltags- und Handelswelt heimlich verschließen kann. Während »Bulemanns Haus« und »Der Spiegel des Cyprianus« bereits zur phantastischen Literatur bzw. der Sage tendieren, ist das berühmteste Stück der Sammlung, »Die Regentrude«, ein »Mittsommermärchen« auf dem Hintergrund der inzwischen etablierten Dorfgeschichte. Die bedrohliche Trockenheit dieses Sommers – der aber schon hundert Jahre zurückliegt! – wird zum Zeichen elementarer Entfremdung des zunehmend ökonomisch denkenden Menschen von der Natur. So wie er den Spruch, mit dem die belebende Regentrude zu wecken ist, fast vergessen hat, so hat sich auch das ursprüngliche Naturverhältnis verloren: Das Märchen läßt hier den Realismus an ein – fiktives, imaginiertes, regredierendes – Ende kommen.

Eine kritische Analyse dieser Märchen und ihrer gesellschaftlichen Bedingungen fehlt bislang. Die Literatur zu Storms Märchen ist, insgesamt gesehen, ausbaufähig.

Theodor Storm: Sämtliche Werke in zwei Bänden. Nach dem Text der ersten Gesamtausgabe 1868/89. Nachwort von *Johannes Klein.* München 1951 (Winkler Dünndruck-Bibliothek). *Ders.:* Die Regentrude und andere Märchen. (Reclams UB. 7668). Gesammelte Werke. Hrsg. von Gottfried Honnefelder. Frankfurt/M. 1983. Märchen und Spukgeschichten. Essen 1985 (Magnus). Die Regentrude, in: *Ewers,* S. 565-594. Sämtliche Werke in 4 Bänden. Hrsg. von Karl Ernst Laage und Dieter Lohmeier. Bd. 4: Märchen. Kleine Prosa. Frankfurt/M. 1988 (DKV).

Wilhelm Mühlner: Storms Märchen. In: Grenzboten 70 (1911), 3. Quartal, S. 254-261. *Karl Gratopp:* Volkspoesie und Volksglauben in den Dichtungen Theodor Storms. Diss. Rostock 1914. *Krebs* (siehe den Abschnitt über dt. Kunstmärchen im Realismus) S. 142-152. *Jehle* S. 148-174. *Hertha Botzong:* Wesen und Wert von Theodor Storms Märchendichtung. Diss. München 1935. *Bäuerle* (siehe den Abschnitt über dt. Kunstmärchen im Realismus). *F. Stuckert:* Theodor Storm. Sein Leben und seine Welt. Bremen 1955, S. 281-289. *Fritz Böttger:* Theodor Storm in seiner Zeit. Berlin (DDR) 1958 [für Märchen nicht recht ergiebig, *B.* deutet sie als Fluchtversuche aus Unbehagen vor der kriegerischen Wirklichkeit]. *Fritz Martini:* Deutsche Literatur im bürgerlichen Realismus 1848-1898. Stuttgart 1962; ^{4}1981, S. 644- 646. *Hartmut Vinçon:* Theodor Storm in Selbstzeugnissen und Bilddokumenten. Reinbek 1972 [bes. S. 92 f.]. *Ders.:* Theodor Storm. Stuttgart 1973 (Slg. Metzler. 122.) [bes. S. 39 f., 48 f.]. *Hans-Sievert Hansen:* Narzißmus in Storms Märchen. Eine psychoanalytische Interpretation. In: Schriften der Theodor-Storm-Gesellschaft 26 (1977), S. 37-56 [zu »Der kleine Häwelmann«, »Die Regentrude«, »Bulemanns Haus«, »Der Spiegel des Cyprianus«]. *David S. Artiss:* Theodor Storm's four »Märchen«: Early Examples of his Prose Technique. In: Seminar 14 (1978), S. 149-168 [zu

»Hinzelmeier«, »Die Regentrude«, »Bulemanns Haus«, »Spiegel des Cyprianus«]. *Karl Ernst Laage:* Theodor Storm. Leben und Werk. Husum 1979, [2]1980 (Kleine HDV-Reihe). Stichwort »Storm« *(Bernd Dolle)* in *LKJL* III, S. 470-472. *Petrus W. Tax*: Storms »Die Regentrude« – auch »eine nachdenkliche Geschichte«. In: MLN 97 (1982), S. 613-635. *Wührl*, S. 228-233, S. 270-273. *Irmgard Roebling*: Prinzip Heimat – eine regressive Utopie? Zur Interpretation von Theodor Storms »Regentrude«. In: Schriften der Theodor Storm-Gesellschaft 34 (1985), S. 55-66. *Winfried Freund*: Rückkehr zum Mythos. Mythisches und symbolisches Erzählen in Theodor Storms Märchen »Die Regentrude«. In: Schriften der Theodor Storm-Gesellschaft 35 (1986), S. 38-47. *Gerd Backenköhler*: Der Weg in die Unterwelt. Über ein Märchenmotiv bei Theodor Storm und H.C. Andersen. In: Schriften der Theodor Storm-Gesellschaft 38 (1989), S. 80-82. *Wolfgang Preisendanz*: Theodor Storm. Novellistik im Zeitalter des Romans. In: *Brian Coghlan/Karl E. Laage* (Hrsg.): Theodor Storm und das 19. Jahrhundert. Berlin 1989, S. 12-17. *Gabriella Scherrer*, in: *Tarot*, S. 217-229 (Die Regentrude).

Keller

Den grundsätzlichen Widerstreit von Märchenpoesie und realistischem Erzählprogramm in der Epoche des Bürgerlichen Realismus hebt *Gottfried Keller* (1819-1890) mit seiner Märchenerzählung »Spiegel, das Kätzchen« (1856) ironisch auf. Im Zyklus »Die Leute von Seldwyla« steht sie im Rahmen einer Kritik an verschiedenen Eigenheiten des zeitgenössischen Bürgertums (z. B. Spekulantenwesen). Märchen und dargestellte Bürgerwelt sind in ihr verbunden, insofern jene Mächte, die der praktische Wirklichkeitssinn in den Bereich der Märchen verweist, Zauberkunst und Hexerei, hier in gesellschaftlichen Randfiguren verbürgerlicht erscheinen. Dem bestallten Hexenmeister der Stadt liegen keine großartigen Wunder im Sinn, eher kleine Geschäfte und vor allem: ein Kapital. Sein Gegenspieler, der Kater Spiegel, übertölpelt ihn schließlich, indem er ihn zu einem anscheinend lukrativeren Handel, als ihm den Schmer abzukaufen, verlockt. Die poetische Ironie des Kellerschen Märchens besteht darin, daß die Märchenzüge nicht etwa, wie im realistischen Kontext zu erwarten, gegen die Konstitution von Märchen selbst ausgespielt werden, sondern gegen die Spekulation der bürgerlichen Geschäftemacherei und der darin vorgestanzten Glückserwartung. Das Märchen erweist sich mit dem Umschlag von Quantität in Qualität, von Freßgier in Selbstbewußtsein, als philosophisch-dialektische Korrektur des Materialismus, was auch das Verhältnis von Wahrheit und Lüge kompliziert gestaltet: Das Erzählen des Helden leistet etwas, »wovon der Erzähler Keller nur träumen kann. Wie Spiegels Grundsatzlosigkeit Grundsatz und sein Trieb Vernunft ist, ist auch seine Lügengeschichte das Mittel der Herstellung von Gerechtigkeit und Wahrheit. Sie entlarvt den Zauberer Pineiß« und macht sich damit selbst überflüssig, »indem sie Dasein hergestellt hat« (Kaiser, S. 337). Der philosophische Kater erweist sich als Held der Geschichte, indem er den Bedingungszusammenhang von Sein und Bewußtsein erkennt und aus dieser Einsicht seinen Witz aktiviert, wie er seiner lebensgefährlichen Rolle, Objekt und Handelsware zu sein, entkommen kann. Das Gegenspiel von Zauber- und Schwankmärchen einerseits und realistischer Satire andererseits (vgl. Klotz) dient auch dem Erzähler dazu, sich kraft seiner Ironie und seines Humors als souverän über die Beschränktheit bürgerlicher Verhältnisse zu behaupten. Die Durchdringung von Märchen und Novelle tritt in der Struktur der Erzählung deutlich hervor, indem die Märchenhandlung dadurch vorangetrieben wird, daß der Held mit dem Anspruch der Glaubwürdigkeit eine Begebenheit erzählt: eine musterhafte Novelle nach Art des klassischen italienischen Novellenstils.

An den »Leuten von Seldwyla« hat Theodor Fontane »eine im wesentlichen sich gleichbleibende Märchensprache« (S. 256) bemerkt, besonders im zweiten Teil der – auch von Fontane hochgeschätzten – Erzählung »Romeo und Julia auf dem Dorfe«. Der kritische Einwand meint, der Märchenton sei wohl leichter zu treffen als der der Wirklichkeit.

Daß Keller das Märchen vorzüglich in psychologischer Hinsicht wie in seinen sozialen Funktionen ernstnimmt, findet man im dritten Kapitel des späten Romans »Martin Salander«, worin die Mutter ihren Kindern ein Märchen erzählt, um sie von dem bedrückenden Mangel abzulenken und ihre berechtigten Wünsche wenigstens in der Vorstellung zu erfüllen.

Gottfried Keller: Gesammelte Werke in drei Einzelbänden. (Winkler). Bd. 3, München [4]1978. *Ders.:* Spiegel, das Kätzchen. (Reclams UB. 7709). Sämtliche Werke in 7 Bänden. Bd. 4: Die Leute von Seldwyla, hg. von Thomas Böning. Frankfurt/M. 1989 (DKV). Spiegel, das Kätzchen, in: *Ewers*, S. 525-564.

Franz Leppmann: Kater Murr und seine Sippe von der Romantik bis zu Scheffel und Keller. München 1908 [zu »Spiegel« S. 78-86]. *Jehle* S. 139-144. *Hans Richter:* Gottfried Kellers frühe Novellen. Berlin 1960 [zu »Spiegel« S. 172-184, 236-238]. *Theodor Fontane:* Die Leute von Seldwyla. In: *Th. F.:* Aufsätze zur Literatur. Hrsg. von Kurt Schreinert. München 1963, S. 256-258. *Hermann Boeschenstein:* Gottfried Keller. Stuttgart 1969 (Slg. Metzler. 84.) [zu »Spiegel« S. 51 f.]. *August Obermayer:* Gottfried Kellers

»Romeo und Julia auf dem Dorfe«. Ein realistisches Märchen? In: GrillparzerJb. 3. Folge. 12 (1976), S. 235-255 [bes. zur Figur des »schwarzen Geigers«]. *Hans Poser:* »Spiegel, das Kätzchen« – Bürgerliche Welt im Spiegel des Märchens. In: Amsterdamer Beiträge zur neueren Germanistik 9 (1979), S. 33-43. *Gerhard Kaiser*: Gottfried Keller. Das gedichtete Leben. Frankfurt/M. 1981, bes. S. 332-342. *Roy C. Cowen*: Spiegel und Widerspiegelung. Zu Kellers Märchen »Spiegel, das Kätzchen«. In: *Hartmut Steinecke* (Hrsg.): Zu Gottfried Keller. Stuttgart 1984, S. 68-78. *Wührl*, S. 203f. *Klotz*, S. 234-244. Stichwort ›Keller‹ (*Katharina Biegger Schwarz*) in *EM* VII, Sp. 1142-1146. *Andrea Fischer-Bosshard*, in: *Tarot*, S. 207-215 (Spiegel).

Leander

Man wird Richard Leanders »Träumereien an französischen Kaminen« (1871) ihrem ästhetischen Anspruch nach wohl kaum den Märchen von Anzengruber, Storm und Keller zur Seite stellen, ihrer Popularität nach übertreffen sie diese bei weitem. *Richard von Volkmann-Leander* (1830-1889) schrieb sie im deutsch-französischen Krieg von 1870/71, an dem er als Feldarzt teilnahm. Der Titel deutet auf müßige Stunden während der Belagerung von Paris, als der Autor an den Kaminen verlassener Villen und Schlösser saß. Doch es wird nicht allein die Entstehungsgeschichte der Sammlung angesprochen, von Träumen ist auch innerhalb der Geschichten die Rede. Das macht verständlich, warum Leanders Märchen mit denen Storms und Kellers in eine Reihe gehören: Wie bei diesen grundiert auch bei Leander ein Zweifel, ob das Märchen noch tragfähig sei, das Erzählen. Zum Märchenschema gehört, daß der Held sich in die Welt aufmacht, um etwas Schönes, Erstrebenswertes zu gewinnen, eine Prinzessin oder sonst ein greifbares Gut. Dazu muß er schwierige Aufgaben lösen. In Leanders vielleicht bekanntestem Märchen, »Vom unsichtbaren Königreichen«, ist der Held ein Träumer, der die im Traum geschaute Prinzessin vom König der Träume erbittet nebst einem passenden Königreich«. Beider Schönheit bleibt Außenstehenden verborgen, sie sehen bloß irgendeine Familie vor ihrer ärmlichen Hütte. Zieht man Lüthis Definitionsversuch zum Vergleich heran, in dem es u. a. heißt, das Märchen sei »eine welthaltige Abenteuererzählung« (Lüthi S. 4), so wird deutlich, wie sehr Leanders Märchen aus dem Bereich äußerer, handfester Begebenheiten zurückweicht in den Raum der Innerlichkeit. Das ist kein Einzelfall, darin steckt ein Prinzip. Man findet es wieder in der Hinwendung zur Legende, bei der es ja wesentlich um innere Vorgänge geht, hier verbunden mit einer ausgeprägten Neigung zum Moralisieren. Die

Moral zielt einerseits auf allgemeine Qualitäten der Menschlichkeit, z. B. darauf ab, daß man mildtätig sein soll (»Der verrostete Ritter«), andererseits speziell auf Qualitäten, die im bürgerlichen Alltags- und Eheleben gebraucht werden, z. B. daß man dem anderen ruhig einmal seinen Vogel lassen soll, auch wenn man es besser wüßte (»Der kleine Vogel«). Es ist nicht bereits die Tendenz zu moralisieren, die Leanders Märchen beim heutigen Lesen verblassen läßt, vielmehr das Einmünden der Moral in seichte Allerweltsweisheit. Selten verbindet sie sich mit dem Märchengeschehen derart unangestrengt wie in »Die drei Schwestern mit den gläsernen Herzen«. Darin bekommt eine der Prinzessinnen bald einen Sprung im Herzen, trotzdem wird sie eine steinalte Tante. Woraus man lernt, daß manchmal gerade das, was einen Sprung bekommen hat, recht lange hält.

Unter dem Aspekt des legendenhaften Moralisierens, zumal vor dem Hintergrund der Kriegserfahrung, könnte ein Vergleich mit *Wiecherts* Märchen, die nach dem Zweiten Weltkrieg ebenfalls einen großen Leserkreis gefunden haben, lohnend sein. Unter dem Aspekt der Alltagsweisheit und Eheberatung ein Vergleich mit *Manfred Kybers* Märchen.

Richard Leander: Träumereien an französischen Kaminen. Mit Bildern von Olga von Fialka. Leipzig 1878 (Faksimile Wiesbaden 1976). *Ders.:* Träumereien an französischen Kaminen. (Reclams UB. 6091/[2]).
Stichwort ›Volkmann[-Leander]‹ *(Reiner Wild)* in *LKJL* III, S. 724.

Forschungsliteratur zum Kunstmärchen (des 19. und 20. Jahrhunderts) anderer Literaturen:

Gudrun Langer: Das Märchen in der tschechischen Literatur von 1790-1860. Studien zur Entwicklungsgeschichte des Märchens als literarische Gattung. Gießen 1979 [rez. von *Jaromír Jach* in: Fabula 22 (1981), S. 137f.]. *Karina Gordon*: Untersuchungen zum russischen romantischen Versmärchen. Hildesheim 1983. *Jürgen Petermann*: Kunstmärchen in der russischen Literatur. Studien zur Gattungspoetik. Diss. Mannheim 1987. *Karl Eimermacher*: Aspekte des literarischen Märchens in Russland. In: *Klaus-Dieter Seemann* (Hrsg.): Beiträge zur russischen Volksdichtung. Wiesbaden 1987, S. 92-111. *Ulrike Albrecht*: Kunstmärchen zwischen Volksmärchen und Hochliteratur. Zur Bestimmung der Spezifik und Gattungsentwicklung in der russischen Literatur. Diss. Greifswald 1992.

Aija Janelsina-Priedite: Als die Bäume sprechen konnten. Zur Funktion des Bildes in Karlis Skalbes Märchen. Ein Beitrag zum europäischen Kunstmärchen. Stockholm 1987.

Pierre-Georges Castex: Le conte fantastique en France de Nodier à Maupassant. Paris 1951. *Susanne Schauf*: Die verlorene Allmacht der Feen. Untersuchungen zum französischen Feenmärchen des 19. Jahrhunderts. Frankfurt/M. u.a. 1986. *Patricia P. Brand*: The Modern French Fairy Tale: Aspects of Le Merveilleux in Ayme, Supervielle, Saint-Exupery, Sabatier. DA (1983.5) 1468A.

Antonio Rodriguez Almodovar: Los cuentos maravillosos españoles. Barcelona 1982.

Nachtrag:

Maria Anna Steinbauer: Das Märchen vom Volksmärchen. Jean-François Bladé und die ›Contes populaires de la Gascogne‹ – Problematik einer Märchensammlung des 19. Jahrhunderts. Frankfurt am Main u.a. 1988. *Joachim Frenk:* Myriads of Fantastic Forms: Formen und Funktionen des Phantastischen in englischen Sozialmärchen des 19. Jahrhunderts. Frankfurt/M. 1998. *Anja Utler:* Ljudmila Petrusevskajas Kunstmärchen und das russische Volksmärchen. Regensburg 2000.

VI. Europäische Kunstmärchen im 19. und 20. Jahrhundert

Wilde

Die Märchen von *Oscar Wilde* (1854-1900), die zu den bekanntesten der Weltliteratur gehören, setzen sich nicht allein mit dem Muster des Volksmärchens individuell auseinander, sie sind auf bereits vorgegebene Kunstmärchen, hauptsächlich die *Andersens,* vielfältig bezogen. Die literarisch potenzierte Märchenkünstlichkeit entspricht dem Programm des Ästhetizismus, den Wildes Märchen in Thematik und Gestaltung propagieren. Gerade dieser Schönheitskult eröffnet eine Verbindung ebenso zur Volksmärchen-Welt. Die greifbare Materialität erlesener Stoffe, vornehmlich mineralischer Preziositäten, sowie der Wert, der dem Äußeren überhaupt zugemessen wird, bewahren eine Nähe zur Eigentümlichkeit des Volksmärchens, unterstützt von der einfachen Erzählweise, die streckenweise an Wendungen des Alten Testaments und englischer Kinderverse anklingt. So gewiß diese Simplizität das Resultat einer bewußten Stilanstrengung darstellt, so sicher halten sich Wildes Märchen der Volksmärchen-Naivität fern.

Die Titelgeschichte seiner ersten Sammlung »The Happy Prince and Other Tales« (Der glückliche Prinz und andere Märchen, 1888) handelt von der Statue eines Prinzen, der von seiner herausgehobenen Position des Elends, das er zu Lebzeiten in seinem Glück nicht wahrgenommen hat, ansichtig wird und es lindern will, indem er eine Schwalbe bittet, seinen Schmuck abzupicken und zu Bedürftigen zu tragen. Eine jener Elendsgestalten, denen das kostbare Almosen zufällt, ist ein Schwefelholzmädchen. Soziale Wirklichkeit erscheint in dieser bekannten Andersenfigur nicht verkörpert, sondern zitiert. In der Auswahl der Notfälle, die der Prinz im einzelnen wahrnimmt (neben dem Schwefelholzmädchen handelt es sich um eine Näherin mit fieberkrankem Kind und um einen jungen, verhungernden Dichter), zeigt sich ein »modischer Sozialsentimentalismus« (Hönnighausen S. 386). Das dargestellte Interesse an den Armen fragt nicht nach Gründen der sozialen Misere, es registriert sie in der Form bereits ästhetisch verfaßter Momentaufnahmen und Szenenbildchen vom sozialen Elend (vgl. Klotz).

Ähnlich distanzierend verfügt Wilde über Elemente von *Andersens* Märchendichtung als Spielmaterial in »Der ergebene Freund«

und in »Die bedeutende Rakete«, tiefgreifender in »Der Fischer und seine Seele« aus seinem zweiten Märchenband »A House of Pomegranates« (Das Granatapfelhaus, 1891). Erst der Rekurs auf das vertraute Muster, Andersens »Kleine Seejungfrau«, läßt das heimlichere Thema Wildes hervortreten: Verkehrung der Perspektiven und Wechsel der Rollen. Will Andersens Nixe in menschliche Sphäre aufsteigen und durch Liebe in den Besitz einer unsterblichen Seele gelangen, so sondert sich Wildes Fischer von den Menschen ab und trennt sich, um mit der Nixe sich vereinigen zu können, freiwillig von seiner Seele. Die demonstrative Abkehr von gewöhnlichen Menschensitten und metaphysischen Skrupeln wird allerdings von moralischer Tendenz durchschossen. Der Verklärung einer Liebe, die sich ausschließlich auf die Schönheit der Körperlichkeit gründet, steht das Verhängnis der Seele entgegen, die als ein abgeschnittener Schatten durch die Welt kommt und, weil sie ohne Herz ist, mörderisch wird. Dieser Konflikt zwischen Ästhetizismus und Moral, ein Grundthema in Wildes Märchen, wirft nicht nur die Problematik eines Vereinzelten auf, der die Rolle eines Dandys einnimmt, um sein Selbst gegen Verletzungen durch die gemeine Realität zu schützen; der dargestellte Konflikt ist Teil der Thematik jener europäischen Kunstbewegung, die sich dem nivellierenden Zugriff der Industriegesellschaft entziehen wollte, indem sie sich einem esoterischen Kult des Schönen verschrieb. Die Affinität dieses Programms mit der Erzählgattung Märchen liegt nicht allein in deren Ferne von Imitation der Wirklichkeit und speziell, indem die Atmosphäre von »Tausendundeine Nacht« beschworen wird, in der Revokation einer sinnenhaft faßbaren, bei aller bunten Vielgestaltigkeit naiven Welt; die Affinität liegt zutiefst in der Isoliertheit des Helden, die im Volksmärchen wie in bedeutenden Kunstmärchen seit der Romantik einen wesentlichen Zug ausmacht. Das Märchen, vor allem wenn es - wie bei Wilde - legendenhafte Züge bekommt, erlaubt eine Lösung, die den Widerspruch zwischen der Selbstsucht des Vereinzelten und den allgemeinen sozialen Forderungen anscheinend versöhnt, ohne seine Ursachen tangieren zu müssen: in einer Apotheose des Auserwählten jenseits der Wirklichkeit.

Oscar Wilde: The Young King and Other Stories. (New Meth. Suppl. Readers. 3.) München 1976 (Langenscheidt-Longman). *Ders.:* Märchen und Erzählungen. Vollständige Ausgabe. Übertragen von J. Thanner. (Winkler Dünndr.-Bibl.) München 1955. Der glückliche Prinz und andere Märchen. (Reclams UB. 6865). Die Erzählungen und Märchen. Übers. von Felix P. Greve und Franz Blei. Mit Zeichnungen von Heinrich Vogeler. Frankfurt/M. 1972 (Insel-Tb. 5). Der Fischer und seine Seele. (Fischer Tb. 11320).

Der rastlose Fluß. Englische und französische Geschichten des Fin de Siècle. Mit Illustrationen von Charles Ricketts und Charles H. Shannon. Hrsg. von *Wolfgang Pehnt.* Stuttgart 1969 [enthält: Laurence Housman: Der Wunschtopf, Judith Gautier: Der Geburtstag der Prinzessin, Jules Lemaître: Der weiße Hase und der vierblättrige Klee, Rudyard Kipling: Der Schmetterling, der mit dem Fuß stampfte, Kenneth Grahame: Der kleinmütige Drache, Evelyn Sharp: Der rastlose Fluß, Max Beerbohm: Der glückliche Heuchler, Marcel Schwob: Der König mit der goldenen Maske, Jean Lorrain: Sabbat, Catulle Mendès: Der Schlüssel im Meer, Robert Louis Stevenson: Der Probierstein, Oscar Wilde: Der junge König, William Morris: Die Predigt eines Königs. Nachwort des Herausgebers S. 219-251]. *Alice Herzog:* Die Märchen Oscar Wildes. (Diss. Zürich 1930). Mühlhausen 1930 [materialreich, nicht analytisch]. *Peter Funke:* Oscar Wilde in Selbstzeugnissen und Bilddokumenten. Reinbek 1969 [zu den Märchen S. 110-114]. *Lothar Hönnighausen:* Die englische Literatur 1870-1890. In: Neues Handbuch der Literaturwissenschaft. Bd. 18: Jahrhundertende – Jahrhundertwende. I. Teil. Hrsg. von Helmut Kreuzer. Wiesbaden 1976, S. 359-400 [mit knappen, weiterführenden Bemerkungen zu Wildes Märchen S. 386-389]. *Rodney Shewan:* Oscar Wilde. Art and Egotism. London and Basingstoke 1977 [»The Happy Prince and Other Tales« S. 40-51, »A House of Pomegranates« S. 51-69]. *Apel* S. 247-256. *Ria Omasreiter:* Oscar Wilde: Epigone, Ästhet und wit. Heidelberg 1978 (Forum Anglistik) [zu »The Fisherman and His Soul« und »The Young King« S. 68-79; die eher schlichte Darlegung hebt besonders das Streben nach Synthese in den Märchen hervor]. Stichwort ›Wilde‹ *(Reinbert Tabbert)* in *LKJL* III, S. 801 f. *Petzold* (nähere Angaben im Abschnitt über Dickens) S. 303-311. *Klotz,* S. 311-323. *Carol Pattersall*: An Immodest Proposal: Rereading Oscar Wilde's »Fairy Tales«. In: Wascana Review 26 (1991), S. 128-139. *Clifton Snider*: Eros and Logos in Some Fairy Tales by Oscar Wilde. In: Victorian Newsletter 84 (1993), S. 1-8.

Hofmannsthal

Das gesellschaftliche Dilemma des Ästheten, das exemplarisch in der Person und im Werk Wildes hervortritt, ist auch Thema einer Geschichte von *Hugo von Hofmannsthal* (1874-1929): »Das Märchen der 672. Nacht« (1895). Sie ruft, wie schon ihr Titel signalisiert, den Vorstellungskreis von »Tausendundeine Nacht« auf, darin vielen Märchen *Wildes* benachbart. Diesen gegenüber nimmt sie sich wie ein Kommentar aus (Alewyn); denn sie handelt von einem sehr reichen und sehr schönen Jüngling, der sich von der Gesellschaft separat hält, um sich in die geheimnisvolle Schönheit erlesener Dinge zu versenken, und der, aus dem Schutzraum seines geordneten Besitzes gelockt, in einem Labyrinth städtischer Quartiere seine Orientierung verliert, unter dem lähmenden Bann befremdlicher Zufälle sich dem Gemeinen wehrlos ausgeliefert sieht und schließlich von einem häßlichen Tod ereilt wird. Ein Märchen nach herkömmlichem Begriff ist die Geschichte gerade nicht, aber der anscheinend exakte Verweis auf die orientalische Sammlung läuft auf eine tote Spur hinaus: die Geschichte von Hofmannsthals Kaufmannssohn läßt sich nicht als Kontrafaktur dessen entziffern, was Scheherezade in der 672. Nacht erzählt. (Eine plausible Erklärung für den Titel referiert Koehler S. 70f.) Wenn auch spezifische Merkmale des Märchens fehlen, so gewinnt der Leser dennoch den Eindruck eines wunderbaren und phantastischen Geschehens. Er entsteht durch eine Verkettung der Umstände, die nicht als alltäglich hinzunehmen ist. Die Geschichte wirkt fortschreitend wie das Protokoll eines Albtraums. Die »Geschehensordnung« des Märchens erscheint hier durch eine Fatalität der Ereignisse ersetzt, die gleichfalls eine Ordnung, nämlich der psychischen Prozesse, anzeigt. Was Hofmannsthal gereizt hat, in seiner Märchendichtung stärker als mit dem Muster europäischer Volksmärchen sich mit dem Formenspiel orientalischer Märchen und Erzählungen auseinanderzusetzen, verrät sein einleitender Essay für die 12bändige, von *Felix Paul Greve* besorgte Ausgabe von »Tausendundeine Nacht« (1907/08). Darin fragt er nach dem besonderen Kunstmittel, welches verhindere, daß dem Leser die ungeheure Stoffmasse auf die Dauer nicht unerträglich würde, und meint, dies sei, daß in der morgenländischen Sprache und Literatur »alles Trope ist, alles mehrfach deutbar«.

Hofmannsthals auch auf die Bühne ausgreifende Märchenadaptionen (»Alkestis« 1893, »Das Bergwerk zu Falun« 1899) stellen den Ort einer Berufung dar, eines Umschlags von der (unlebendigen) Ästhetik in die (den Tod akzeptierende und dadurch sich lebendig erweisende) Ethik. Solchen Zug zu bildlichen Wendungen forciert er mit seiner »Frau ohne Schatten« (1919). Der Stoff, zuerst für die Kooperation mit *Richard Strauss* als Operntext konzipiert, erschien ihm reicher, als die musiktheatralischen Bedingungen zu entfalten zuließen; noch während der Arbeit am Libretto schrieb er eine Erzählfassung, von der er annahm, sie könnte auch dem Verständnis der Oper zugute kommen. Gleich den assoziierten symbolisch-allegorischen Märchendichtungen Goethes und Novalis' zielt Hofmannsthal mit seinem allegorischen Läuterungsmärchen auf höheren gesellschaftlichen Sinn. Nach seiner eigenen Interpretation bildet »Frau ohne Schatten« die »Allegorie des Sozialen«. Diese legt er indes nicht historisch-gesellschaftlich an, sondern als anthropologische Konstante, die man, durch vereinseitigende Kommentare des Autors selbst unterstützt, beinahe ausschließlich im Geheimnis der Geburt, der Mutterschaft, hat sehen wollen. Der daraus resultierende Einfluß, daß eine abstrakt gewordene bürgerliche Bildung von Sittlichkeit wie eine Phantasmagorie scheinbar sinnfällig vor Augen gestellt werden solle, ist berechtigt, aber nicht ausreichend. Die Berücksichtigung der Tatsache, daß das Moment des Schattenwerfens, des Geborenwerdens, Zeichen einer transsubjektiven Verweisung auf den Anderen ist – »dass man seine Existenz von einem andern empfangen kann« (Sämtl. Werke 28, S. 281) –, läßt die nicht nur ahistorische, sondern auch sozialutopische Dimension des Textes zum Vorschein kommen.

Hugo von Hofmannsthal: Sämtliche Werke. Kritische Ausgabe. Veranstaltet vom Freien Deutschen Hochstift. Bd. 28: Erzählungen 1. Hrsg. von Ellen Ritter. Frankfurt/M. 1975. Das Märchen der 672. Nacht. Reitergeschichte. Das Erlebnis des Marschalls von Bassompierre. (Fischer Tb. 1357). Gesammelte Werke in zehn Einzelbänden: Erzählungen, Erfundene Gespräche und Briefe, Reisen. Hrsg. von Bernd Schoeller und R. Hirsch. Frankfurt/M. 1979. Das Märchen der 672. Nacht: In: *Ewers*, S. 596-615.

Richard Alewyn: Hofmannsthals Wandlung. (1949). In: *R. A.:* Über Hugo von Hofmannsthal. Göttingen 1958, S. 142-160 [erörtert u. a. Hs. Auseinandersetzung mit Wildes Ästhetizismus]. *Belma Çakmur:* Hofmannsthals Erzählung »Die Frau ohne Schatten«. Studien zu Werk und Innenwelt des Dichters. Ankara 1952 [materialreich]. *Marcel Brion:* Versuch einer Interpretation der Symbole im »Märchen der 672. Nacht« von Hugo von Hofmannsthal. In: *Jost Schillemeit* (Hrsg.): Deutsche Erzählungen von Wieland bis Kafka. Interpretationen IV. Hamburg/Frankfurt 1966 (Fischer Tb. 6023), S. 284-302 [zuerst 1961 in frz. Spr.]. *Günter Hagedorn:* Die Märchendichtung Hugo von Hofmannsthal. Diss. Köln 1967. *Marie Luise Kaschnitz:* Die Frau ohne Schatten. In: *M. L. K:* Zwischen Immer und Nie. Gestalten und Themen der Dichtung. Frankfurt/M. 1971, S. 153- 160 [interpretierende Nacherzählung]. *Wolfgang Koehler:* Hugo von Hofmannsthal und »Tausendundeine Nacht«. Untersuchungen zur Rezeption des Orients im epischen und essayistischen Werk. Mit einem einleitenden Überblick über den Einfluß von «Tausendundeine Nacht« auf die deutsche Literatur. Bern/Frankfurt 1972 [mit reicher Bibliogr.]. *Hellmuth Himmel:* Textkritisches zu Hofmannsthals Erzählung »Die Frau ohne Schatten«. In: Modern Austrian Literature 7 (1974), Nr. 3/4, S. 135-151. *Arthur Henkel:* Beim Wiederlesen von Hofmannsthals »Die Frau ohne Schatten« notiert. In: Fs. Rudolf Hirsch. Frankfurt/M. 1975, S. 235-238 [stellt eine Verbindung zwischen dem Teppich des Märchens und Stefan Georges Gedicht »Der Teppich« her]. *Wolfgang Rothe:* Verzauberung. Über das kritische Potential nicht-realistischer Erzählformen. In: Literatur und Kritik 12 (1977), S. 611-623 [grundsätzlich zum Phänomen der Verzauberung in deutschen Texten der klassischen Moderne, u. a. zu Hofmannsthals »Märchen der 672. Nacht« und Kafkas »Verwandlung«]. *Apel* S. 257-275 [zum »Märchen der 672. Nacht»]. *Brigitte Kronauer:* Die Dinge sind nicht unter sich! Zu Hugo von Hofmannsthals »Märchen der 672. Nacht«. In: Phaïcon 3 (1978),

S.57-69. *Andrew W. Barker:* The Triumph of Life in Hofmannsthal's »Das Märchen der 672. Nacht«. In: MLR 74 (1979), S.341-348. *Dorrit Cohn:* »Als Traum erzählt«: The Case for a Freudian Reading of Hofmannsthal's »Märchen der 672. Nacht«. In: DVjs 54 (1980), S.284-305. *Károly Csúri:* Hugo von Hofmannsthals späte Erzählung: »Die Frau ohne Schatten«. Struktur und Strukturvergleich. In: Studia poetica 2 (1980), S.125-257. *Jens Rieckmann*: Von der menschlichen Unzulänglichkeit: Zu Hofmannsthals »Märchen der 672. Nacht«. In: GRM 32 (1982), S. 202-214. *Wührl*, S. 91-96, S. 274-276. *Marlies Janz*: Marmorbilder (s. unter »Brentano«), S. 128-148. *Lawrence O. Frye*: Das Märchen der 672. Nacht von Hofmannsthal. Todesgang als Kunstmärchen und Kunstkritik. In: ZfdPh 108 (1989), S. 530-551. *Thomas Köster*: Die Außenwelt als Spiegel der Innenwelt. Zur verlorenen Unschuld in Hugo von Hofmannsthals »Märchen der 672. Nacht«. In: Literatur für Leser 1989, S. 147-158. Stichwort ›Hofmannsthal‹ (*Heinz Rölleke*) in *EM* VI, Sp. 1165-1168. *Waltraud Wiethölter*: Hofmannsthal oder Die Geometrie des Subjekts. Psychostrukturelle und ikonographische Studien zum Prosawerk. Tübingen 1990. *Mathias Mayer*: Hugo von Hofmannsthal. Stuttgart und Weimar 1993 (Sammlung Metzler). *Rolf Tarot*, in: *Tarot*, S. 231-251.

Das »Ende« des Kunstmärchens in der klassischen Moderne?

Das 20. Jahrhundert hat nur noch wenige Texte vorzuweisen, die in Anspruch und Umfang mit den Kunstmärchen der Romantik oder auch noch eines Storm oder Keller konkurrieren können – und wollen. Kaum mehr, daß das Kunstmärchen einen beträchtlichen Anteil des Gesamtwerks eines Autors bietet. Es wird allenfalls als eine unter vielen Formen beibehalten. Entsprechend umstritten ist, ob und wo die Gattung an die Grenze ihrer Erschöpfung gekommen ist: Während die ältere Forschung das Kunstmärchen bis in die unmittelbare Gegenwart verfolgt (Pröbstl, Schneeberger), setzen Apel und Ewers den Schlußstrich mit Hofmannsthals »Märchen der 672. Nacht«, das Volker Klotz gar nicht berücksichtigt und seinerseits nach Kafka nichts mehr findet, was »dem bis dahin gewonnenen Bild der Gattung« eine »radikal neuartige Seite« hinzufüge (Klotz, S. 3). Tismar, mit seiner von Klotz wiederum gelobten Darstellung über das 20. Jahrhundert, verfolgt die Gattung der »zerbröckelnden Formen« im ›Zustand der Auflösung‹ (S. 2) bis in die Literatur der 60er Jahre. Manfred Pröbstl konstatiert neuerdings dagegen »gerade für das ausgehende 20. Jahrhundert einen enormen Aufschwung des Interesses an Märchenhaftem« (*EM* VIII, Sp. 619).

Gerade damit meldet sich aber ein Grundproblem des modernen Kunstmärchens: Es verdankt sich dem – eher theoretischen – Interesse mehr als dem – praktizierten – Glauben an seine Tragfähigkeit, und überdies entspringt es mehr dem Interesse an Märchen*haftem* als am Märchen selbst – mit der Folge, daß in sich selbständige Kunstmärchen, wie es Hofmannsthal oder Döblin noch einmal versuchen, zur Ausnahme werden. Dafür schlägt sich das Interesse an Märchenhaftem in einer schwer beschreibbaren Vielfalt von »intertextuellen« Vernetzungen nieder, die Züge und Motive des (Kunst-) Märchens in unterschiedlichsten Textbereichen zeigen. Gerade die Autoren der klassischen Moderne legen auffallende Affinitäten zum Märchen an den Tag, wobei das »Interesse« auch am Volksmärchen durch den eher artistischen Kontext im Gebiet der Kunstmärchen-Forschung zu registrieren ist –, wenn etwa Musil, Kafka oder Döblin Märchenhaftes im weiten Sinne schreiben, bis hin zum Widerruf des Märchens. Die Vermischung mit der Novelle (bei Musil und Kafka) oder der Kurzgeschichte (nach 1945) läßt die Rede von einer Gattung Kunstmärchen letztlich nicht mehr zu, auch wenn das Interesse an Märchenhaftem auf poetisch anspruchsvolle Weise vielfach zu beobachten ist.

Eine Auseinandersetzung mit dem Märchen führen, am Beginn modernen Erzählens, die Texte von Arthur Schnitzler (dazu Th. Eicher). Richard Dehmels vielfach nachgedrucktes »Märchen vom Maulwurf« (1896) bietet mehr eine Aitiologie des Maulwurfs und seines in der Blendung endenden Lichtdranges als ein Plädoyer für die Notwendigkeit der Gattung. Während Rilke mit den »Geschichten vom lieben Gott« (1899/1900) das Märchen im Sinne eines neuromantischen Jugendstils füllt, wird wieder allenfalls Märchenhaftes bei Thomas Mann in »Königliche Hoheit« verarbeitet. Eine besonders reichhaltige Auseinandersetzung bieten die Texte von Robert *Musil* (1880-1942), etwa die »Drei Frauen« von 1924, deren Position innerhalb des Gesamtwerks allerdings nicht unumstritten ist. Kümmerling-Meibauer hat die Chancen, die das Märchen eröffnet, auch anhand des Torso vom »Mann ohne Eigenschaften« sowie dem »Nachlaß zu Lebzeiten« diskutiert und spricht von einer utopischen Dimension (S. 222). Den prekären Status des Kunstmärchens im 20. Jahrhundert reflektiert mit ironischer Deutlichkeit *Ödön von Horváths* (1901-1938) »Märchen in unserer Zeit« (der Autor hat mit seinen »Sportmärchen« neues Terrain erschlossen): Ein Mädchen, das es nicht glauben kann, daß das Märchen tot ist, trifft nach vielen desillusionierenden Begegnungen auf ein altes Pferd, das zur Schlachtung geführt wird: Allein schon die Suche nach dem Märchen ist, so das gerührte Pferd, »doch schon ein Märchen«. In diesem vagen Glauben kann das Märchen allein noch überleben. Als das Pferd geschlachtet ist, will das Mädchen nichts von dem Fleisch essen und gilt als »Prinzessin«, wird aber dennoch satt – durch den

Gedanken an das alte, weinende Pferd. »Ja, es war ein Märchen!« (Tismar, S. 33-38).

Gerhart Hauptmann (1862-1946), der mit »Die versunkene Glocke« (1896) und seinem Glashüttenmärchen »Und Pippa tanzt!« (1906) einen Beitrag zum neuromantischen Märchendrama geboten hatte, griff im 2. Weltkrieg auf Goethes Horen-«Märchen« zurück. In einem Text, der ebenfalls nur den Gattungsnamen als Titel trägt, stellt er eine Bewußtseinsreise in ein Traum- und Totenreich vor, die neben Goethe auch Paracelsus, östliche Jenseitsvorstellungen und den Sündenfall zu einer Vision der Wiedergeburt versammelt. Nachdem Kategorien wie Geschichtsskepsis und Goethe-Imitation schnell bereitgestellt wurden, verdiente der Text im Licht der Intertextualität und Interkulturalität neue Beachtung. – Eine bemerkenswerte, noch kaum gewürdigte Leistung stellt das um 1940 geschriebene Märchen »Der alte Garten« von *Marie Luise Kaschnitz* (1901-1974) dar, das auf ihren Wunsch erst postum 1975 erschien. Es ist nicht nur als Flucht vor der beklemmenden Realität von Bedeutung, sondern hat durchaus zukunftsweisende Dimensionen, indem es, nach dem Muster mancher Volksmärchen, ein Geschwisterpaar in den Mittelpunkt stellt und damit die Chance wahrnimmt, verschiedene Geschlechterrollen zu entwerfen. Der männliche Eroberungsdrang unterwirft sich die sanftere Spielfreude der Schwester und sorgt für ein aggressives Eindringen in den alten Garten, dieses Reservat einer noch nicht restlos domestizierten, denaturierten Natur. Die Kinder werden vor das Gericht der Natur gestellt und für ihre mutwilligen Zerstörungen zum Tode verurteilt. Ihm können sie nur entgehen, wenn sie bis Sonnenaufgang die Reise ins Innere der Natur, zur Erdmutter und zum Meervater, zum Gesang der Sonne und dem Turm der Winde zurückgelegt haben. Auf dieser Welt-, Nacht- und Jahres-Reise werden sie Zeugen von Gutem und Bösem, von brutaler Gewalt und liebevollem Verzeihen. Satirisches (die Sippe der Spitzmäuse) und Mythisches verbindet sich zu einer umfassenden Vision eines den Mitmenschen wie die Natur einschließenden »kommunikativen Handelns«.

Ellen Pröpstl: Neuromantische Prosamärchendichtung. Diss. (Masch.) München 1950 [u.a. zu Hofmannsthal, Heyse, Kurz, Hesse, Rilke, Stehr, Spitteler, Dauthendey, Dehmel und Busch; im Anhang eine Tabelle der KM des 19. und beginnenden 20. Jahrhunderts mit chronologischem Übersichtsplan]. *Irmgard Schneeberger*: Das Kunstmärchen in der ersten Hälfte des 20. Jahrhunderts. Diss. München 1960 [zu Hofmannsthal, Kafka, Rilke, Hesse, Blunck, Wiechert, G. Hauptmann]. *Eva C. Wunderlich*: Geschichten vom lieben Gott. Von R. M. Rilke. New York 1957. *Hans Mayer*: Vergebliche

Renaissance (s. unter »Goethe«). *Walter Seifert*: Das epische Werk Rainer Maria Rilkes. Bonn 1969. *Uwe Maßberg*: Gerhart Hauptmanns »Märchen« in neuer Sicht. In: GRM 21 (1971), S. 55-72. *Gudrun Mauch*: Das Märchen in Musils Erzählung »Die Amsel«. In: Literatur und Kritik 12 (1977), S. 146-166. *August Stahl*: Rilke-Kommentar (Malte und erzählerische Prosa). München 1979, S. 111-122. *Ronald M. Paulsen*: Myth and Fairy Tale in Robert Musil's Grigia. In: *Gerald Chapple/Hans H. Schulte* (Eds.): The Turn of the Century. German Literature and Art 1890-1915. Bonn 1981, S. 135-148. *Wührl*, S. 100-103 (Hauptmann). *Timothy Farley*: Arthur Schnitzler's Sociopolitical »Märchen«. In: *Petrus Tax/Richard H. Lawson* (Hrsg.): Arthur Schnitzler and His Age. Intellectual and Artistic Currents. Bonn 1984, S. 104-119. *Robin A. Clouser*: The Pilgrim of Consciousness: Hauptmann's Syncretistic Fairy Tale. In: *Peter Sprengel/Philip Mellen* (Hrsg.): Hauptmann-Forschung. Neue Beiträge. Frankfurt/M., Bern, New York 1986, S. 303-322. *Christa Gürtler*: Drei Märchen um »Drei Frauen«: Männerträume am Beginn unseres Jahrhunderts. In: *Georg Schmid* (Hrsg.): Die Zeichen der Historie. Beiträge zu einer semiologischen Geschichtswissenschaft. Wien, Köln 1986, S. 129-144. *Bettina Kümmerling*: Märchenreize: Zur Märchenthematik in Musils »Mann ohne Eigenschaften«. In: *Josef Strutz* (Hrsg.): Robert Musils »Kakanien« – Subjekt und Geschichte. München 1987, S. 95-115. *Paul-Ludwig Sauer*: Das »vernünftige Märchen« Thomas Manns: Der Roman »Königliche Hoheit« im Spannungsfeld zwischen Volksmärchen und Kunstmärchen. In: Blätter der Thomas Mann-Gesellschaft 23 (1989/90), S. 31-49. *Kümmerling-Meibauer/Thomas Eicher*: Deformierte Märchen: Zum Märchenbegriff in den frühen Erzählungen Arthur Schnitzlers. In: Sprachkunst 22 (1991), S. 81-91. *Michael Maar*: Geister und Kunst. Neuigkeiten aus dem Zauberberg. München 1995 [über Th. Mann und Andersen]. *Bernhard Tempel:* Gerhart Hauptmanns ›Märchen‹ (1941) im Kontext der nationalsozialistischen ›Euthanasie‹. In: Scientia Poetica 6 (2002), S. 77-130.

Hesse

Die Mehrzahl der Märchen von *Hermann Hesse* (1877-1962), die 1919 gesammelt erschienen, entstand während des Ersten Weltkriegs und reflektiert die globale Katastrophe im Zusammenfall mit einer individuellen des Autors. Seine Märchen, deren »Spektrum von der Satire bis hin zu offenkundig unter dem Einfluß der Psychoanalyse entstandenen Traumberichten reicht, können nur mit Mühe auf einen Nenner gebracht werden« (Chr. Kawan in *EM* VI, Sp. 948). Sie sollen als Heilmittel fungieren: gegen den Kriegswahnsinn (»Merkwürdige Nachricht von einem andern Stern«) wie gegen die Depression des Ichs (»Der schwere Weg«). Den therapeutischen Ausweg aus gesellschaftlicher wie individueller Krise sucht Hesse in der Erinnerung an verschüttete Hoffnungen; in der historischen Perspektive: an dargestellte Wunschbilder der deutschen Romantiker; in der individuellen: an eigene kindliche Erfahrungen. Der Weg zurück vereinigt sich ihm, unter der Anleitung eines Arztes aus der Schule C. G. Jungs, mit einem »Weg nach innen«. Das bedeutendste Märchen dieser Phase, »Iris«, verbindet beide Tendenzen. Es erzählt von Selbstfindung durch Rückbesinnung und sichert dies Verfahren durch den Rückgriff auf poetisch vorformulierte Lösungen ab: als Fluchtpunkte dieser Phantasien erscheinen zugleich Novalis' Dichtungen wie eigene Kindersehnsüchte. Hesses »Iris« entpuppt sich als der Versuch, *Novalis'* Märchen von Hyazinth und Rosenblüte prosaischer und mit Kenntnis der Tiefenpsychologie neu zu erzählen (Tismar S. 50 ff.). Die triadische Struktur des dargestellten Ablaufs bleibt auch bei Hesse erhalten, nur ist sie total auf Ich-Geschichte bezogen. Indem sich Hesse primär nicht mit *Volksmärchen-* sondern mit *Kunstmärchen*formen auseinandersetzt, kommt Individualität als poetisches und gesellschaftliches Programm verstärkt zum Ausdruck. Das Typische vieler Hesse-Märchen liegt in ihrer Tendenz, der Geschichte des Ichs, speziell in der Rolle des Nonkonformisten und Künstlers, Sinn zu geben. Hesses Märchen sind, wie Ziolkowski dargelegt hat, durch zwei Besonderheiten bestimmt: a) die magische Wunscherfüllung oder Verwandlung führt zu b) einer neuen ethischen Dimension im Bewußtsein des Helden, wie etwa Liebe oder Erinnerung an die Kindheit.

Hermann Hesse: Gesammelte Werke in zwölf Bänden. Bd. 6: Märchen. Wanderung. Bilderbuch. Traumfährte. Frankfurt/M. 1970. (Werkausgabe edition suhrkamp). *Ders.:* Die Märchen. (Suhrkamp Tb. 291). Iris. Ausgewählte Märchen. (Bibl. Suhrkamp. 369). Kindheit des Zauberers. Ein autobiographisches Märchen. Handgeschrieben, illustriert und mit einer Nachbemerkung versehen von *Peter Weiss.* Frankfurt/M. 1974 (Insel Tb. 67). Piktors Verwandlungen. Ein Liebesmärchen, vom Autor handgeschrieben und illustriert, mit ausgewählten Gedichten und einem Nachwort versehen von *Volker Michels.* Frankfurt/M. 1975 (Insel-Tb. 122).

Pröpstl (nähere Angaben im Abschnitt über die klassische Moderne). *Gerhard Maurer:* Hermann Hesse und die deutsche Romantik. Diss. (Masch.) Tübingen 1955. *Hasselblatt* S. 138-143. *Schneeberger* (nähere Angaben im Abschnitt über die klassische Moderne) S. 67-84. *James Raymond Dow:* Hermann Hesses »Märchen«. A Study of Sources, Themes, and Importance of Hesses »Märchen« and Other Works of Fantasy. Diss. Iowa 1966 [Mikrofilm]. *Susan E. Karr:* Hermann Hesses Fairy Tales. Diss. Washington 1972 [Mikrofilm]. *Rudolf Koester:* Hermann Hesse. Stuttgart 1975 (Slg. Metzler. 136.) [mit weiterer Literatur]. *Volker Michels:* Drei unveröffentlichte Manuskripte von Hermann Hesse. Erstausgabe und Einführung. In: RG (1975), S. 306-316 [es handelt sich um Hesses Scherzgedicht »Palmström«, ein Geleitwort zum Briefwechsel Mörike – Storm und um ein Nachwort zu einer Auswahl von Tiecks Märchen und Novellen]. *Joseph Mi-*

leck: Hermann Hesse. Biography and Bibliography. Volume 1. Berkeley, Los Angeles, London 1977 [bes. S. 57-60]. *Jürgen Söring:* Über die »Grenze der Darstellbarkeit«. Novalis und Hesse. In: SchillerJb. 21 (1977), S. 468-516 [bes. S. 488-498; zwar wesentlich auf Hesses »Morgenlandfahrt« ausgerichtet, aber auch zum Programm der »Poëtisirung der Welt« und der »Herstellung der Märchenwelt« bei Novalis]. *Theodore Ziolkowski:* Der Schriftsteller Hermann Hesse. Wertung und Neubewertung. Frankfurt/M. 1979 [bes. S. 39-60; orientiert sich an Bruno Bettelheims Studie »Kinder brauchen Märchen« 1977; Z. versucht, Definitionen von Märchen und Mythos zu geben]. *G. Wallis Field:* Hermann Hesses moderne Märchen. In: Hermann Hesse heute. Hrsg. von Adrian Hsia. Bonn 1980 (Abh. zur Kunst-, Musik- und Literaturwissenschaft. 299.), S. 204-232 [eine im wesentlichen affirmative Darstellung]. *Tismar* S. 47-56 [zu »Augustus«, »Iris«, »Merkwürdige Nachricht von einem andern Stern«]. *Ralph Freedman:* Hermann Hesse. Autor der Krisis. Eine Biographie. Frankfurt/M. 1982 (zuerst unter dem Titel: Hermann Hesse: Pilgrim of Crisis. New York 1978) [zum biographischen Hintergrund der Märchen, bes. zum Verhältnis zu Dr. Lang, S. 243-251]. *Wührl,* S. 96-100, S. 235-237. *D.L. Ashliman:* Hermann Hesse's Fairy Tales and Their Analogs in Folklore. In: *Helmut Koopmann/Clark Muenzer* (Hrsg.): Wegbereiter der Moderne. Tübingen 1990, S. 88-113. Stichwort ›Hesse‹ *(Christine Shojaei Kawan)* in *EM* VI, Sp. 947-954. *Christine Mondon*: Hesses Märchen und der Einfluss der Psychoanalyse. In: *Michael Limberg* (Hg.): Hermann Hesse und die Psychoanalyse. Gengenbach 1997, S. 149-162.

Alfred Döblin

Döblin (1878-1957) stellt das Märchen in den Dienst einer antinaturalistischen Ästhetik, einer der Phantasie zugänglichen Überrealität. »Indem im Märchen schöpferisch mit Realien und Phantasieprodukten umgegangen wird, dabei immer dem Gesetz der inneren persönlichen Notwendigkeit gehorchend, wird ihm von Döblin eine therapeutische Funktion bescheinigt« (Kümmerling-Meibauer, S. 67). Döblin integriert Märchen-Elemente in seine Romane, erprobt aber auch eine Reihe neuer, origineller Verbindungen, etwa im Schwankmärchen vom »Riesen Wenzel«, in der politischen Datire des »Kleinen Märchens« von 1937 oder der Groteske »Das Krokodil«. Das »Märchen von der Technik« stellt die menschenverbindende Leistung des Radioapparates in den Mittelpunkt – freilich vor dem Hintergrund der Judenpogrome. Döblin veröffentlichte es als Utopie eines eigenen jüdischen Staates am Ende von »Flucht und Sammlung des Judenvolkes«. Der späte Döblin stellt das Märchen dann auch in den Dienst des Glaubens, die Überrealität mutiert zur Transzendenz, das Wunder zur göttlichen Tat. – Das 1943 im amerikanischen Exil geschriebene »Märchen vom Materialismus« teilt mit den gleichzeitig geschriebenen Märchen von Hauptmann und

Kaschnitz die zentrale Rolle der Natur. Aber ironischer, intellektueller als diese, weiß es das Märchen als aktuelle, gebrochene Form der Vernunftkritik zu beleben: Ausgemalt werden die verheerenden Konsequenzen, die sich aus der materialistischen Atomen-Lehre des Demokrit ergeben, wenn sie sich in der ganzen Natur herumspricht. Diese »Dialektik der Aufklärung« in Märchengestalt kehrt am Ende zwar zum Gleichgewicht zurück, aber nicht ohne die beiden Arten der Vernunft noch einmal gegeneinander abzuwägen: Die himmlische oder überirdische Vernunft einerseits, für die es auf der Welt keinen Platz gibt, und die bloß berechnende »Vernunft« andererseits, die »sich hinter den harten menschlichen Schädelknochen verschanzt«. So stehen sich in diesem synkretistischen Text, der zugleich ein Gedächtnisspeicher der Literatur ist (und wiederum der »Zauberflöte« besondere Ehre erweist), noch einmal die Möglichkeiten märchenhafter Erkenntnis und rationaler Auflösung des Märchens gegenüber.

Alfred Döblin: Erzählungen aus fünf Jahrzehnten. Hrsg. von Edgar Pässler. Olten und Freiburg i. B., 1979. Das Märchen vom Materialismus. (Reclams UB. 8261).

Wührl, S. 135-137. *H. Hafner*: Der Gestus als neues ästhetisches Zeichen im »Märchen vom Materialismus«. In: *W. Stauffacher* (Hrsg.): Internationale Alfred-Döblin-Kolloquien 1980-1983. Bern, Frankfurt/M. 1986, S. 150-165. *H. Kiesel*: Literarische Trauerarbeit. Das Exil- und Spätwerk Alfred Döblins. Tübingen 1986. *H.S. Milbouer*: Alfred Döblins »Märchen vom Materialismus«. In: *Stauffacher* (Hrsg.), S. 140-149. *Kümmerling-Meibauer. Tarot.*

R. Walser

Wie gebrochen das Verhältnis ist, das *Robert Walser* (1878-1956) zum Märchen hat, läßt der Prosatext »Dornröschen« (1916) aus dem Band »Poetenleben« (1917 mit der Angabe 1918) beispielhaft erkennen. Walser erzählt darin, daß er in jungen Jahren ein kleines Stück über Dornröschen schreiben wollte (wie er übrigens auch über Aschenbrödel und Schneewittchen Stücke verfaßt hat). Den Anstoß dazu erhielt er vermutlich von Franz Blei, der ihm hochfliegende Dramenpläne wie »Die Schlacht bei Sempach« wegen unzureichender Welterfahrenheit ausgeredet und stattdessen empfohlen hatte, ganz aus seinem Inneren heraus zu dichten. Die Märchendramolette offenbaren nun, daß sich in diesem Innern ein Mißtrauen gegenüber den alten Geschichten und ihren Tröstungen gebildet hatte. Denn Walsers »Schneewittchen«-Stück setzt in dem Augenblick ein, wo das überlieferte Märchen zu seinem Schluß kommen will, und zeigt die Verwirrung der Gefühle, als Schneewittchen von ihrem Prinzen zur Königin zurückgebracht wird. Der »Dornröschen«-Text erzählt also von dem ehemaligen Versuch, dies Märchen in Verse zu bringen; er ist nicht auf das allen vertraute Volksmärchen bezogen, vielmehr auf den ganz eigenen, gescheiterten Versuch seiner poetischen Vergegenwärtigung. Dieser Bericht kommt in Prosa. Doch es ist eine Prosa, die mit Absicht zu viele und zu schöne Worte macht. Das eben ist das Besondere an Robert Walsers Dichtungen, zumal an seinen Märchendichtungen, daß sie beides zugleich vorweisen: den legitimen Wunsch nach befriedigenden Lebensumständen und den berechtigten Zweifel, ob das mit Worten umspielte gute Ende wirklich Bestand hat. »Das Ende der Welt« (1917 im Band »Kleine Prosa«) ist von dieser Art; warum *Kafka* diesen Autor hochgeschätzt hat, könnte von da aus verständlich werden. Aus einer Situation des Mangels heraus nehmen viele Volksmärchen ihren Anfang; hier ist er für die Heldin allumfassend, so daß kein anderer Ausweg bleibt, als von zu Hause fort ans Ende der Welt zu laufen, erst dort könnte ein Ende des Mangels sein. Daß ein prächtiges Bauerngehöft mit dem Namen »Ende der Welt« zum Ziel ihres Weges wird, wo freundliche Menschen sie aufnehmen, später vielleicht an Kindes statt, das scheint zu schön zu sein, als daß man es für wahr halten dürfte.

Robert Walser: Das Gesamtwerk. Hrsg. von Jochen Greven. Genf und Hamburg 1966 ff.

Urs Herzog: Robert Walsers Poetik. Literatur und soziale Entfremdung. Tübingen 1974 [Walter Benjamin hat bereits auf die Bedeutung der Märchendramolette hingewiesen. H. setzt mit seiner Analyse, indem er die Überlegungen Benjamins fortführt, bei dem »Schneewittchen«-Dramolett an]. *Tismar* S. 38-47. *Gerd Hammer*: Momente des Kindlichen im Werk Robert Walsers. Frankfurt/M. 1989. *Katalin Horn*: »Der Prinz kommt ungelegen...«. R. Walsers Märchendramolette. In: Sprachkunst 20 (1989), S. 45-50. *Andrea Hübner*: »Ei', welcher Unsinn liegt im Sinn?« R. Walsers Umgang mit Märchen und Trivialliteratur. Tübingen 1995.

Grenzfälle des Kunstmärchens (II): Die phantastische Literatur (am Beispiel Franz Kafkas)

Bereits im 18. Jahrhundert hatte das pseudo-orientalische Märchen von Cazotte (dazu Apel S. 72) oder Beckford den Übergang zur phantastischen Literatur geebnet. Im deutschen Sprachraum sind es dann vor allem die Texte von Tieck (»Der blonde Eckbert«), die als Kronzeugen sowohl in der Geschichte des Kunstmärchens wie der phantastischen Literatur verbucht werden und damit ein Dilemma anzeigen: Die zeitweilige Aufhebung der Vernunft im Märchen ist nicht immer exakt von der in der Regel unwiderruflichen Suspendierung der ratio – wie sie für die Phantastik verbindlich ist – zu trennen. In historischer wie struktureller Hinsicht hat daher Roger Caillois das Märchen als Vorstufe der phantastischen Literatur beschrieben, denn das Phantastische ist nicht mehr möglich in einer Welt, die noch an das Wunder glaubt. Gerade der Einbruch des ganz unerwartet Unmöglichen zerbricht die sichere, vernünftig-wissenschaftliche Welt. »Das Märchen ist ein Reich des Wunderbaren, das eine Zugabe zu unserer Alltagswelt ist, ohne sie zu berühren oder ihren Zusammenhang zu zerstören. Das Phantastische dagegen offenbart ein Ärgernis, einen Riß, einen befremdenden, fast unerträglichen Einbruch in die wirkliche Welt« (Caillois S. 45). Nach Tieck sind aus dem Bereich der Kunstmärchen-Autoren besonders Hoffmann und Storm (»Bulemanns Haus«) als Doppelbegabungen anzuführen. Auch die bisweilen grotesken Märchen des Expressionismus streifen das Phantastische, so in Franz Werfels »Der Dschin« (1919). Als Märchen veröffentlicht, zeigt die Geschichte nicht weniger als die schockartige Erkenntnis, wie das seiner selbst anscheinend so sichere Ich als eine fremde Identität erfahrbar wird. Der bösartige Dschin (aus dem islamischen Volksglauben, zugleich eine Reminiszenz an Wieland) schlägt nicht mit dem Schwert, sondern mit dem Sinn: Er zerstört das Selbst-Bewußtsein des Prinzen, der nicht mehr länger Herr im eigenen Haus seines Ich sein kann.

Auch die Erzählungen von *Franz Kafka* (1883-1924) sind von der Forschung in Zusammenhang mit dem Kunstmärchen gebracht worden (Hasselblatt, Harder) oder in Märchen-Anthologien aufgenommen worden (Häny, Borchers). Schon *Max Brod* bemerkte in Kafkas Art zu erzählen »märchenhafte Erfindung«. Dieser Bezug wird durch die Eigentümlichkeit von Kafkas Erzählweise provoziert, daß Phantastisches und Wunderbares ungeschieden von Alltagsbegebenheiten vorgestellt und von den dargestellten Figuren auch aufgenommen wird. Allein die Vielzahl einzelner Elemente, die an Märchenmotive erinnern: sprechende Tiere, Verwandlungen von Mensch in Tier, das Außerkraftsetzen von Naturgesetzen, die Isoliertheit des Helden, könnte die Assoziation mit Märchen nicht fundieren. Wesentlicher für die Zuordnung ist, daß solche Motive strikt wie im Volksmärchen in einen Funktionszusammenhang gebunden sind. Ein zentraler Unterschied: der notorischen Glückserwartung im Volksmärchen steht in Kafkas Erzählungen die Unerreichbarkeit solcher Erwartungen entgegen. Wie ein Volksmärchenheld nimmt der isolierte Held in Kafkas Erzählungen seinen Weg nach Gesetzen, die er nicht kennt, geführt von Mächten, die er nicht durchschaut. Nur bleibt er – im Gegensatz zum Volksmärchenhelden – befremdet und ohne Orientierung. Daß in diesem Zug eine reflektierte Auseinandersetzung mit Märchen steckt, läßt eine Aufzeichnung Kafkas (T 509 f.) erkennen. Einem immer noch hoffenden Verurteilten sagt der Scharfrichter, er solle seine Lage nicht auf eine Märchensituation, Rettung im letzten Augenblick, projizieren, dies hier sei kein Märchen. Im Moment der Auslöschung von Märchenerwartung aktualisiert sich eine paradoxe Verbindung zur Erzählform Kunstmärchen, die hier in Richtung auf die Phantastik überschritten wird. Clemens Heselhaus (Kafkas Erzählformen, DVjs 1952, S. 357) spricht von »Anti-Märchen« (dazu Beicken S. 263f.), Klotz von »pervertierten Märchen« (S. 340, S. 398f.). Die »Normalität des Menschen« wird als scheinbar dechiffriert, indem »die deformierende Gewalt der familialen Beziehungen« herausgestellt wird (Renner S. 153). Das Phantastische – auf dessen grundsätzliche Ferne zum Märchen die Forschung (Bert Nagel S. 267ff.) wie die Phantastik selbst (Borges) hinwiesen – begegnet hier nach einem Wort von Georges Jaquemin als »berichtigende Unordnung« (zit. bei Renner S. 146). Kafkas Technik der Entstellung von Märchenzügen entspricht die seiner Mythenkorrekturen (z. B. »Das Schweigen der Sirenen«). *Walter Benjamin* nannte diese (im Kafka-Aufsatz von 1934) »Märchen für Dialektiker«.

Zur Phantastik:
Roger Caillois: Das Bild des Phantastischen. Vom Märchen zur Science Fiction. In: Phaïcon 1. Almanach der phantastischen Literatur. Hrsg. von Rein A. Zondergeld. Frankfurt/M. 1974, S. 44-83. *Tzvetan Todorov*: Einführung in die fantastische Literatur. München 1975. *Winfried Freund*: Von der Aggression zur Angst. Zur Entstehung der phantastischen Novellistik in Deutschland. In: Phaïcon 3 (1978), S. 9-31. Stichwort ›Phantastische Erzählung‹ (*Helmut Müller*) in *LKJL* III, S. 37-40. *Christian W. Thomsen/ J.M.Fischer* (Hrsg.): Phantastik in Literatur und Kunst. Darmstadt 1980. *Tobin Siebers*: The Romantic Fantastic. Ithaca 1984. *Wührl*, S. 279-281 (Werfel). *Winfried Freund* (Hrsg.): Literarische Phantastik. Die phantastische Novelle von Tieck bis Storm. Suttgart, Berlin, Köln 1990 [rez. von *Franz Loquai* in: Hoffmann-Jb 3 (1995), S. 149f.]. *Hans Schumacher*: Bemerkungen zu Initiationsstrukturen in Märchen und phantastischer Erzählung. In: *H.S.* (Hrsg.): Phantasie und Phantastik, S. 19-42. *Helmut Kreuzer* (Hrsg.): Märchen und Fantasy. In: Zeitschrift für Literaturwissenschaft und Linguistik 23 (1993), Heft 92.
Franz Kafka: Sämtliche Erzählungen. Hrsg. von Paul Raabe. (Fischer Tb. 1078).

Hasselblatt S. 191-198. *Schneeberger* (siehe den Abschnitt über die klassische Moderne) S. 18-46. *Marie-Luise Harder:* Märchenmotive in der Dichtung Franz Kafkas. Diss. (Masch.) Freiburg 1962. *Peter U. Beicken:* Franz Kafka. Eine kritische Einführung in die Forschung. Frankfurt/M. 1974 [bes. S. 263 f.; mit weiterer Literatur]. *Ludwig Dietz:* Franz Kafka. Stuttgart [2]1990 (Slg. Metzler. 138.) [mit weiterer Literatur]. Stichwort ›Antimärchen‹ *(Elfriede Moser-Rath)* in *EM* 1, Sp. 609-611. *Rolf Günter Renner:* Kafka als phantastischer Erzähler. In: Phaïcon 3 (1978), S. 144-162. *Bert Nagel:* Kafka und die Weltliteratur. München 1983, S. 243-257, S. 258-277. *Wührl,* S. 277-279. *Klotz,* S. 339-355. *Hartmut Binder:* Parabel als Problem: eine Formbetrachtung zu Kafkas »Vor dem Gesetz«. In: WW 38 (1988), S. 39-61.

Schwitters

Der bekannte Künstler *Kurt Schwitters* (1887-1948) ist ein unbekannter Märchenerzähler, die Herausgabe seines literarischen Werks (1973-1981) hat auch dies an den Tag gebracht. Vor allem in den Jahren 1924/25 gehört das Märchen zu den bevorzugten Formen seiner literarischen Äußerung. Am ehesten dürften »Der Hahnepeter« (1924) und »Die Scheuche« (1925) bereits bekannt sein, die in Zusammenarbeit mit Käte Steinitz und Theo van Doesburg entstanden sind. Sie sollten moderner Kinderbuchgestaltung ein Beispiel geben. Darüber hinaus hat Schwitters Märchen für Erwachsene geschrieben, in denen er scheinbar nichts als Form und Bedingung des Märchenerzählens ironisch spielerisch sichtbar macht, z. B. in »Der Schweinehirt und der Dichterfürst« (1925). Dabei wird das Verhältnis von Märchenordnung und empirischer Wirklichkeit zum beherrschenden Thema, auf die Spitze getrieben in »Altes Märchen« (1925). So kommt zum Vorschein, daß Schwitters mit diesem dargestellten Konflikt zwischen der Phantasie- und Märchenordnung einerseits und den Gesetzen der alltäglichen bürgerlichen Welt andererseits in hergebrachter Form die ästhetischen Probleme seiner eigenen, modernen Gestaltungsweise reflektiert, nämlich der Collage.

Kurt Schwitters: Das literarische Werk. Hrsg. von Friedhelm Lach. Köln. [Wichtig vor allem Bd. 2: Prosa 1918-1930, Köln 1974; Bd. 3: Prosa 1931-1948, Köln 1975].

Friedhelm Lach: Der MerzKünstler Kurt Schwitters. Köln 1971 [bes. S. 14-143]. *Bernd Scheffer:* Anfänge experimenteller Literatur. Das literarische Werk von Kurt Schwitters. Bonn 1978 (Bonner Arbeiten zur deutschen Literatur. 33.) [zu Schwitters' Märchenverdrehungen und Gattungsreflexionen bes. S. 99-115]. *Tismar S.* 57-64.

VII. Deutsche Kunstmärchen im 20. Jahrhundert

Vom Expressionismus bis zum Ende der Weimarer Republik

Der eigenartige Umriß expressionistischer Märchen zeichnet sich deutlich vor dem Hintergrund der affirmativen Märchenliteratur im Ersten Weltkrieg ab, wie man sie z. B. in dem von *Kläger* herausgegebenen Sammelband »Legenden und Märchen unserer Zeit« (1917) finden kann, ebenso im Band »Rosen vom Felde der Ehre. Märchen deutscher Soldaten 1914-1918« (1926), herausgegeben von *Goth-Emmerich.* Allerdings sind diese Texte gegenwärtig nahezu unbekannt, ihre wissenschaftliche Rezeption steht erst am Anfang (hierzu und zum Folgenden Tismar S. 64 ff.). Auch die expressionistische Märchenliteratur ist noch nicht zulänglich untersucht worden, was in erster Linie mit dem Problem ihrer Zuordnung, sodann auch mit der Streuung der Quellen zu tun hat. Es ist bei vielen dieser Texte besonders schwierig zu definieren, ob sie zur Gattung der Märchen gehören, oder ob es sich um groteske Erzählungen handelt. Die wichtigste Anthologie, »Die goldene Bombe« (1970), herausgegeben von *Geerken,* umgeht, wie der Untertitel verrät, die Entscheidung: »Expressionistische Märchendichtungen und Grotesken«. Der Band versammelt u. a. Beispiele experimenteller Prosa, in denen, sei es durch den Titel, sei es durch vertraute Formeln, Figuren und Motive, *Märchen* signalisiert wird, zumeist, um diese Erwartung zu enttäuschen. »Das expressionistische Märchen hat vieles von den ›Halbmärchen‹ (Ernst Bloch) Poes und Stevensons in sich aufgenommen« (Hartmut Geerken in *EM* IV, Sp. 695). »Der Tod Gottes, Medizin, Psychopathologie, Technik, Revolution, Sozialkritik werden verarbeitet« (Geerken, ebd., Sp. 698).

Die generelle Problematik einer Geschichte des Kunstmärchens wird an diesen Texten evident. Weiter und vehementer als die Verfasser romantischer Kunstmärchen entfernen sich die expressionistischen Autoren vom Orientierungsmuster Volksmärchen, und nur wenigen geht es um eine Innovation oder Konstruktion von autonomer Märchenwelt. Was generell für das Kunstmärchen gilt: daß es als ein Medium für theologische, philosophische, politische und andere Aussagen dienen kann, zeichnet sehr viele dieser Kunstmärchen in verstärktem Maße aus. Die Durchsichtigkeit der vorgeschobenen Märchenkulisse richtet das Augenmerk des Lesers unverzüglich auf die Botschaft im Hintergrund. Hat diese eine gesellschaftskritische, satirische Intention, steht sie zumeist quer zu dem auf Harmonie gerichteten Märchenschema. Aus dieser Kombination gewinnen einige Erzählungen die Versinnlichung von Disharmonie, vorherrschend in Formen der Groteske. Dies Manöver scheinheiliger Märchenanspielung unterminiert in sehr vielen Fällen die Position der Satire.

Mangelnde Übersichtlichkeit der Quellen, wahrscheinlich ein Hemmnis für die breitere Erforschung der expressionistischen Märchenliteratur, charakterisiert vor allem das Werk von *Albert Ehrenstein.* Denn er hat bereits gedruckte Erzählungen (»Nicht da, nicht dort«, 1916) unter einem anderen Titel erneut veröffentlicht (»Zaubermärchen«, 1919), oder er hat eine Märchenerzählung in zwei Teile aufgeteilt und separat publiziert. Mit der von Hanni Mittelmann herausgegebenen Werk-Ausgabe liegen (im Band 2) die Erzählungen Ehrensteins gesammelt vor. Ehrenstein hat Texte geschrieben, die den Erwartungen an ein Märchen durchaus entsprechen, er hat aber auch die Form des Märchens nur zum Vorwand genommen. Als Beispiel einer durch inkonsequenten Einsatz von Märchenmitteln desorientierten Gesellschaftskritik läßt sich »Die Schuld« (1916) anführen. (Die Zwiespältigkeit des Textes diskutiert Eykman S. 133 ff.) Den satirischen Pseudomärchen gesellen sich in der Anthologie »Die goldene Bombe« andere Erzählungen bei, die sich enger an das Volksmärchenmuster oder an die Tradition romantischer Kunstmärchen anschließen, wie »Vom Schmetterling und seiner Wunderblume« (entstanden 1910) von *Reinhard Johannes Sorge.*

»Das Märchen ist im ersten Drittel des 20. Jahrhunderts die am weitesten verbreitete kinderliterarische Gattung« (Karrenbrock, S. 49). In der Zeit nach dem Ersten Weltkrieg hat man das Märchen nicht nur wieder ernstgenommen als Form des Erzählens, vielmehr auch als Möglichkeit, Mangelsituationen, Entbehrungen und berechtigte Wünsche festzuhalten. Im Malik-Verlag wurde eine Reihe geschaffen, »Märchen der Armen«, die nicht einfach Trost spenden, sondern Mut machen sollte. Der erste Band, »Was Peterchens Freunde erzählen« (1921) stammt von *Hermynia Zur Mühlen.* Peterchens Freunde sind die Dinge seiner Umgebung, Kohle, Streichholzschachtel, Flasche, Eisentopf usw. *Andersens* Manier, die Dinge für sich sprechen zu lassen, wird hier klassenkämpferisch genutzt. Die Kohle erzählt von der schlimmen Lage derer, die sie gefördert hatten, dann auch von greifbaren Chancen, diese Verhältnisse selber zu verändern (nähere Angaben zu dieser Autorin bei Dreher). Der zweite Band der Reihe, »Die Dollarmännchen« (1923) von *Eugen Lewin-Dorsch,* betreibt u.a. Kritik an Ausbeutung und Intellektualismus und formuliert die »Hoffnung auf Errettung als sozialistische

Zukunfts-Erwartung« (Karrenbrock, S. 111). In die Gruppe der Märchen, die sich auf die Seite des Proletariats oder der Kriegsgeschädigten stellen, gehört auch »Das Märchen vom König« aus dem Band »Licht und Schatten« (1927) von *Oskar Maria Graf.* Andere sozial engagierte Märchenbücher dieser Jahre sind: »Märchen der Wirklichkeit« (1924) von *Walter Eschbach,* »Großstadtmärchen« (1924) von *Bruno Schönlank,* »Von Menschlein, Tierlein und Dinglein« (1924) von *Heinrich Schulz,* »Das richtige Himmelblau« (1925) von *Béla Balázs,* »Das geheimnisvolle Land« (1925) von *Cläre Meyer-Lugau* und »Im Satansbruch« (1925) von *Ernst Preczang.*

Die Märchen sind aus unterschiedlichen politischen Positionen heraus geschrieben, vergleichbar jedoch in ihrer Haltung, daß sich das, was bislang ein Privileg der Bürgerkinder war, nun eigens den Nichtprivilegierten eröffnen soll. Dabei scheint nicht selten die Märchenordnung in die reale Zielvorstellung überführt, es könnte die Situation des Mangels, der Unterdrückung und Ausbeutung in der Wirklichkeit überwunden werden.

Emil Kläger (Hrsg.): Legenden und Märchen unserer Zeit. Wien, Leipzig 1917. Märchen für Erwachsene. München 1918 (Bücherei der Münchner »Jugend«). *Hermynia Zur Mühlen:* Was Peterchens Freunde erzählen. Märchen. Mit Zeichnungen von George Grosz. Berlin 1921 (Märchen der Armen. 1). Zweite, veränderte Auflage Berlin 1924. *Eugen Lewin-Dorsch:* Die Dollarmännchen. Acht Märchen. Berlin 1923 (Märchen der Armen. 2. Reprint Leipzig 1982). *Walter Eschbach:* Märchen der Wirklichkeit. Leipzig 1924 (Entschiedene Schulreform. 35.). *Bruno Schönlank:* Großstadtmärchen. Berlin 1924. *Ders.:* Der Kraftbonbon und andere Großstadtmärchen. Berlin 1928. *Heinrich Schulz:* Von Menschlein, Tierlein und Dinglein. Märchen aus dem Alltag. Illustriert von Hans Baluschek. Berlin 1924. *Béla Balázs:* Das richtige Himmelblau. 3 Märchen. München 1925. *Cläre Meyer-Lugau:* Das geheimnisvolle Land. Berlin 1925 (Jugendbücher der Neuen Gesellschaft. 5.). *Ernst Preczang:* Im Satansbruch. Originalholzschnitte von O. R. Schatz. Geschrieben von Curt Reibetanz. Leipzig 1925. *Luise Goth-Emmerich* (Hrsg.): Rosen vom Felde der Ehre. Märchen deutscher Soldaten 1914-1918. Illustriert von Hanna Forster. München 1926 [Fundort: Bibliothek für Zeitgeschichte in der Württ. Landesbibliothek Stuttgart]. *Oskar Maria Graf:* Licht und Schatten. Eine Sammlung zeitgemäßer Märchen. Mit einer Einleitung von *Manfred Georg.* Berlin 1927 (Jugendbücher der Neuen Gesellschaft. 8). *Hartmut Geerken* (Hrsg.): Die goldene Bombe. Expressionistische Märchendichtungen und Grotesken. Darmstadt 1970. Wiederaufgelegt Frankfurt/M. 1979 (Fischer Tb. 2177). *Bernd Dolle/Dieter Richter/Jack Zipes*: Es wird einmal... Soziale Märchen der 20er Jahre. München 1983. *Christel Yount* (Hrsg.): Expressionistische Deutsche Märchen. Bd. II. Texte. München 1989 [als Ergänzung zur 1980 vorgelegten Diss.].

Gabriel Beck: Die erzählende Prosa Albert Ehrensteins. Freiburg/Schw. 1969. *Index Expressionismus*. Bibliographie der Beiträge in den Zeitschriften und Jahrbüchern des literarischen Expressionismus, hrsg. von Paul Raabe, Bd. 18. Nendeln 1972 [40 Märchentexte werden aufgeführt]. *Gertrud Alexander:* Kindermärchen. In: *Dieter Richter* (Hrsg.): Das politische Kinderbuch. Darmstadt, Neuwied 1973 (Slg. Luchterhand. 87.), S. 261 f. [eine Rezension zu Märchen von H. Zur Mühlen]. *Edwin Hoernle:* Die proletarischen Märchen des industriellen Zeitalters. (1923). In: *Dieter Richter* (Hrsg.): Das politische Kinderbuch. Darmstadt, Neuwied 1973, S. 220-223. *Hanno Möbius:* Revolutionäre Märchen der 20erjahre. In: Kürbiskern 1971, S. 267-277 [u. a. zur Märchendichtung der H. Zur Mühlen; dem Text von Möbius ist ein Märchen von H. Zur Mühlen, »Der Droschkengaul« S. 270-274, zusammen mit den Reaktionen von zwei Kindergruppen auf dies Märchen beigefügt]. *Christoph Eykman:* Denk- und Stilformen des Expressionismus. München 1974 (Uni-Tb. 256). [bes. S. 125-143]. *Dieter Richter/Johannes Merkel:* Märchen, Phantasie und soziales Lernen. Berlin 1974 (Basis Theorie. 4.), S. 131-134 [zu dem Märchen »Der Knecht« von H. Zur Mühlen aus dem Band »Es war einmal und es wird sein«, Berlin 1930]. *Ingmar Dreher:* Die deutsche proletarisch-revolutionäre Kinder- und Jugendliteratur zwischen 1918 und 1933. Berlin (DDR) 1975 (Studien zur Geschichte der deutschen Kinder- und Jugendliteratur. 6). Stichwort ›Arbeiterbewegung‹ *(Horst Künnemann)* in *LKJL* I, S. 54 f. Stichwort ›Karel Čapek‹ *(Horst Künnemann)* in *LKJL* I, S. 241 f. Stichwort ›Čukovskij (Tschukowski)‹ *(Horst Künnemann)* in *LKJL* I, S. 280 f. Stichwort ›Otto Flake‹ *(Margarete Dierks)* in *LKJL* I, S. 391. Stichwort ›Manfred Kyber‹ *(Hans Eich)* in *LKJL* II, S.295 f. Stichwort ›Wilhelm Matthießen‹ *(Helmut Müller)* in *LKJL* II, S. 445 f. Stichwort ›Sophie Reinheimer‹ *(Winfred Kaminski)* in *LKJL* III, S. 154 f. Stichwort ›Margarete von Renesse‹ *(Hermann Bertlein)* in *LKJL* III. S. 160 f. Stichwort ›Toni Rothmund‹ *(Hermann Bertlein)* in *LKJL* III, S. 216 f. Stichwort ›Sozialistische Kinder- und Jugendliteratur‹ *(Manfred Geiss)* in *LKJL* III, S. 414-423. Stichwort ›Lisa Tetzner‹ *(Erich Eberts)* in *LKJL* III, S. 520-522. Stichwort ›Julius Zerfaß‹ *(Manfred Geiss)* in *LKJL* III, S. 850 f. Stichwort ›Hermynia Zur Mühlen‹ *(Bernd Dolle)* in *LKJL* III, S. 861-863. *Christel Marlene Yount:* Expressionistische deutsche Märchen, ihre literarische Beschaffenheit und ihre soziale Funktion. Diss. Stanford Univ. 1980 [DA 41 (1980/81), S. 687-688 A] *Tismar S.* 64-73. Stichwort ›Béla Balázs‹ *(Bernd Dolle)* in *LKJL* IV, S. 25 f. Stichwort ›Carl Dantz‹ *(Heiner Boehncke)* in *LKJL* IV, S. 134-136. Stichwort ›Edwin Hoernle‹ *(Manfred Geiss)* in *LKJL* IV, S. 288-290. Stichwort ›Heinrich Schulz‹ *(Gisela Wilkending)* in *LKJL* IV, S. 497 f. *Bernd Dolle-Weinkauff*: Das Märchen in der proletarisch-revolutionären Kinder- und Jugendliteratur der Weimarer Republik 1918-1933. Frankfurt/M. 1984. Stichwort ›Expressionistische Märchen‹ (*Hartmut Geerken*) in *EM* IV, Sp. 694-700. *Manfred Altner*: Kinder- und Jugendliteratur der Weimarer Republik. Frankfurt/M., Bern, New York 1991, S. 183-202. *Helga Karrenbrock*: Märchenkinder – Zeitgenossen. Untersuchungen zur Kinderliteratur der Weimarer Republik. Stuttgart 1995.

Den Gegensatz zu den Märchen aus sozialistischer oder sozialdemokratischer Perspektive bilden innerhalb der Literatur der Weimarer Republik die völkischen Märchen. Sie werden hier in einem Kapitel zusammen mit der nationalsozialistischen Märchenliteratur vorgestellt, da sie in der Phase des Faschismus als repräsentative Märchen der Gegenwart aufgenommen wurden. Zwei Autoren seien herausgehoben, Stehr und Blunck (zum folgenden Tismar S. 74 ff.).

Hermann Stehr (1864-1940), vor allem als Autor von Romanen wie »Der Heiligenhof« (1918) bekannt, gehört zu den völkischen Autoren, die von der nationalsozialistischen Literaturgeschichtsschreibung nicht ohne Vorbehalte akzeptiert worden sind. Das läßt sich z. B. der dritten Auflage (1937) der Darstellung »Volkhafte Dichtung der Zeit« von Hellmuth Langenbucher entnehmen. Daß Stehr dennoch sehr wohl in diesen ideologischen Umkreis gehört, führt u. a. seine Sammlung »Mythen und Mären« (1929) vor. Neben legendenhaften Erzählungen stehen auch zwei Märchen. Sie entstammen weit voneinander entfernten historischen Umständen und geben daher die innere Kontinuität der völkischen Dichtung recht deutlich zu erkennen: »Wendelin Heinelt« (1909) und »Das Märchen vom deutschen Herzen« (1926). Was in »Wendelin Heinelt« durch zwei Protagonisten repräsentiert wird, ein antisozialistisches Sehnsuchtsbild der nationalen Einmütigkeit, das ist im »Märchen vom deutschen Herzen« zu einer Figur verschmolzen. Es gibt nur einen Helden: den deutschen Mann. Er hat ein zerarbeitetes Gesicht wie Heinelt und ein Ethos wie der personifizierte Nationalgeist. In dieser Entwicklung von »Wendelin Heinelt« zum »Märchen vom deutschen Herzen« erkennt man, wie sich mit der Zeit der Wunsch verdichtet hat, die soziale Entzweiung könne im Moment des Deutschtums aufgehoben werden.

Auch die Märchen des *Hans Friedrich Blunck* (1888-1961), erster Präsident der Reichsschrifttumskammer, sind zum wesentlichen Teil bereits in der Zeit der Weimarer Republik geschrieben: »Märchen von der Niederelbe« (1923), in der zweiten Auflage unter dem Titel »Von Klabautern und Rullerpuckern« (1926); neue Folge »Von klugen Frauen und Füchsen« (1926); dritte Folge »Sprung über die Schwelle« (1931); zusammengefaßt unter dem Obertitel »Märchen von der Niederelbe«. Solche Lokalisierung, dem Wesen des Volksmärchens entgegengesetzt, gibt einen Hinweis auf die Werte, die in und mit diesen Märchen hochgehalten werden sollen: Bodenständigkeit, Heimattreue und die Tradition einer Kultur im Norden. Dies kommt auch in den Geistern zum Ausdruck, die in Bluncks

Märchen ihr Unwesen treiben. Es gibt eine Zwischenwelt der Wichte, aufgeteilt nach bestimmten Funktionen. Nixen und Nöcke gehören zum Wasser, die Hagefrau zum Wald, die Äpfelknechte und Birnweiber in den Garten, Nies Puk ins Haus. Figuren der Sage und des Aberglaubens wie etwa der Klabautermann bilden also die Ahnenreihe der Blunckschen Geisterwelt. Ihr eigentümlicher Charakter aber ist durch neue Geister bestimmt. Es kommt, wie sich schon mit der Arbeitsteilung unter den traditionelleren Figuren andeutete, die bürgerliche moderne Welt, vor allem mit ihren technischen Errungenschaften, ins Blickfeld. Bluncks Märchenphantasie ist zu einem nicht geringen Teil damit beschäftigt, die technische Welt unproblematisch, da freundlich beseelt, erscheinen zu lassen; denn sie erfindet unermüdlich Wichte, die den Maschinen nah sind. Jan Smook sitzt im Lokomotivschuppen, Kohlenjupp im Tender, Rullerpucker unter der Wagenachse des Zugs, unter der Achse des Autos der Muckerpucker. Einer von ihnen gerät auf ein Flugzeug und wird zum Ahnherrn der Burrer, der Flugzeuggeister. So bleiben Bluncks Märchen dem Fortschritt auf der Spur; ihm wollen sie sich gewachsen zeigen. Mit der Vorstellung, die immer wieder dartut, das Technische sei von innen her belebt, wird unversehens auch eine politische Haltung zur Technik nahgelegt: Über äußere Zwecke und soziale Auswirkungen der Maschinen soll nicht nachgedacht werden; reibungsloser Betrieb ist, wie »Frau Susesum aus dem Weidenbusch« beschreibt, das Ziel. Wohl kommt die Möglichkeit von Unruhe an den Maschinen zum Vorschein, doch nicht als Kampf um bessere Lebens- und Arbeitsbedingungen, nur als Renitenz (»Der Klabauter erzieht die Maschinenkerle«) und Allotria (»Wächter Rühmann«).

Viele Märchen Bluncks versuchen Ätiologien zu liefern, mit denen der Autor einem geheimen Wissen Ausdruck verleihen will, das zwischen einem ausgehöhlten Christentum und nordischer Mythologie eine vage Synthese herstellt. Nach dem Ende des Nazi-Reichs hat Blunck weiter Märchen geschrieben und veröffentlicht, nun mehr an Blumen und Tieren interessiert.

Es dürfte kaum verwundern, daß autochthon nationalsozialistische Kunstmärchen schwerlich aufzutreiben sind; denn diese Gattung ist durch die Eigenwilligkeit des Autors bestimmt, mit der er sich das Muster des Märchens dienstbar macht. Für die Naziliteratur sind eben andere Ziele charakteristisch als die je individuelle Interpretation des Weltzustands. Trotzdem gibt es spezifisch nationalsozialistische Märchenbücher. Sie enthalten Volksmärchen und ihre meist martialische Deutung, wenn etwa in dem Band »Menschen kämpfen« (1937) »Der starke Hans« (KHM 166) und »Der junge Riese« (KHM 90) unter der Überschrift *Stark muß ein Junge werden!*

zusammengefaßt werden. Statt von Kunstmärchen läßt sich hier eher von der ideologischen Rezeption des Volksmärchens sprechen.

Die andere Form nationalsozialistischer Märchenliteratur, statt Kunstmärchen zu schreiben Volksmärchen mit Ausdeutung zu verbinden, findet man in etlichen Beispielen verwirklicht. Adressaten sind die Erwachsenen; ihnen wird dargelegt, was aus deutschen Volksmärchen herauszulesen sei und wofür die Märchen als Zeugen dienen könnten. Nur läßt sich nicht übersehen, daß diese Auslegungen, die jeweils eindeutig zu sein beanspruchen, zu verschiedenen Ergebnissen führen. Das Buch »Weissagung und Erfüllung im Deutschen Volksmärchen« (1925) von *Schott* will beweisen, daß in den deutschen Volksmärchen das Schicksal Deutschlands nach Versaille prophetisch vorausgesehen sei. Dabei wird Deutschland mit Aschenputtel identifiziert. Die beiden Volkskundler *von Spieß* und *Mudrak* gehen in ihrem Werk »Deutsche Märchen – Deutsche Welt« (1939) scheinbar neutraler vor, da sie eine direkte tagespolitische Exegese vermeiden. Näher besehen, zeigt bereits die Auswahl der volkskundlichen Verweise auf die rassistische Konstruktion einer arischen Völkergemeinschaft. Die Volksmärchen seien Zeugnisse nordischer Weltanschauung in volkstümlicher Überlieferung«, wie es im Untertitel heißt. Diese Weltanschauung wird als Erbgut verstanden und das Volksmärchen, das vom Vater komme, zum Enkel gehe, als Träger dieses Erbguts. Das Buch »Deutsche Märchen und ihre Deutung« (1934) von *F. H. Hoffmann* hat eine ganz besondere Perspektive: die antichristliche, antisemitische »Deutsche Gotterkenntnis« der Mathilde Ludendorff. Gemeinsam ist diesen drei Märchenbüchern, daß sie das Volksmärchen als Modell ausgeben, an dem sich die gegenwärtige historische Situation verstehen ließe. In dieser Funktion nehmen sie den Platz der Kunstmärchen ein, die sie verdrängen. Indem das Volksmärchen zum Verständnis der deutschen Lage in der Gegenwart herangezogen wird, ist zugleich ein Bild der Zukunft entworfen, bei dem sich leicht wie im Märchen herausfinden lasse, wer die Guten, wer die Bösen sind. Den Guten, den Deutschen, wird ein glückliches Ende versprochen, nicht wie irgendein Happy-End, vielmehr als tief, nämlich genetisch, begründete Prophezeiung.

Ernst Lohmeyer: Wendelin Heinelt. In: Wilhelm Meridies (Hrsg.): Hermann Stehr. Sein Werk und seine Welt. Habelschwerdt 1924, S. 76-90. *Otto Ernst Hesse:* Hans Friedrich Blunck. Ein Beitrag zur nordischen Renaissance. Jena 1929. *Bruno P. Schliephacke:* Märchen, Seele und Kosmos. Bad Sachsa 1929; 2. verb. Auflage Prag-Weinberge 1942; eine dritte, veränderte Ausgabe erschien unter dem Titel: Märchen, Seele und Sinnbild. Neue Wege zu altem Wissen. Münster 1974 (Schriften der Gesellschaft zur Pflege des Märchengutes der europäischen Völker. 5). *Hans Friedrich Blunck:* Vom neuen Märchen. In: Die Woche 33 (1931), H. 5 (31. 1. 1931), S. 161. *Christian Tränckner:* Hans Friedrich Blunck. Eine kritische Übersicht. In: Hefte für Büchereiwesen 16 (1932), S. 27-35. *Ernst Adolf Dreyer:* Hans Friedrich Blunck. Sicht des Werkes. Berlin 1934. *Mimi Ida Jehle:* Das moderne deutsche KM. In: JEGP 33 (1934), S. 452-461 [Überblick der Märchendichtung von Huch bis Blunck]. *Christian Jenssen:* Hans Friedrich Blunck. Leben und Werk. Berlin 1935. *Ulrich Haacke:* Germanisch-deutsche Weltanschauung in Märchen und Mythen im Deutschunterricht. In: Zeitschrift für deutsche Bildung 12 (1936), S. 603-617. *Franz Fahnemann:* Die Märchendichtung H. Fr. Bluncks und ihre volkserzieherische Bedeutung. In: Die Volksschule 32 (1936/37), S. 802-806. *Erich Mühle:* Hermann Stehr. Ein deutscher Gottsucher der Gegenwart. Stuttgart 1937. *Maria Führer:* Nordgermanische Götterüberlieferung und deutsches Volksmärchen. 80 Märchen der Brüder Grimm vom Mythus her beleuchtet. München 1938. *Paul Zaunert:* Bluncks Märchen als Lebenswert. In: Ernst Adolf Dreyer und Christian Jenssen (Hrsg.): Demut vor Gott. Ehre dem Reich. Hochzeit der Künste. Eine Dankesgabe des Europäischen Schrifttums an Hans Friedrich Blunck. Berlin 1938, S. 81-84. *Dietrich Klagges:* Die Märchenstunde als Vorstufe des Geschichtsunterrichts. In: Jugendschriften-Warte 45 (1940), Nr. 7/8, S. 49- 51 [bezieht sich auf den Band »Menschen kämpfen«]. *Hanns Arens:* Hans Friedrich Blunck. Bildnis eines Dichters. In: Geist der Zeit 20 (1942), S. 516-525. *Hasselblatt* [zu Blunck S. 154-157]. *Irmgard Schneeberger:* Das Kunstmärchen in der ersten Hälfte des 20. Jh.s. Diss. München 1960 [zu Blunck S. 85-110]. *Heinz Rautenberg:* Mortui Scripta Aguntur. In: Hans Friedrich Blunck Jahrbuch 1963, S. 110-133 [Fundort: Staats- und Universitätsbibliothek Hamburg]. *Fritz Richter:* Das Hermann-Stehr-Bild der Deutschen. In: Fritz Richter (Hrsg.): Hermann Stehr. Schlesier, Deutscher, Europäer. Ein Gedenkbuch zum 100. Geburtstag des Dichters. Würzburg 1964 (Ostdeutsche Beiträge aus dem Göttinger Arbeitskreis. 28), S. 19-50. *Peter Aley:* Jugendliteratur im Dritten Reich. Dokumente und Kommentare. Gütersloh 1967 (Schriften zur Buchmarkt-Forschung. 12). *Christian Jenssen:* Die Blumenmärchen von Hans Friedrich Blunck. In: Jahrbuch der Gesellschaft zur Förderung des Werkes von Hans Friedrich Blunck 1968, S. 191-201 [Fundort: Universitäts-Bibliothek Kiel]. Stichwort ›Blunck‹ *(Margarete Dierks)* in *LKJL* I, S. 184 [eine unkritische Darstellung; zu den bibliographischen Hinweisen sei zumindest angemerkt, daß im Jahr 1978 die angegebene Untersuchung von *R. Poupart* weder in deutschen noch in französischen Bibliotheken nachgewiesen war; einen Aufsatz *P's.* über die religiösen Probleme in den Werken Bluncks findet man in der Fs. Demut vor Gott. Ehre dem Reich. Hochzeit der Künsten]. *Hansgeorg Meyer:* Die deutsche Kinder- und Jugendliteratur 1933 bis 1945. Ein Versuch über die Entwicklungslinien. Berlin (DDR) 1975 (Studien zur Geschichte der deutschen Kinder und Jugendliteratur. 7.). Stichwort ›Deutschland. 2. 14 Märcheninterpretation im Dritten Reich‹ *(Elfriede Moser-Rath)* in *EM* III, Sp. 551-553. *Tismar* S. 74-98. *Jack Zipes*: Fairy Tales and the Art of Subversion: The Classical Genre for Children and the Process of Civilization. New York 1983, S. 134-169. *Donald Haase*: The Politics of the Exile Fairy Tale. In: *Sigrid Bauschinger/Susan L. Cocalis* (Hrsg.): Wider den Faschismus. Exilliteratur als Geschichte. Tübingen und Basel 1993, S. 61-75.

Deutsche Märchen seit dem Ende des Zweiten Weltkriegs

Ebensowenig wie in der übrigen deutschen Literatur nach dem Zweiten Weltkrieg hat es in der Kunstmärchenliteratur einen »Kahlschlag« oder »Nullpunkt« gegeben. Nicht alle Fäden waren mit einem Mal abgerissen. Ein aufschlußreiches Beispiel bietet der Sammelband »Märchen deutscher Dichter der Gegenwart« (Eßlingen 1951). Der Herausgeber *Arens* hatte sich wie einige seiner Autoren bereits in der jüngst vergangenen Ära mit affirmativen Äußerungen einen Namen gemacht, nun werden direkt greifbare politische Themen ausgespart. Stattdessen fällt der Blick, als hätte Demut ihn gesenkt, auf Blumen, Tiere und Dinge; so scheint die Natur mit ihrer beruhigenden Ordnung zyklischer Wiederkehr an die Stelle der fortschreitend unverständlicher werdenden Geschichte gerückt. Der Umfang des Bandes ist weitgesteckt, von *R. Dehmels* »Märchen vom Maulwurf« (1896) bis zu *L. Rinsers* »Märchen vom Mausetöpfchen«, das offenbar dem heiklen Problem des Mundraubs in der Nachkriegszeit gewidmet ist. Das unkommentierte Beieinander von älteren seriösen Schriftstellern und anderen, die aus den Nazijahren vertraut sind, gemeinsam mit neueren Autoren unter dem Zeichen von Gegenwart soll vermutlich über den selbstverschuldeten Bruch in der deutschen Literatur und Geschichte hinwegtäuschen. Bei vielen Texten muß ihre Zuordnung zur Gattung der Märchen mehr als fragwürdig bleiben (Hasselblatt S. 162 ff.). Älteren Dissertationen dient der Band als Quelle für Beispiele, nicht als Gegenstand der Untersuchung (Steffens-Albala, Ewe).

Eine ähnlich penetrante Neigung zum Moralisieren wie in manchen jener Märchen deutscher Dichter der Gegenwart läßt sich bei einem Autor beobachten, den man, obwohl er in dieser Sammlung nicht vertreten ist, als den repräsentativen Märchendichter der unmittelbaren Nachkriegszeit bezeichnen kann, *Ernst Wiechert* (1887-1950). Zwei Bände (Zürich 1946; Lizenzausgabe München 1945/1948) enthalten 40 Märchen, 20 pro Band. Darin deutet eine Absicht sich an, die auch in den Märchen selber hervortritt: Ordnung zu schaffen und Übersicht zu gewinnen. Der erste Band bezieht, stärker als der zweite, die gegenwärtigen Erfahrungen von Krieg, Hunger, Not und Unrecht ein. Wer also Wiecherts Märchen bis zum Ende liest, läßt solche Bedrückungen allmählich hinter sich, getreu dem Motto, das über beiden Bänden steht: »›Komm! Wir wollen dir versprechen Rettung aus dem tiefsten Schmerz ...‹ (Goethe)«. Die Tröstung soll nicht allein dem einzelnen Fall, vielmehr dem Weltzustand gelten, in dem es Reiche und Arme, Glückliche und Leidende gibt. Von den Ursachen dieses Zustands absehen zu können, verklärt Wiechert zu einer quasi religiösen Haltung, die sich jeder politischen Analyse überlegen dünkt.

Die Literatur der 50er und 60er Jahre wies dem Märchen eine vergleichsweise weniger bedeutende Rolle zu; am ehesten noch wurde es als Anti-Märchen zum Zeichen der Skepsis umgeformt, etwa bei Wolfgang Hildesheimer, der in »Lieblose Legenden« (1952) die diskreditierte Volkstümlichkeit parodiert (Tismar, S. 107ff.). Christoph Meckels Versuche, in der Nähe des Grotesken an das Märchen anzuknüpfen, bewegen sich im Rahmen dessen, was auch Kafka erprobt hatte (»Die Krähe«, zuerst in: Das Atelier, hrsg. von Wagenbach, Frankfurt/M. 1962; »Der Schatten«). Peter Hacks folgt in der DDR mit »Der Schuhu und die fliegende Prinzessin« (in: Sinn und Form 1964, als Buch 1966) der Spur von Bert Brecht. Bei Helmut Heißenbüttel werden Märchenelemente verfremdet und in sexuell dominierte Kontexte montiert, in »Eichendorffs Untergang und andere Märchen« von 1978 wird das »Jenseitsreich des Märchens« zum »Unterbewußtsein des Märchenhelden« (Filz S. 103). Eine nahezu schubartige Zunahme des Interesses an Märchen*haftem,* die mit der Resignation nach 1968 in Verbindung zu bringen naheliegt, verzeichnet dann die Literatur der 70er Jahre, sowohl im Westen wie im Osten Deutschlands. Entsprechende, gesellschaftlich bedingte Unterschiede lassen sich in neuerer Zeit beim Vergleich zweier Sammelwerke bemerken, »Märchen, Sagen und Abenteuergeschichten auf alten Bilderbogen, neu erzählt von Autoren unserer Zeit« (München 1974), herausgegeben von *Jung,* und »Die Rettung des Saragossameeres« (Berlin/DDR 1976), herausgegeben von *Walther* und *Wolter.* Für den ersten Band ist ein nostalgisches Moment kennzeichnend, eine Rückwendung, die nicht ernstgemeint ist, aber als Geste zu erkennen gibt, daß man keine Pläne für die Zukunft hat und sich damit zufriedengibt, über das, was man besitzt, ästhetisch verfügen zu können. Den anderen Band kennzeichnet ein Zug zur Parabel, wobei in mehreren Erzählungen, z. B. bei *Rainer Kirsch, Heiner Müller* und *Thomas Brasch,* der griechische Mythos rekapituliert wird, um der Zukunft im Sozialismus eine Perspektive zu geben. Sammlungen dieser Art dokumentieren einerseits das - nach einer politisierten Literatur und Literaturkritik in den Jahren nach 1968 - wiedererwachte Interesse an den Möglichkeiten der Phantasie; andrerseits auch einen Moment des Stillstands und Rückblicks, als sei schon die Zeit gekommen, um Bilanz zu ziehen, wie es das voluminöse »Große deutsche Märchenbuch« (Königstein/Ts. 1979), herausgegeben von *Brackert,* nahelegt. Grimmsche Märchen werden aktualisierend umgeformt und mehr oder weniger verfremdend fortgeschrieben (in der Anthologie von Jung, etwa durch Christa Reinig, Ilse Aichinger, Barbara König). Peter Rühmkorf legt 1983 in dem Band »Der Hüter des Misthaufens« gesellschaftskritische, satirische, »Aufgeklärte Märchen« vor, die zum Teil das Volksmärchen parodierend aufgreifen (»Rotkäppchen und der Wolfspelz«). Auffallend ist geradezu die Tendenz, Märchen als Binnenerzählungen zu utopischen Gegenwelten innerhalb eines größeren Erzählganzen zu machen, so in Ingeborg Bachmanns einzigem vollendetem Roman »Malina« (1971) die Märchenlegende »Die Geheimnisse der Prinzessin von Kagran« oder in Hans Erich Nossacks »Die gestohlene Melodie« (1972). In anderen Fällen werden einem modernen Roman Märchen(elemente) als Subtext unterlegt: Während Michael Endes umstrittene »Unendliche Geschichte« (1979) in der Gefahr einer narzißtischen, hermetischen Selbstbefangenheit der Phantasie steht, versucht Barbara Frischmuth mit ihrer Sternwieser-Trilogie (besonders »Die Mystifikationen der Sophie Silber«) das Märchen in eine Auseinandersetzung mit spezifisch weiblichen Formen des Wissens zu überführen, steuert aber zugleich auf eine Selbstaufhebung des Märchens zu (Filz). Allenthalben bildet das romantische Kunstmärchen die Folie, auf die auch neue Versuche des Märchens sich beziehen – besonders Novalis und E.T.A. Hoffmann, dessen Spuren bei Ingeborg Bachmann und Barbara Frischmuth verfolgt werden können (vgl. die kritische Ausgabe des »Todesarten«-Zyklus, München 1995, Bd. 3/2, S. 923, sowie den Aufsatz von I. Spörk). Peter Handkes große Erzählung »Mein Jahr in der Niemandsbucht« (Frankfurt/M. 1994) trägt analog zum »Goldnen Topf« den Untertitel »Ein Märchen aus den neuen Zeiten«. Eine besonders reichhaltige Arbeit am Märchen unternehmen zwei Romane von Günter Grass, der mit dem »Butt« eine Art Meta-Märchen zu Runges »Von dem Fischer un syner Fru« herausgebracht hat. »Die Rättin« (1986) ist um das skeptische Kernmärchen »Grimms Wälder« gruppiert und stellt die Überlebensmöglichkeit des Märchens in Frage: »Denn mit den Wäldern [...] sterben die Märchen aus« (S. 18).

Hanns Arens (Hrsg.): Märchen deutscher Dichter der Gegenwart. Mit Zeichnungen von Fritz Fischer. Eßlingen 1951. *Elisabeth Borchers* (Hrsg.): Märchen deutscher Dichter. Frankfurt/M. 1972 (Insel Tb. 13). *Jochen Jung* (Hrsg.): Märchen, Sagen und Abenteuergeschichten auf alten Bilderbogen, neu erzählt von Autoren unserer Zeit. München 1974. *Hans-Joachim Gelberg* (Hrsg.): Neues vom Rumpelstilzchen und andere Haus-Märchen von

43 Autoren. Bilder von Willi Glasauer. Weinheim und Basel 1976. *Joachim Walther* und *Manfred Wolter* (Hrsg.): Die Rettung des Saragossameeres. Märchen. Berlin (DDR) 1976. *Elisabeth Borchers* (Hrsg.): Deutsche Märchen. Frankfurt/M. 1979. *Helmut Brackert (Hrsg.)*: Das große deutsche Märchenbuch. Königstein/Ts. 1979. *Wolfgang Mieder* (Hrsg.): Grimms Märchen – modern. Prosa, Gedichte, Karikaturen. Arbeitstexte für den Unterricht. (Reclams UB. 9554 [2].).

Renata-Pia Venzin: Ernst Wiecherts Märchen. Ein Beitrag zum KM der Gegenwart. (Diss. Freiburg 1953). Ingenbohl 1954. *Hermann Bausinger:* Zur Struktur der Reihenromane. In: WW 6 (1955/56), S. 296-301. *Hasselblatt* [zu Wiechert S. 147-154]. *Irmgard Schneeberger:* Das KM in der ersten Hälfte des 20. Jh.s. Diss. München 1960 [zu Wiechert S. 111-130]. *Hermann Bausinger:* Möglichkeiten des Märchens in der Gegenwart. In: Märchen, Mythos, Dichtung. Fs. Friedrich v. d. Leyen. München 1963, S. 15-30. *Dorothee Bayer:* Der triviale Familien- und Liebesroman im 20. Jh. Tübingen 1963, [2]1971 [zu »Volksmärchen und Trivialroman« S. 142-152]. *Wolfgang Langenbucher:* Der aktuelle Unterhaltungsroman. Bonn 1964 [bes. S. 206-209]. *Brigitte Ewe:* Das KM in der Jugendliteratur des 20. Jh.s. Diss. München 1965. *Renée Steffens-Albala:* Darstellung und Tendenz im deutschen KM des 20. Jh.s. Diss. Tübingen 1964 [u. a. zu Hildesheimer, Kusenberg, Frisch]. *Melchior Schedler:* Dämmerung nach vorwärts. Zu Peter Hacks: »Der Schuhu und die fliegende Prinzessin«. In: Kürbiskern 1968, S. 64-71. *Hans Ch. Buch:* Ein amerikanisches Märchen. (1969). In: *H. C. B.:* Kritische Wälder. Reinbek/Hamburg 1972, S. 111-115. *Wolfgang R. Langenbucher:* Unterhaltung als Märchen und als Politik. Tendenzen der Massenliteratur nach 1945. In: Thomas Koebner (Hrsg.): Tendenzen der deutschen Literatur seit 1945. Stuttgart 1971 (Kröners Taschenausgabe. 405.), S. 322-347 [zum Stichwort »Unterhaltung als Märchen« findet man Darlegungen zu den HÖR ZU-Romanen von Hans-Ulrich Horst und zur ›Angélique‹-Serie von Anne Golon]. *Heinz Kuhnert:* [Rez. zu] *Detlef Mann:* Der Märchensputnik. Märchen, die nicht mit es war einmal beginnen. In: Beiträge zur Kinder- und Jugendliteratur 30 (Januar 1974), S. 91 f. *Hildegard Pischke:* Das veränderte Märchen. Untersuchungen zu einer neuen Gattung der Kinderliteratur. In: *Maria Lypp* (Hrsg.): Literatur für Kinder. Göttingen 1977, S. 94-113. *Heinz Ludwig:* Zur Handlungsstruktur von Comics und Märchen. In: Fabula 19 (1978), S. 262-286. *Heinrich Vormweg:* Alles nur Märchen. Zu Helmut Heißenbüttels neuen Erzählungen. In: Merkur 32 (1978), S. 1279-1282 [zu H's. »Eichendorffs Untergang und andere Märchen«]. Stichwort »Fred Rodrianc« *(Magdalena Nima-Rolf)* in LKJL III, S. 195-197. *Maximilian Nutz:* Die Macht des Faktischen und die Utopie. Zur Rezeption »emanzipatorischer« Märchen am Beispiel von F. K. Waechters »Tischlein deck dich und Knüppel aus dem Sack«. In: Diskussion Deutsch 10 (1979), S. 397-410 [unter der Frage, ob solche Neufassungen Kindern wirklich Spaß machen, ein Versuch, Konsequenzen zu ziehen für eine rezeptionsästhetisch orientierte Literaturdidaktik«]. *Eberhard Zeiler:* Willi Meinck »Delibab oder Spiel mit bunten Steinen«. Ein Kunstmärchen mit Indienthematik. In: German Studies in India 4 (1980), S. 88-93

[»Delibab« ist 1978 in Berlin/DDR erschienen]. Stichwort ›Comics‹ *(Rolf Wilhelm Brednich)* in *EM* III, Sp. 88-101. *Michael Klein:* Peter Handke: »Die linkshändige Frau«. Fiktion eines Märchens. In: Studien zur Literatur des 19. und 20. Jh.s in Österreich. Fs. Alfred Doppler. Innsbruck 1981 (Innsbrucker Beiträge zur Kulturwissenschaft. Germ. Reihe. 12.), S. 235-252. *Tismar* [u. a. zu Wiechert, Hildesheimer, Meckel, Heißenbüttel und verschiedenen Märchensammlungen]. *Uwe-Michael Gutzschhahn*: Prosa und Lyrik Christoph Meckels. Köln 1979. *Lind J. Stine*: »Ich hatte Lust, Märchen zu schreiben«: Frisch's Use of Märchen in »Die Schwierigen« and »Montauk«. In: *Gerhard F. Probst/Jay F. Bodine* (eds.): Perspectives on Max Frisch. Lexington 1982, S. 71-78. *Alexander von Bormann*: Kultbücher für Aussteiger? Michael Endes Märchenromane. In: Merkur 37 (1983), S. 705-710. *Johanna C. Reinhardt*: Zeitgenossin. Marie Luise Kaschnitz. Eine Monographie. Frankfurt/M., Bern, New York, Nancy 1984, bes. S. 44ff. *Karen Achberger*: Beyond Patriarchy: Ingeborg Bachmann and Fairytales. In: Modern Austrian Literature 18 (1985), S. 211-222. *Manfred Durzak*: Es war einmal: Zur Märchen-Struktur des Erzählens bei Günter Grass. In: *Manfred Durzak* (Hrsg.): Zu Günter Grass. Geschichte auf dem poetischen Prüfstand. Stuttgart 1985, S. 166-177. *Peter Bekes*: Zaubergeist und Aufklärungslust: Rühmkorfs Märchen. In: Text und Kritik 97 (1988), S. 52-60. *Walter Filz*: Es war einmal? Elemente des Märchens in der deutschen Literatur der siebziger Jahre. Frankfurt/M., Bern, New York, Paris 1989. [rez. von *Katalin Horn* in: Fabula 31 (1990), S. 338f.]. *Theresia Klugsberger:* Verfahren im Text. Meerjungfrauen in literarischen Versionen und mythischen Konstruktionen von H.C. Andersen, H.C. Artmann, K. Bayer, C.M. Wieland und O. Wilde. Stuttgart 1989. *Karl Riha*: Cut-up-Kürzestgeschichten...: Am Beispiel von Helmut Heissenbüttel und Ror Wolf. In: *Dieter Borchmeyer* (Hrsg.): Poetik und Geschichte. Tübingen 1989, S. 425-440. *Hanne Castein*: Grass and the Appropriation of the Fairy-Tale in the Seventies. In: *Philip Brady/T. McFarland/John J. White* (eds.): Günter Grass's Der Butt: Sexual Politics and the Male Myth of History. Oxford 1990, S. 97-108. Stichwort ›Grass‹ (*Volker Neuhaus*) in *EM* VI, Sp. 93f. *Rebecca Sue Bohde*: The German Märchen from 1970 to 1985: Versions of a Literary Genre in Areas of Topical Interest. Iowa. DA (1992.12) 4342A-4343A. *Ingrid Spörk*: Vom Imaginären zum Realen: Über Märchen und Mythen bei Barbara Frischmuth. In: *Kurt Bartsch* (Hrsg.): Barbara Frischmuth. Graz 1992, S. 41-55. *Francoise Barthelemy-Toraille:* Franz Fühmann et le Conte. In: Germanica (Lille) 11 (1992), S. 71-82. *Laurent Margantin:* Une lecture du monde: ›Die Abwesenheit‹, un conte de Peter Handke. In: Germanica (Lille) 11 (1992), S. 93-111. *Volker Neuhaus*: Günter Grass (Sammlung Metzler). 2. Aufl. Stuttgart 1993. *Thomas Eicher* (Hrsg.): Märchen und Moderne. Fallbeispiele einer intertextuellen Relation. Münster 1996 [mit Beiträgen u.a. zu Robert Walser, Arthur Schnitzler, Thomas Mann, Ingeborg Bachmann, Günter Grass und Gerhard Rühm]. *Hannah Jacobmeyer:* Märchen und Romanzen in der zeitgenössischen englischen Literatur. Fallstudien zu intertextuellen Relationen zwischen Prämoderne und Postmoderne. Münster 2000. *Gert Reifarth*: Die Macht der Märchen. Zur Darstellung von Repression und Unterwerfung in der DDR in märchenhafter Prosa (1976-1985). Würzburg 2003.

Personenregister

Addison, J. 34
Adorno, T.W. 4
Aichinger, I. 154
Alewyn, R. 130
Andersen, H.Ch. 46, 47, 77, 107ff., 111, 128, 129, 145
Andrae, R. 43
Anzengruber, L. 119, 125
Apel, F. 2, 5. 33, 37, 133, 140
Apuleius 6, 13
Arens, H. 152
Ariost 37
Armeno, C. 15
Arnim, A. v 1, 70, 79, 95
Aulnoy, M. C. 26, 27, 28, 36
Auneuil, L. 27

Bachmaier, H. 101
Bachmann, I. 5, 154
Balázs, B. 146
Basile, G. 3, 6, 15, 17ff., 22, 23, 24, 37, 44, 45, 46, 63, 79, 80, 85, 95
Baudelaire, Ch. 91
Bausinger, H. 4, 15, 33, 85
Bechstein, L. 104f.
Becker, H. 52
Beckford, W. 28, 140
Beicken, P.-U. 142
Bellmann, W. 103
Benz, R. 47, 56
Berger, D. 43
Bertuch, F.J.J. 32
Bieringer-Eyssen, J. 4
Bierling, F.I. 32
Blackwell, J. 6
Bleich E. 4
Blunck, H.F. 148, 149
Boccaccio, G. 13, 18
Bodmer, J.J. 34
Boileau, N. 22
Bolte-Polívka, J. 14, 19, 22, 80,
Borchers, E. 141
Borges, L. 142
Brackert, H. 154
Brandes, G. 108
Brecht, B. 153
Breitinger, J.J. 34
Breitkreuz, H. 115
Brentano, C. 6, 15, 19, 20, 47, 70, 79ff., 86, 95, 96, 98,119
Brod, M. 141
Buchmann, R. 56
Büchner, L. 5, 99
Bürger, Ch. 62
Busoni, F. 46

Caillois, R. 141
Callot, J. 90
Carroll, L. 115f.
Casella, A. 46
Caylus, C.-Ph. 28
Cazotte 140
Chamisso, A. v. 5, 76f., 109, 119
Crébillon C.-P.J. 28, 36
Croce, B. 17

Dahlhaus, C. 47
Dehmel, R. 134, 152
Demokrit 139
Dickens, Ch. 111ff.
Diez, M. 50, 69, 74
Dilthey, W. 62
Dippel, G. 56
Dischner, G. 74
Döblin, A. 47, 134, 138
Dodgson, Ch.L. 115, 117
Doesburg, Th. van 143
Dominik, H. 109
Dreher, I. 146

Ehrenstein, A. 145
Eichendorff, J. v. 5, 56, 70, 95f.
Einsiedel, F.H. 38
Emrich, W. 52
Ende, M. 118, 154
Eschbach, W. 146
Ewe, B. 152
Ewers, H.-H. 3, 4, 5, 133
Eykmann, Ch. 145

Fehling, D. 2, 6, 13, 17, 18, 19, 26,85
Filz, W. 153, 154
Fink, G.-L. 51, 52, 74
Fischart, J. 15
Floerke, H. 13, 15
Fontane, Th. 124
Force, C.-R. 19, 27
Fouqué, F. de la Motte 47, 56, 73ff., 76, 96, 109
Frank, M. 61, 62, 63
Freud, S. 61, 88
Friedrich, Th. 49
Frischmuth, B. 154
Fürst, R. 52

Galland, A. 28, 38, 46
Geerken, H. 144
Giraudoux, J. 75
Goethe, J.W. 3, 5, 32, 34, 37, 41, 47, 48ff., 58, 61, 63, 68, 69, 90, 96, 98, 105, 131, 135, 153
Gogol, N.W. 88
Goldoni, C. 46
Görres, J. 59, 95, 96
Goth-Emmerich, L. 144
Gottsched, J.Ch. 33, 34
Gozzi, 15, 19, 43, 45, 46, 62, 90
Graf, O.M. 146
Grass, G. 73, 154
Grätz, M. 4, 5, 27, 33, 133
Greve, F.P. 131
Grillparzer, F. 15
Grimm, Brüder 2, 15, 19, 25, 32, 42, 43, 45, 72, 79, 80, 81, 85ff, 98, 154
Grimm, J. 1, 19
Grob, K. 69
Gueullette, Th.S. 28

Hacks, P. 153
Haenicke, D.H. 60
Hagen, R. 25
Hamilton, A. 28, 36, 37
Handke, P. 154
Häny, A. 141
Hardenberg, F. v., vgl. Novalis
Harder, M.-L. 141
Harsdörffer, G.P. 33
Hasselblatt, U. 1, 3, 4, 105, 141, 152
Hauff, W. 62, 78, 98, 100ff., 104
Haug, G. 95
Hauptmann, G. 50, 135, 138
Hebbel, F. 45, 99
Heftrich, E. 66
Heißenbüttel, H. 153
Henze, H.-W. 46
Herder, J.G. 51, 52
Heselhaus, C. 142
Hesse, H. 136ff.
Heyse, P. 70, 121
Hildesheimer, W. 153
Hillmann, H. 27, 28
Hoffmann, E.T.A. 5, 6, 46, 47, 55, 56, 62, 74, 77, 78, 79, 82, 88ff., 100, 105, 109, 114, 119, 141, 154
Hofmannsthal, H. 5, 45, 46, 47, 50, 77, 130ff. 133, 134
Homer 6
Hönnighausen L. 128
Horváth, Ö. v. 134
Hosch, R. 15
Humboldt, W.v. 50

Immermann, M. 5, 99

James, G.P.R. 114
Jaquemin, G. 142
Jarvis, S.C. 6
Jean Paul 1, 35,44, 59
Jolles, A. 1, 3
Jung, C.G. 62, 137

Jung, J. 153
Jung-Stilling, J. H. 41ff., 85

Kafka, F. 5, 88, 133, 134, 140ff., 153
Kaiser, G. 124
Kaiser, K. 19
Karrenbrock, H. 145, 146
Kaschnitz, M.L. 135, 139
Katann, O. 1
Kawan, C. 136
Keller, G. 119, 123ff., 125, 133
Kerner, J. 71, 73
Kesselmann, H. 90
Kirsch, R. 153
Kläger, E. 144
Kleist, H. v. 51
Klotz, V. 2, 3, 5, 14, 19, 24, 49, 61, 67, 81, 89, 98, 108, 112, 124, 128, 133, 142
Klussmann, P.G. 60, 62
Kochler, W. 131
König, B. 154
Kowalski, P. 3
Kremer, D. 55, 61
Kreuzer, I. 59
Krüss, J. 78
Kuh, E. 121
Kümmerling-Meibauer, B. 134, 138
Kurz, H. 104
Kyber, M. 126

La Fontaine, J. 22
Langenbucher, H. 148
Leander, R. 125ff
Le Prince de Beaumont, Mme de28
Lehnert, J.H. 86
Lesage, A.-R. 28
Lewin-Dorsch, E. 145
Liebeskind, A.J. 38
Liebrecht, F. 19
Lillyman, W.J. 74
Lintot, Ch. 39
Lortzing, A. 75
Ludwig, H. 3
Lüthi, M. 3, 5, 61, 81, 85, 105, 108, 125

MacDonald, G. 117ff.
Mähl, H.-J. 66, 69
Mann, Th. 47, 134
Martini, F. 101
Mayer, H. 49, 50
McMaster, J. 113
Meckel, Ch. 77, 153
Menninghaus, W. 47, 62
Mettler, R. 23
Meyer-Lugau, C. 146
Milton, J. 33, 34
Minor, J. 56
Mittelmann, H. 145
Monteverdi, C. 45
Morgan, 19, 27
Mörike, E. 6, 50, 91, 104ff, 111
Moser, D.-R. 2, 4
Mozart, W.A. 45ff.
Mudrak, G. 4, 150
Müller, H. 153
Musäus, J.K.A. 5, 38, 41f. 43, 44, 46, 47, 50, 59, 85
Musil, R. 134

Nagel, B. 142
Naubert, B. 6
Nicolai, F. 42, 59
Nossak, H.E. 154
Novalis 5, 32, 47, 50, 55, 56, 61, 63, 65ff., 69, 70, 79, 89, 90, 96, 98, 101, 117, 118, 119, 131, 137, 154

Oesterle, G. 90
Opitz, M. 33
Ovid 33

Paracelsus 74, 135
Paukstadt, B. 2, 3, 39
Perrault, Ch. 19, 22ff., 26, 27, 28, 62, 85
Petersen, M. 99
Pétis de la Croix, F. 28
Platen, A. v. 99
Platon 6
Poe, E.A. 144
Polko, E. 119

Preczang, E. 146
Preisendanz, W. 22, 23, 90
Probst, H. 43
Pröpstl, E. 133
Prokofieff, S. 46
Puccini, G. 46
Putlitz, G. zu 109

Quevedo, F. de 18

Raabe, W. 44
Rabener G. W. 33
Rasch, W. 61
Reble, A. 66
Reichert, K. 116
Reinig, C. 154
Renner, R.G. 142
Richli, A. 44
Rilke, R.M. 134
Rinser, L. 152
Rölleke, H. 2, 80, 85, 86
Rosen, B.W. 3
Rousseau, J.J. 28
Rua, G. 13
Rühmkorf, P. 154
Runge, P.O. 71ff.

Saal, J.H. 32
Sarnelli 15, 18, 46
Schau, A. 95
Schaub, G. 80
Schenda, R. 18
Schikaneder, E. 38, 46
Schiller, F. v. 49, 50, 52, 55
Schinkel, F. 75
Schlegel, A.W. 59
Schlegel, Brüder 46
Schleiermacher, F. 6
Schmidt, A. 74
Schmidt, F.W.V. 15
Schneeberger, I. 133
Schnitzler, A. 134
Schönlank, B. 146
Schopenhauer, Adele 99
Schulz, F. 77
Schulz, H. 146
Schumacher, H. 1, 56, 96
Schweikert, U. 59
Schwitters, K. 143
Sendak, M. 118
Sengle, F. 37, 99
Sévigné, M. 22
Shakespeare, W. 34, 37, 45
Sonleithner, J. 15
Sorge, R.J. 145
Spenser, E. 37
Spieß, K. 150
Spinnler, R. 80
Spörk, I. 154
Stahl, K.-H. 33, 34
Steffen, H. 61, 82
Steffens-Albala, R. 152
Stehr, H. 148
Steig, R. 80
Stein, C. v. 48
Steinitz, K. 143
Steinmetz, H. 105
Stevenson, R.L. 144
Storm, Th. 2, 37, 70, 98, 118, 119, 121ff., 123, 125, 133, 141
Storz, G. 106
Straparola, G.F. 13ff., 18, 22, 27
Strauss, R. 131
Stravinskij, I. 47
Strohschneider-Kohrs, I. 91

Tarot, R. 5
Tasso, T. 37
Tatar, M. 60
Thackeray, W.M. 113ff.
Thalmann, M. 4, 88,
Theuer, J. 33
Tieck, L. 5, 6, 32, 34, 46, 47, 55, 58ff., 71, 77, 79, 88, 96, 100, 119, 141
Tismar, J. 3, 5, 77, 101, 103, 109, 133, 135, 137, 144, 148, 153
Titz, J.P. 33
Tolkien, J.R.R. 118

Ungern-Sternberg, A. 98

Villeneuve, M. de 28
Vischer, F.Th. 104

Volkmann-Leander, R. v., vgl. Leander
Voß, J.H. 38, 43
Vredeveld, H. 62

Wackenroder, W. H. 55, 61, 71ff.
Wagner, M. 46
Waiblinger, W. 98
Walser, R. 139, 140
Walther, J. 153
Weber, C.M. v. 46
Werfel, F. 141
Wesselski , A. 2, 6, 45
Wiechert, E. 126, 152, 153
Wieland, Ch. M. 1, 2, 3, 4, 5, 19, 28, 33, 34, 35ff., 41, 42, 43, 46, 47, 50, 69, 95, 141
Wilde, O. 78, 128ff., 131
Wilpert, G.v. 76
Wolter, M. 153
Worringer, W. 108
Wranitzki, P. 46
Wührl, P.-W. 5, 76

Zachariae, F.W. 51
Zaunert, P. 42
Ziolkowski, Th. 137
Zur Mühlen, H. 145

Sammlung Metzler

Mediävistik

SM 7 Hoffmann, *Nibelungenlied*
SM 14 Eis, *Mittelalterliche Fachliteratur*
SM 15 Weber, *Gottfried von Strasburg*
SM 32 Wisniewski, *Kudrun*
SM 33 Soeteman, *Deutsche geistliche Dichtung des 11. und 12. Jh.*
SM 36 Bumke, *Wolfram von Eschenbach*
SM 40 Halbach, *Walther von der Vogelweide*
SM 64 Hoffmann, *Altdeutsche Metrik*
SM 67 von See, *Germanische Verskunst*
SM 72 Düwel, *Einführung in die Runenkunde*
SM 78 Schier, *Sagaliteratur*
SM 103 Sowinski, *Lehrhafte Dichtung des Mittelalters*
SM 135 Kartschoke, *Altdeutsche Bibeldichtung*
SM 140 Murdoch/Groseclose, *Die althochdeutschen poetischen Denkmäler*
SM 151 Haymes, *Das mündliche Epos*
SM 205 Wisniewski, *Mittelalterliche Dietrich-Dichtung*
SM 244 Schweikle, *Minnesang*
SM 249 Gottzmann, *Artusdichtung*
SM 253 Schweikle, *Neidhart*
SM 293 Tervooren, *Sangspruchdichtung*

Deutsche Literaturgeschichte

SM 6 Schlawe, *Literarische Zeitschriften 1898-1910*
SM 24 Schlawe, *Literarische Zeitschriften 1910-1933*
SM 25 Anger, *Literarisches Rokoko*
SM 47 Steinmetz, *Die Komödie der Aufklärung*
SM 68 Kimpel, *Der Roman der Aufklärung (1670-1774)*
SM 75 Hoefert, *Das Drama des Naturalismus*
SM 81 Jost, *Literarischer Jugendstil*
SM 128 Meid, *Der deutsche Barockroman*
SM 129 King, *Literarische Zeitschriften 1945-1970*
SM 142 Ketelsen, *Völkisch-nationale und nationalsozialistische Literatur in Deutschland 1890-1945*
SM 144 Schutte, *Lyrik des deutschen Naturalismus (1885-1893)*
SM 157 Aust, *Literatur des Realismus*
SM 170 Hoffmeister, *Deutsche und europäische Romantik*
SM 174 Wilke, *Zeitschriften des 18. Jh. I Grundlegung*
SM 175 Wilke, *Zeitschriften des 18. Jh. II Repertorium*
SM 209 Alexander, *Das deutsche Barockdrama*

SM 210 Krull, *Prosa des Expressionismus*
SM 225 Obenaus, *Lit. und politische Zeitschriften 1830-1848*
SM 227 Meid, *Barocklyrik*
SM 229 Obenaus, *Lit. und politische Zeitschriften 1848-1880*
SM 234 Hoffmeister, *Deutsche und europäische Barockliteratur*
SM 238 Huß-Michel, *Lit. und politische Zeitschriften des Exils 1933-1945*
SM 241 Mahoney, *Der Roman der Goethezeit*
SM 247 Cowen, *Das deutsche Drama im 19. Jh.*
SM 250 Korte, *Geschichte der deutschen Lyrik seit 1945*
SM 290 Lorenz, *Wiener Moderne*

Gattungen
SM 9 Rosenfeld, *Legende*
SM 12 Nagel, *Meistersang*
SM 16 Lüthi, *Märchen*
SM 52 Suppan, *Volkslied*
SM 53 Hain, *Rätsel*
SM 63 Boeschenstein-Schäfer, *Idylle*
SM 66 Leibfried, *Fabel*
SM 77 Straßner, *Schwank*
SM 85 Boerner, *Tagebuch*
SM 101 Grothe, *Anekdote*
SM 116 Guthke, *Das deutsche bürgerliche Trauerspiel*
SM 133 Koch, *Das deutsche Singspiel*
SM 145 Hein, *Die Dorfgeschichte*
SM 154 Röhrich/Mieder, *Sprichwort*
SM 155 Tismar, *Kunstmärchen*
SM 164 Siegel, *Die Reportage*
SM 166 Köpf, *Märendichtung*
SM 172 Würffel, *Das deutsche Hörspiel*
SM 177 Schlütter u.a., *Sonett*
SM 191 Nusser, *Der Kriminalroman*
SM 208 Fricke, *Aphorismus*
SM 214 Selbmann, *Der deutsche Bildungsroman*
SM 216 Marx, *Die deutsche Kurzgeschichte*
SM 226 Schulz, *Science Fiction*
SM 232 Barton, *Das Dokumentartheater*
SM 248 Hess, *Epigramm*
SM 256 Aust, *Novelle*
SM 257 Schmitz, *Das Volksstück*
SM 260 Nikisch, *Brief*
SM 262 Nusser, *Trivialliteratur*
SM 278 Aust, *Der historische Roman*
SM 282 Bauer, *Der Schelmenroman*

Autorinnen und Autoren

SM 60 Fehr, *Jeremias Gotthelf*
SM 71 Helmers, *Wilhelm Raabe*
SM 76 Mannack, *Andreas Gryphius*
SM 80 Kully, *Johann Peter Hebel*
SM 92 Hein, *Ferdinand Raimund*
SM 96 van Ingen, *Philipp von Zesen*
SM 97 Asmuth, *Daniel Casper von Lohenstein*
SM 99 Weydt, *H. J. Chr. von Grimmelshausen*
SM 102 Fehr, *Conrad Ferdinand Meyer*
SM 105 Prangel, *Alfred Döblin*
SM 107 Hoefert, *Gerhart Hauptmann*
SM 113 Bender, *J.J. Bodmer und J.J. Breitinger*
SM 114 Jolles, *Theodor Fontane*
SM 124 Saas, *Georg Trakl*
SM 134 Christiansen, *Fritz Reuter*
SM 138 Dietz, *Franz Kafka*
SM 143 Jörgensen, *Johann Georg Hamann*
SM 153 Schneider, *Annette von Droste-Hülshoff*
SM 159 Knapp, *Georg Büchner*
SM 163 Pape, *Wilhelm Busch*
SM 171 Peter, *Friedrich Schlegel*
SM 173 Petersen, *Max Frisch*
SM 179 Neuhaus, *Günter Grass*
SM 185 Paulin, *Ludwig Tieck*
SM 186 Naumann, *Adalbert Stifter*
SM 189 Haupt, *Heinrich Mann*
SM 195 Schrimpf, *Karl Philipp Moritz*
SM 196 Knapp, *Friedrich Dürrenmatt*
SM 197 Schulz, *Heiner Müller*
SM 207 Wehdeking, *Alfred Andersch*
SM 211 Hansen, *Thomas Mann*
SM 213 Riley, *Clemens Brentano*
SM 215 Wackwitz, *Friedrich Hölderlin*
SM 218 Renner, *Peter Handke*
SM 221 Kretschmer, *Christian Morgenstern*
SM 223 Dietschreit/Henze-Dietschreit, *Hans Magnus Enzensberger*
SM 224 Hilzinger, *Christa Wolf*
SM 230 Vincon, *Frank Wedekind*
SM 231 Lowsky, *Karl May*
SM 233 Winter, *Jakob Michael Reinhold Lenz*
SM 237 Mayer, *Eduard Mörike*
SM 239 Perlmann, *Arthur Schnitzler*
SM 240 Wichmann, *Heinrich von Kleist*
SM 242 Bartsch, *Ingeborg Bachmann*
SM 243 Kaiser, *E. T. A. Hoffmann*
SM 245 Dietschreit, *Lion Feuchtwanger*

SM 254 Späth, *Rolf Dieter Brinkmann*
SM 255 Bäumer/Schultz, *Bettina von Arnim*
SM 258 Hein, *Johann Nestroy*
SM 261 Sammons, *Heinrich Heine*
SM 273 Mayer, *Hugo von Hofmannsthal*
SM 275 Schrade, *Anna Seghers*
SM 286 Janz, *Elfriede Jelinek*
SM 288 Jeßing, *Johann Wolfgang Goethe*
SM 289 Luserke, *Robert Musil*
SM 291 Mittermayer, *Thomas Bernhard*
SM 294 Löb, *Christian Dietrich Grabbe*
SM 295 Schaefer, *Christoph Martin Wieland*

Einführungen, Methodenlehre
SM 1 Raabe, *Einführung in die Bücherkunde zur dt. Literaturwissenschaft*
SM 13 Bangen, *Die schriftliche Form germanistischer Arbeiten*
SM 28 Frenzel, *Stoff-, Motiv- und Symbolforschung*
SM 41 Hermand, *Literaturwissenschaft und Kunstwissenschaft*
SM 59 Behrmann, *Einführung in die Analyse von Prosatexten*
SM 79 Weber-Kellermann/Bimmer, *Einführung in die Volkskunde/Europäische Ethnologie*
SM 112 Schlawe, *Neudeutsche Metrik*
SM 148 Grimm u.a., *Einführung in die frz. Lit.wissenschaft*
SM 183 Schwenger, *Literaturproduktion*
SM 188 Asmuth, *Einführung in die Dramenanalyse*
SM 190 Zima, *Textsoziologie*
SM 217 Schutte, *Einführung in die Literaturinterpretation*
SM 235 Paech, *Literatur und Film*
SM 246 Eagleton, *Einführung in die Literaturtheorie*
SM 259 Schönau, *Einf. i. d. psychoanalytische Lit.wissenschaft*
SM 263 Sowinski, *Stilistik*
SM 270 Heidtmann, *Kindermedien*
SM 277 Hickethier, *Film- und Fernsehanalyse*
SM 284 Burdorf, *Einführung in die Gedichtanalyse*
SM 285 Lindhoff, *Einführung in die feministische Literaturtheorie*
SM 287 Eggert/Garbe, *Literarische Sozialisation*

Sprachwissenschaft
SM 72 Düwel, *Einführung in die Runenkunde*
SM 82 Reichmann, *Germanistische Lexikologie*
SM 104 Heike, *Phonologie*
SM 167 Ebert, *Historische Syntax des Deutschen*
SM 206 Apel, *Literarische Übersetzung*
SM 219 Lutzeier, *Linguistische Semantik*
SM 252 Glück/Sauer, *Gegenwartsdeutsch*
SM 289 Rösler, *Deutsch als Fremdsprache*
SM 283 Ottmers, *Rhetorik*

Philosophie

SM 141 Franzen, *Martin Heidegger*
SM 143 Jörgensen, *Johann Georg Hamann*
SM 168 Bernstein, *Die Literatur des deutschen Frühhumanismus*
SM 182 Helferich, *G. W. Fr. Hegel*
SM 184 Naumann, *Literaturtheorie und Geschichtsphilosophie I*
SM 187 Ollig, *Der Neukantianismus*
SM 193 Wolf, *Martin Luther*
SM 202 Bayertz, *Wissenschaftstheorie und Paradigma-Begriff*
SM 220 Gmünder, *Kritische Theorie*
SM 222 Schmidt, *Ernst Bloch*
SM 251 Jung, *Georg Lukács*
SM 264 Ries, *Karl Löwith*
SM 265 Pleger, *Vorsokratiker*
SM 266 Horster, *Jürgen Habermas*
SM 267 Buchheister/Steuer, *Ludwig Wittgenstein*
SM 268 Vattimo, *Friedrich Nietzsche*
SM 269 Schöttker, *Walter Benjamin*
SM 271 Scherer, *Philosophie des Mittelalters*
SM 276 Gil, *Ethik*
SM 281 Kögler, *Michel Foucault*

Romanistik und andere Philologien

SM 119 Hoffmeister, *Petrarkistische Lyrik*
SM 146 Daus, *Zola und der französische Naturalismus*
SM 147 Daus, *Das Theater des Absurden*
SM 148 Grimm u.a., *Einführung in die frz. Lit.wissenschaft*
SM 161 Brockmeier, *François Villon*
SM 162 Wetzel, *Die Romanische Novelle*
SM 170 Hoffmeister, *Deutsche und europäische Romantik*
SM 176 Hausmann, *François Rabelais*
SM 177 Schlütter u.a., *Sonett*
SM 204 Weissberg, *Edgar Allan Poe*
SM 212 Grimm, *Molière*
SM 234 Hoffmeister, *Deutsche und europäische Barockliteratur*

Printed in the United States
By Bookmasters